In Orientierung begriffen

Constanze Berndt · Maik Walm (Hrsg.)

In Orientierung begriffen

Interdisziplinäre Perspektiven auf
Bildung, Kultur und Kompetenz

Herausgeber
Constanze Berndt
Maik Walm

Universität Rostock, Deutschland

ISBN 978-3-658-01825-2 ISBN 978-3-658-01826-9 (eBook)
DOI 10.1007/978-3-658-01826-9

Die Deutsche Nationalbibliothek verzeichnet diese Publikation in der Deutschen Nationalbibliografie; detaillierte bibliografische Daten sind im Internet über http://dnb.d-nb.de abrufbar.

Springer VS
© Springer Fachmedien Wiesbaden 2013
Das Werk einschließlich aller seiner Teile ist urheberrechtlich geschützt. Jede Verwertung, die nicht ausdrücklich vom Urheberrechtsgesetz zugelassen ist, bedarf der vorherigen Zustimmung des Verlags. Das gilt insbesondere für Vervielfältigungen, Bearbeitungen, Übersetzungen, Mikroverfilmungen und die Einspeicherung und Verarbeitung in elektronischen Systemen.

Die Wiedergabe von Gebrauchsnamen, Handelsnamen, Warenbezeichnungen usw. in diesem Werk berechtigt auch ohne besondere Kennzeichnung nicht zu der Annahme, dass solche Namen im Sinne der Warenzeichen- und Markenschutz-Gesetzgebung als frei zu betrachten wären und daher von jedermann benutzt werden dürften.

Lektorat: Stefanie Laux, Daniel Hawig

Gedruckt auf säurefreiem und chlorfrei gebleichtem Papier

Springer VS ist eine Marke von Springer DE. Springer DE ist Teil der Fachverlagsgruppe Springer Science+Business Media.
www.springer-vs.de

Inhalt

Vorwort 7

Philosophieren mit Wolfgang Nieke 9
Karin Bock/Franziska Schäfer/Kathrin Schramm

Bildung und Freiheit 23
Heiner Hastedt

Bildungsunterstützung durch Weltorientierung 37
Georg Cleppien

Bildung – Eine Aufgabe mit sozialpädagogischer Fundierung 49
Karin Böllert

„… wir reden nicht direkt drüber, aber wir leben es …"
Praxen des Umgangs mit migrationsbedingter Heterogenität und
Differenz in Kindertageseinrichtungen 65
Werner Thole/Sabrina Göbel/Björn Milbradt

Kommt die Interkulturelle Pädagogik in der Diversity Education
erst zu sich selbst? 81
Ingrid Gogolin/Marianne Krüger-Potratz

Zur Bedeutung von Politischer Bildung, Menschenrechtsbildung
und Europabildung für Interkulturelle Bildung 95
Sigrid Luchtenberg

Vom Nutzen des internationalen Vergleichs in der
Erziehungswissenschaft 109
Wolfgang Hörner

Globales Lernen – Überlegungen zur Beförderung raumbezogener
Orientierungs- und Handlungskompetenz im Kontext der
Weltgesellschaft 123
Constanze Berndt

Entwicklungsfähigkeit und Entwicklungsperspektiven der Bildung
für nachhaltige Entwicklung 139
Eckhard Festerling

Schule und Werthaftigkeit – Konflikt oder Konkurrenz? 153
Antonius Hansel

Die Bildungsreise des Mirower Seminardirektors A. F. Giesebrecht
im Jahre 1818 durch Deutschland und die Schweiz 163
Wolf Völker

Inklusion als Reformimpuls für die Lehrer_innenbildung –
Entwicklungen und Perspektiven 173
Maik Walm

Die demokratische und soziale Hochschule – Alternativen zum
„Unternehmen Uni" 191
Andreas Keller

Zum spannungsreichen Wechselverhältnis zwischen
Erziehungswissenschaft und Hochschulplanung 203
Konstantin von Freytag-Loringhoven

Vorwort

Bildung, Kultur und Kompetenz spielen in Diskursen moderner Gesellschaften eine herausgehobene Rolle und stellen nicht zuletzt deshalb zentrale Referenzpunkte des erziehungswissenschaftlichen Denkens dar. Auch in anderen Disziplinen sorgen sie für weitreichende Überlegungen. Die Versuche, sie jeweils definitorisch zu fassen und ihre Beziehungen zueinander zu bestimmen, sind zahlreich und haben in den vergangenen Jahren in unterschiedlichem Maße Konjunktur gehabt. Grundsätzlich nimmt jedoch das Nachdenken über Bildung, Kultur und Kompetenz notwendig seinen Ausgang bei dem Markieren des eigenen Standortes.

„In Orientierung begriffen …" als Titel des Bandes soll dabei zweierlei anzeigen: Die hier versammelten Beiträge bieten Möglichkeiten und Projektionsflächen, um eigene Positionen zu prüfen und zu schärfen. Die jeweils spezifisch eingenommenen Perspektiven zielen darauf ab, Orientierungspunkte im Spannungsverhältnis zwischen Gewissheit und Suche zu geben, disziplinäre Standortbestimmungen zu befördern und Institutionen wie Kindertagesstätten, allgemeinbildende Schulen und Hochschulen kritisch zu analysieren und reflektiert zu begleiten. Zugleich sind die Texte immer auch ein Beleg für die Suchbewegungen der Wissenschaftlerinnen und Wissenschaftler selbst. Das Wachsen von Erkenntnis kann dabei individuell wie gesellschaftlich als Prozess der Zunahme an Orientierung verstanden werden. Die Verschriftlichung der Zwischenstände dieser geistigen Bewegungen in Form von wissenschaftlichen Publikationen mag dann dazu dienen, gesellschaftliche Entwicklung wissenschaftlich begründbar zu beurteilen, zu moderieren und anzuregen.

Wolfgang Nieke hat sich in seinem wissenschaftlichen Leben der Frage angenommen, wie Orientierung im oben beschriebenen Kontext möglich sein kann und durch eine spezifisch auf das zukünftige (Zusammen-)Leben gerichtete Bildung möglich wird. Moderne Gesellschaften und deren Herstellungsweisen sozialer Ungleichheit untersuchte er insbesondere mit Blick auf „kulturell" bedingte Diskurse und deren Folgen. Im Zuge dessen befasste er sich ebenfalls mit dem Thema, wie unter den Bedingungen der globalen Verflechtung und wechselseitigen Abhängigkeit der Menschen Wege der Verständigung über die gemeinsamen Lebensgrundlagen aussehen und beschritten werden könnten. Der geteilten Verantwortung aller, dem gleichberechtigten Diskurs und dem „zwanglosen Zwang des besten Arguments" maß er dabei besondere Bedeutung zu.

Alle, die Wolfgang Nieke kennen(lernen) und mit ihm arbeiten durften und dürfen, wurde und wird schnell bewusst, dass er den gleichberechtigten Diskurs nicht nur theoretisch und metatheoretisch begründet und legitimiert, sondern dieser ebenfalls seinen Ausdruck in einer gelebten Haltung gegenüber Kolleginnen und Kollegen als auch sich wissenschaftlich Qualifizierenden – Studierenden und Promovierenden – findet. Aus der Sicht der Herausgebenden ist besonders hervorzuheben, dass der Hochschullehrer Wolfgang Nieke, immer mit einem sensiblen Blick für die Fragen des lernenden Subjekts, einen Möglichkeitshorizont an Orientierungspunkten anbot und die Suche nach Orientierung wohlwollend begleitete.

Die in diesem Band versammelten Autorinnen und Autoren haben Wolfgang Nieke als Kollegen an verschiedenen Universitäten in (inter)disziplinären und wissenschaftspolitischen Kontexten kennen und schätzen gelernt oder sich bei und mit ihm qualifiziert. Sie alle möchten mit Ihren Beiträgen die Art und Weise des wissenschaftlichen Seins und Wirkens Wolfgang Niekes anlässlich seines 65. Geburtstages im Jahr 2013 würdigen.

Wir bedanken uns bei all jenen, die mit ihren Beiträgen zum Gelingen dieses Bandes beigetragen haben, sowie bei Marie Stoff, die uns bei der Erstellung des Manuskriptes wertvolle Unterstützung leistete. Ein besonderer Dank gilt zudem Stefanie Laux vom Verlag Springer VS. Sie hat diese Festschrift von Beginn an umsichtig gefördert.

Constanze Berndt und Maik Walm
Rostock im Juli 2013

Philosophieren mit Wolfgang Nieke

Karin Bock/Franziska Schäfer/Kathrin Schramm

*„Wir sind alle in der Gosse,
aber manche von uns blicken nach den Sternen."*
Oscar Wilde[1]

1. Vorrede: Sein oder Nichtsein oder was ist hier die Frage?

Wolfgang Nieke ist 65. Mit seinem Geburtstag am 27. Februar 2013 hat er sein (vorerst?) letztes offizielles Semester als Professor an der Universität Rostock angetreten. Wir, die Urheberinnen dieses Textes, kennen Wolfgang Nieke immer schon und ausschließlich als Professor, als Inhaber des Lehrstuhls für Allgemeine Pädagogik: als Lieblingskollege, als Lieblingsprofessor, als Wunschgutachter-Professor. Da sich aus diesen Rollen – quasi naturwüchsig – ein immenser Respekt ableitet, wollten wir uns für die folgenden Überlegungen den anderen Wolfgang Nieke vornehmen: den, der studiert, der promoviert, der habilitert hat – um Respekt abzubauen und ins Gespräch (mit ihm) zu kommen.

Nach der Lektüre seiner Magisterarbeit (vgl. Nieke 1971), seiner Dissertationsschrift (vgl. Nieke 1976/1978) und seiner Habilitationsschrift (vgl. Nieke 1990/1995) wurde es mit dem Vorhaben, Respekt abzubauen, allerdings nicht besser, im Gegenteil: Der Respekt vor seinem wissenschaftlichen Denken, vor seinem Wissen, Können und Tun, vor seinen beruflichen Stationen, vor seinen Ämtern und Würden, kurz: vor dem Menschen und Wissenschaftler Wolfgang Nieke ist nur gestiegen.

Um dieses Problem konstruktiv lösen zu können, haben wir uns also überlegt, dass es wohl stimmen muss: Wolfgang Nieke hat bereits als Professor das Licht dieser Welt erblickt. Folglich sind seine Qualifikationsschriften lediglich die (nachholende) Legitimation dieser Berufung von Anfang an. Diese Schlussfolgerung war hilfreich, um überhaupt etwas Sinnvolles schreiben zu können, hier, im Angesicht der Festschrift für Wolfgang Nieke. Ob es klug ist, möchten wir schon jetzt bezweifeln. Dass es herzlich und intensiv diskutiert ist, immer

---

1 Aus: Oscar Wilde (1891): Lady Windermeres Fächer. 3. Akt, aus dem Gespräch von Cecil Graham, Lord Windermere und Lord Darlington, in dem es um die Charaktereigenschaften von Frauen und Männern, das Gute und Schlechte von Männern und Frauen bzw. die Erziehung von Männern durch Frauen geht.

mit Blick auf den Menschen, Pädagogen und Erziehungswissenschaftler Wolfgang Nieke, können wir garantieren.

Wohlan: Es ist eine Übung, ein Experiment, pädagogisch sicher nicht sonderlich wertvoll – oder vielleicht doch? Drei Schülerinnen versuchen ihr erziehungswissenschaftliches Denken in Anknüpfung an die Überlegungen eines Erziehungswissenschaftlers zu schärfen. Wenn das mal nicht Allgemeine Pädagogik ist.

2. Was können wir wissen? Nachdenken über Erziehung und Bildung als „Versprechen auf die Zukunft"

In seinen „Studien zum Verhältnis von Curriculum-Revision und prospektiver Pädagogik" entwirft Wolfgang Nieke 1971 eine „Erziehung für die Welt von morgen". Sein Ausgangspunkt ist hierbei das Nachdenken über Erziehung und Bildung für die Zukunft, das Nieke im Verlauf der Arbeit als wissenschaftliches Problem identifiziert (Teil I), genauer in unzähligen vorliegenden pädagogischen Schriften untersucht (Teil II) und schließlich kritisch resümiert (Teil III). Erstaunlich dabei ist die Herangehensweise, die Nieke in seinem ersten akademischen Qualifikationstext favorisiert. Er geht davon aus, dass Erziehung eine Handlung sei, die selbst bereits als prospektiver Entwurf gefasst werden muss – eingeleitet mithilfe eines Zitats von Herwig Blankertz, dass „Erziehung (…) ein Versprechen auf die Zukunft (ist), ein Handeln für die Welt von morgen" (Nieke 1971, S. 5). Ohne Probleme kann er nun den Bildungsbegriff von solch einem Erziehungsbegriff abgrenzen und autorisiert ihn mit Rückgriff auf Saul B. Robinsohn als „Ausstattung zum Verhalten in der Welt" (Nieke 1971, S. 6; 13).

Grandios aus unserer (heutigen) Sicht ist der Scharfsinn, mit dem Nieke (damals) die Herleitung des Handlungsbegriffs im Anschluss an die Definitionen von Erziehung und Bildung vollzieht – und wir vermuten, dass sich darin bereits *seine* Art des erziehungswissenschaftlichen Denkens manifestiert, weil er (noch) genauso argumentiert, wenn er (heute) argumentiert. Hier ein kurzer Ausschnitt:

„Denn für alles menschliche Handeln ist konstitutiv, daß es in die Zukunft hinein wirkt. Diese Aussage mag zunächst vielleicht etwas überraschen – wohl deshalb, weil Handlungen so alltäglich sind, daß man nicht über sie nachdenkt" (Nieke 1971, S. 6).

Und nach kurzen Querverweisen auf Handlungsroutinen und deren Fragilität in Krisensituationen, Menschlichem und Allzumenschlichem im Allgemeinen wie im Besonderen sowie unter Rückgriff auf Erich Wenigers Überlegungen zur Reflexion erzieherischer Handlungen folgt ein (d. h. unser privates Lieblings-) Zitat aus dieser ersten Nieke-Schrift:

„Um zu der eben gemachten Aussage zurückzukehren, für alles menschliche Handeln sei konstitutiv, daß sie in die Zukunft hinein wirke, wird es nützlich sein, das, was unter Handlung und Handeln verstanden werden soll, genauer zu bestimmen. Handlung und Handeln sind sprachlich von Hand abgeleitet (…) Handeln heißt ursprünglich nichts anderes als mit den Händen tun. Nun haben die Biologen die Hand als eines der wesentlichen Merkmale herausgestellt, durch das sich der Mensch von allen anderen Lebewesen unterscheidet (…). Das berechtigt uns, die Begriffe Handeln und Handlung auf den menschlichen Bereich einzugrenzen" (ebd., S. 7[2]).

Insgesamt zeigt Nieke in und mit seiner Magisterarbeit ein erziehungswissenschaftliches Denken auf, das derzeit nicht unbedingt zum selbstverständlichen Allgemeinplatz definitorischer Übereinkünfte innerhalb der Erziehungswissenschaft und deren Teildisziplinen gehören dürfte: Erziehung so konsequent als eine Handlung zu verstehen, die in die Zukunft gerichtet ist und damit zugleich als ein Versprechen an die nachfolgende Generation gefasst werden muss; davon haargenau Bildung abgrenzen zu können – das dürfte (auch heute) nicht für Jeden derart präsent und klar sein.

Die Fragen aber bleiben: Lassen sich Erziehung und Bildung so bestimmen? Ist damit tatsächlich erfasst, was unter Erziehung und Bildung im Horizont der Erziehungswissenschaft gefasst und verstanden werden kann? Auch zu diesen Fragen finden sich bereits in Niekes Magisterarbeit eindeutige Hinweise: Er scheut sich weder, die prospektive, schier unlösbare Frage zu stellen, wie sozialer Wandel die Lebenswelten (in) der Zukunft verändert noch danach zu fragen, wie ein Erzieher bzw. Pädagoge einen Entwurf für die Zukunft im erzieherischen Handeln entwickeln kann, ohne zu wissen, in welche Welt er den „Edukanden" entlässt.

Niekes Antwort nach dem Durchgang durch die Werke zahlreicher „Klassiker" ist hingegen so eindeutig wie avantgardistisch, wenn er zwei Wege gleichzeitig vorschlägt und parallel auf genau jene Gefahren hinweist, die sich hieraus ergeben:

„1. Es wird für die Zukunft erzogen, wie sie sein wird. Wie sie sein wird, kann durch Extrapolation von Trends ermittelt werden. 2. Es wird für die Zukunft erzogen, wie sie sein soll. Ihre erwünschte Gestalt zeichnet die Utopie. Beide Wege enthalten beträchtliche Gefahren, wenn man sie für sich verwirklicht" (Nieke 1971, S. 39).

Deshalb schlägt er im Fortgang seiner Überlegungen vor, jeweils das Werden und das Sollen gleichzeitig im Blick zu behalten (vgl. ebd.). Seine Reflexion von bildungspolitischen bzw. bildungsökonomischen Ansätzen fällt dann auch dement-

---

2 U.E. sind die Unterstreichungen bemerkenswert, die wir hier aus dem Original mitzitiert haben. Uns ist durchaus bewusst, dass eine mit der Schreibmaschine getippte Magisterarbeit aus den 1970-er Jahren weder über kursive Setzungen noch über andere Hervorhebungsmöglichkeiten verfügte – vielmehr hat uns die didaktische Setzung besonders fasziniert, die mit diesen Unterstreichungen einhergeht und gleichzeitig zur Schärfung des Arguments beiträgt bzw. beitragen soll.

sprechend kritisch aus. Für uns immer wieder erstaunlich ist, wie sich die Thematiken wiederholen, die auch gegenwärtig „hoch im Kurs" stehen: Zu finden sind Arbeitsmarktfragen ebenso wie das lebenslange Lernen, kritische Reflexionen bildungsökonomischer Kalküle wie Verweise auf die Unzulänglichkeit von Lehrplanreformen etc. Auch die sog. „Prospektive Pädagogik" muss sich von Nieke ihre Grenzen aufzeigen lassen und selbst Blankertz und Bokelmann werden nicht ohne kritische Anmerkungen aus dieser Magisterarbeit entlassen. Niekes Quintessenz von damals jedenfalls ist eindeutig, wenn er am Ende seiner Abhandlung schreibt:

> „Prognosen zukünftiger Entwicklungen – nicht nur ökonomischer Art – werden benötigt und müssen auf ihre Relevanz für die Erziehung überprüft werden (...) Es erscheint möglich, daß eine Beschäftigung mit den Ergebnissen der sich gerade entwickelnden Futurologie für das erziehungswissenschaftliche Problem einer Erziehung für die Zukunft über die bisherigen Ergebnisse hinausgehende neue Einsichten erbringen kann" (Nieke 1971: 113 [sic![3]]).

Ob er das heute wohl auch noch so sieht? Das kann nur die Zukunft zeigen.

3. Was sollen wir tun? Pädagogik zwischen Professionstheorie und Professionalisierung

Ein Thema, das uns im Werk Wolfgang Niekes ebenso beständig begegnet wie der Begriff der Erziehung, ist das der pädagogischen Kompetenz. Man könnte auch sagen: Wenn seine Überlegungen zur Erziehung die theoretische Grundlage seines pädagogischen Denkens darstellen, so sind die Gedanken und Konzepte zum professionellen pädagogischen Handeln deren praxis- und praktikerInnenbezogenes Äquivalent. Dabei geht es Wolfgang Nieke nicht vornehmlich darum, den Status der Pädagogik als Profession oder die Struktur professionellen pädagogischen Handelns zu diskutieren – beides setzt er als gegeben voraus. Wolfgang Nieke geht weiter, und zwar von Beginn an.

Begeben wir uns an den Ausgangspunkt der akademischen Karriere Wolfgang Niekes, so finden wir in den Hallen des Universitätsarchivs Münster mit etwas Unterstützung vor Ort seine auf dünnem Papier maschinengetippte und oben bereits gewürdigte Magisterarbeit aus dem Jahr 1971. Es ist heute 42 Jahre her, dass der Verfasser sie an der Philosophischen Fakultät der Westfälischen Wilhelms-Universität einreichte. Auf der Rückseite des Titelblatts findet sich eine handschriftliche Notiz über die Beteiligten an der zugehörigen mündlichen Prü-

---

3   Die Seite 113 existiert zweimal in dieser Magisterarbeit, gemeint ist hier die zweite Seite 113.

fung. Der Name des im Akademikerdeutsch sogenannten Referenten (also des Prüfers) sticht ins Auge: H. Blankertz.

Tatsächlich war Herwig Blankertz seit zwei Jahren Professor für Pädagogik und Philosophie in Münster, als Wolfgang Nieke seine Magisterarbeit einreichte. Sie beschäftigt sich mit einem Grundproblem der Erziehung, ihrem prospektiven Charakter. Der Student Wolfgang Nieke sucht nach einer wissenschaftlichen, nicht intuitiven, also professionellen Antwort auf dieses Problem und berührt dabei bereits einen Kernbereich der Frage nach pädagogischer Professionalität: Welche Fähigkeiten (später nennt er es: Kompetenzen) benötigen PädagogInnen, um angesichts der in eine unbekannte Zukunft gerichteten, aber in der Gegenwart geschehenden Erziehungstatsache professionell handeln zu können?

Die Diskussion um die pädagogische Professionalität hat viele Facetten. In den Schriften von Wolfgang Nieke werden vor allem die folgenden verhandelt: zunächst die Frage danach, was professionelles pädagogisches Handeln eigentlich ausmache (z. B. Nieke 1978, S. 46). Aber statt bei diesem relativ theoretischen Aspekt stehen zu bleiben, sucht er immer wieder ganz besonders nach einer Antwort darauf, wie Studierende des pädagogischen Fachs überhaupt zu einem solchen befähigt werden können. Dabei werden unweigerlich Probleme des Studiums und der Studienstruktur berührt. Da diese letzteren eng mit Fragen des Zustands einer Disziplin verknüpft sind, verwundert es nicht, dass wir Wolfgang Nieke auch auf diesem Gebiet präsent finden. Ein Ausdruck dessen ist seine langjährige Tätigkeit im Erziehungswissenschaftlichen Fakultätentag EWFT[4], der als disziplinpolitisches Gremium der Erziehungswissenschaft bezeichnet werden kann, setzt er sich doch satzungsgemäß mit strukturellen und hochschulpolitischen Fragen und solchen des Studiums auseinander (vgl. EWFT 2003, S. 2).

In der Magisterprüfung Wolfgang Niekes jedenfalls saß Herwig Blankertz. Wir dürfen annehmen, dass Wolfgang Nieke bei ihm studiert hat. Spekulieren dürfen wir über eine Parallele zwischen Blankertz' und Niekes Gedankengängen. Anders als Blankertz verfolgt Wolfgang Nieke in seinen professionstheoretischen Gedankengängen jedoch nicht so sehr die Frage, wie die Schule mit einem entsprechenden Curriculum zur Befähigung der SchülerInnen beitragen könne, in der zukünftigen Welt zu bestehen. Wolfgang Nieke denkt darüber nach, wie die erziehungswissenschaftliche (Aus-) Bildung an der Hochschule dazu beitragen könne, PädagogInnen hervorzubringen, die in der Lage sind, dies professionell zu bewerkstelligen. Er erweitert dabei schon früh den Blick auch auf andere pädagogische Handlungsfelder als nur die Schule, z. B. die Soziale Arbeit (vgl.

---

4   Wolfgang Nieke übernahm von 2006-2010 die Präsidentschaft des Erziehungswissenschaftlichen Fakultätentages.

Nieke 1981). In seinem 2002 veröffentlichten Modell pädagogischer Kompetenz (Nieke 2002) geht er dann von der These aus, dass es „eine basale Struktur pädagogischer Kompetenz gebe, die sich in allen Ausdifferenzierungen pädagogischer Professionen findet und in ihrer Spezifik auch eine Abgrenzung zu anderen Professionen ermöglicht" (ebd., S. 17).

Was können wir nun von Wolfgang Nieke über professionelle pädagogische Kompetenz und deren Herausbildung lernen?

Erstens: Pädagogische Kompetenz im Niekeschen Verständnis hat nichts mit dem heute dominierenden ökonomisch geprägten Kompetenzverständnis zu tun, das Kompetenzen als baukastenartig zusammengesetzte, operationalisierbare und damit be- und abrechenbare „soft skills" im beruflichen Zusammenhang versteht (vgl. Nieke 2006, S. 45). Kompetenz, so schließt Wolfgang Nieke demgegenüber aus klassischen Überlegungen Heinrich Roths und einem Blick ins juristische Kompetenzverständnis, ist „(1) die Fähigkeit, gegebene Aufgaben sachgerecht zu bewältigen; (2) das Bewusstsein von der Verantwortung, die gegebenen Aufgaben nach geltenden Maßstäben korrekt und bestmöglich zu erfüllen; (3) die auf der Grundlage der beiden ersten Komponenten zu beanspruchende Zuständigkeit für die Erfüllung bestimmter Aufgaben, die sich aus der spezifischen Fähigkeit und Berufsethik definieren lassen" (Nieke 2002, S. 16). Das ist in summa etwas ganz anderes als ein einem ökonomischen Interesse geschuldetes und mithin auf dieses verkürzte Kompetenzverständnis – es geht nicht um Funktionieren, sondern um das professionelle Agieren – also Handeln[5].

Eine solchermaßen verstandene professionelle pädagogische Handlungskompetenz ergibt sich mit Nieke aus dem Zusammenwirken von vier Komponenten:

- der Fähigkeit zur Gesellschaftsanalyse (da professionelles pädagogisches Handeln immer im gesellschaftlichen Kontext stattfindet);
- der Fähigkeit zur Situationsdiagnose (da sich professionelles pädagogisches Handeln immer in einer konkreten Situation vollzieht, die bestimmt ist durch körperliche, seelische, räumliche und interaktionelle Aspekte);
- der Fähigkeit zur Selbstreflexion (da professionelle PädagogInnen immer als Personen, nicht als Automaten, in einer pädagogischen Situation agieren und daher ihr berufliches Selbstkonzept und ihre Selbstbetroffenheit genauestens reflektieren müssen, um nicht von unbewussten und möglicherweise unprofessionellen Motiven fehlgeleitet zu werden) sowie

---

5 Die zentrale Bedeutung des Handlungsbegriffs bei und für Wolfgang Nieke haben wir bereits weiter oben aufgezeigt.

- der Fähigkeit zum professionellen Handeln selbst, das sich durch einen gerichteten Prozess von Zielbestimmung, Planung, Analyse der Situation, Durchführung der Handlung und der Evaluation auszeichnet (vgl. ebd., S. 17ff.).

Zweitens: Es liegt auf der Hand, dass sich eine so verstandene professionelle pädagogische Kompetenz über Bildungs- und nicht über Ausbildungsprozesse herstellt, denn ihre Voraussetzung ist die Fähigkeit zum kritischen und analytischen Denken – der Gesellschaft, der Situation, sich selbst und Anderen gegenüber, aus der dann ein eigenständiges, professionelles Handeln erwachsen kann. Dies erfordert zuallererst die bewusste Auseinandersetzung mit der Welt, in der wir leben. Der Erwerb berufspraktischer Fähigkeiten ist dem nachgeordnet.

Drittens: Professionelle pädagogische Handlungskompetenz ist nicht naturwüchsig in jedem Menschen vorhanden und sie unterscheidet sich zudem von beruflicher pädagogischer Kompetenz. Sie ist im Gegensatz zu allgemeiner und beruflicher pädagogischer Kompetenz durch eine wissenschaftliche Ausbildung gekennzeichnet. Sie kommt wie jede professionelle Kompetenz in Bereichen zum Tragen, die nicht mit Alltagswissen und stereotypen, praktisch erlernbaren beruflichen Handlungsroutinen zu bewältigen sind. Sie wirkt in Bereichen, die selbstständige Entscheidungen verlangen und daher an eine spezifische Berufsethik gebunden sein müssen, die nur von Mit-Professionellen kontrolliert werden kann (vgl. Nieke 2006, S. 40).

Viertens: Aus den vorangegangenen Überlegungen und der Tatsache, „dass die Aufgabe für pädagogisches Handeln die bestmögliche Herausbildung von Persönlichkeitsdimensionen der Klientel ist, dass es also um Menschen geht" (Nieke 2002, S. 16), ergeben sich bei Wolfgang Nieke ein Bild und eine Wertschätzung professioneller pädagogischer Kompetenz, die nur einen Schluss zulassen: für die Befähigung zum professionellen pädagogischen Handeln gilt: „Das Beste ist gerade gut genug!" (ebd.).

Hier ist nicht der Platz, um konkrete Schritte für die Verbesserung der aktuellen Studienstrukturen in der Erziehungswissenschaft zu entwerfen, die oft und sicher nicht freiwillig in deutlichem Gegensatz zum eben Referierten stehen. Doch eines wird in aller Kürze beim Durchgang der Niekeschen Ansichten zur professionellen pädagogischen Kompetenz und ihrer Herausbildung klar: Professionelle pädagogische Kompetenz benötigt Studienstrukturen, die Bildungsprozesse zulassen, und ihr Erwerb geht mit einem wissenschaftlichen Studium an einer Hochschule einher Professionelle pädagogische Kompetenz ist ein Gut, dessen Wertschätzung aufgrund der Allgegenwärtigkeit von (nichtprofessioneller) Erziehung und Bildung in Alltagszusammenhängen allzu oft leidet – es gilt, diese schärfer als bisher herauszuarbeiten und der Öffentlichkeit zu präsentieren (die PsychologInnen und JuristInnen können das doch schließlich auch).

4. Was dürfen wir hoffen? Interkulturelle Erziehung und Bildung für eine multikulturelle Gesellschaft

Die wissenschaftlichen Themen, an denen Wolfgang Nieke arbeitet und für die er begeistern kann, sind vielfältig. Die Interkulturelle Pädagogik ist eines davon, dass er auch in der Lehre vertreten hat und damit u.a. das Wahlpflichtfach Interkulturelle Erziehung im inzwischen abgewickelten Diplomstudiengang Erziehungswissenschaft an der Universität Rostock repräsentierte. Die Frage, wie interkulturelles Lernen, Bildung und Erziehung in multikulturellen Gesellschaften gelingen kann, zog sich dabei wie ein roter Faden durch seine Lehrveranstaltungen[6].

Interkulturelle Pädagogik erlangt eine zunehmende Bedeutung in unserer Gesellschaft, die inzwischen eine multikulturelle[7] geworden ist. Zuwanderung nach Deutschland erfordert politische, vor allem aber auch pädagogische Reaktionen. Als einer der ersten Vertreter im deutschsprachigen Raum hat sich Nieke mit der Frage nach einer Theoriebildung in der Ausländerpädagogik (vgl. Nieke 1986) beschäftigt, diese in ihren Anfängen als Nothilfe charakterisiert und Konsequenzen aus dieser Kritik entwickelt, die schließlich in sein Phasenmodell zur Konzeptentwicklung der Interkulturellen Erziehung münden (siehe unten). In der nachfolgenden Veröffentlichung – seine überarbeitete Habilitationsschrift (Nieke 1995) – verfolgt er dann auch innerhalb der Interkulturellen Pädagogik hauptsächlich die folgenden Ansprüche:

- Systematisierung der Diskussion um Interkulturelle Erziehung und Formulierung von Zielen und Perspektiven,
- Pädagogische Reflexion des unvermeidlichen Ethnozentrismus,
- Virtuelle interkulturelle Diskurse als pädagogisches Konzept für kulturbedingte Alltagskonflikte etablieren (vgl. Nieke 1995, S. 8f.)[8].

---

6 Und durch entsprechende Veröffentlichungen, wie bspw. seiner Habilitationsschrift (Erstauflage 1995), die inzwischen in dritter Auflage (2008) komplett überarbeitet erschienen ist.
7 Und spätestens hier wird deutlich, dass wir uns nicht dem Lager zuzählen, das die multikulturelle Gesellschaft für obsolet erklärt hat.
8 In der Einleitung zu seiner Habilitationsschrift finden sich neben den genannten noch vier weitere Ansprüche, denen Wolfgang Nieke mit seiner Arbeit gerecht werden will. Für diesen Artikel haben wir einige davon ausgewählt. Die Ausbuchstabierung dieser Ansprüche mündet schließlich in die Formulierung von zehn Zielen Interkultureller Erziehung und Bildung (vgl. hier weiter Nieke 1995, S. 198ff.)

In der Einlösung dieser Ansprüche entsteht ein grundständiges Werk in der wissenschaftlichen Diskussion Interkultureller Pädagogik, das fundamentale Fragen ebenso behandelt (etwa Kulturbegriffsdefinitionen und Systematisierungen der bisherigen Debatten um den [pädagogischen] Umgang mit Einwanderern) wie innovative Modelle entwickelt (etwa das Konzept virtueller Diskurse).

In diesem Werk mit dem Titel „Interkulturelle Erziehung und Bildung. Wertorientierungen im Alltag" (zuerst 1995) erarbeitet Nieke ein Stufenmodell, das den Diskurs um die Entwicklung eines Konzepts „Interkultureller Erziehung" widerspiegelt. Sein zunächst dreistufiges Modell von 1986: (1) „Ausländerpädagogik" als Nothilfe – (2) Kritik an der „Ausländerpädagogik" – (3) Konsequenzen aus der Kritik ergänzt er nach und nach unter Einbeziehung der jeweils aktuellen politischen Entwicklungen und der entsprechenden wissenschaftlichen Rezeption und Diskussion, so dass in der dritten Auflage seines Buches nunmehr sechs Phasen zu finden sind (vgl. Nieke 2008, 13ff.): die oben genannten drei ergänzt um (4) Erweiterung des Blicks auf ethnische Minderheiten – (5) Interkulturelle Erziehung und Bildung als Bestandteil von Allgemeinbildung – (6) Neo-Assimilationismus. Damit legte er erstmals eine Systematisierung entlang der Migrationsgeschichte Deutschlands vor, die weithin grundlegend zitiert und diskutiert wird (vgl. bspw. Auernheimer 2003 oder Prengel 2006).

Weiter findet man in seinem Buch die Diskussion grundsätzlicher Fragestellungen[9] wie die nach einer Definition von Kultur im Kontext Interkultureller Erziehung. (vgl. Nieke 2008, 38ff.); oder die nach einer Differenzierung zwischen Interkultureller Erziehung, Bildung und Interkulturellem Lernen. Hier plädiert Nieke eher für den Begriff des ‚Interkulturellen Lernens', da dieser den Lernprozess auch über Kulturgrenzen hinweg offener beschreibt als der engere Begriff der ‚Erziehung', der eher „eine semantische Nähe zu Aufzucht und Drill von Kindern" aufweist (Nieke 1995, S. 17) und schließt damit an die (alte) erziehungswissenschaftliche Debatte um die Differenz von Erziehung und Bildung im Allgemeinen an (siehe oben).

Wir alle unterliegen dem Phänomen des Ethnozentrismus. Nieke arbeitet dieses Phänomen begriffsgeschichtlich wie inhaltlich aus und formuliert schließlich die pädagogischen Konsequenzen, die sich aus der Reflexion der eigenen kulturellen Eingebundenheit und einer verzerrten Wahrnehmung anderer Kulturmuster (will man Ethnozentrismus hier derart verkürzt beschreiben) ergeben

---

9   Diese allgemeinen und grundlegenden Diskussionen spielten immer auch eine bedeutende Rolle in seinen Lehrveranstaltungen, die in jedem Semester eine andere thematische Ausrichtung beinhalteten (so z. B. Kampf der Kulturen, Interkulturelle Bildung und Erziehung, Theorien und Konzepte Interkultureller Bildung, Kultur und Kommunikation, Interkulturelles Lernen als politische Bildung, Europäische Identität als Bildungsziel).

(müssen): „eine Haltung des *aufgeklärten Ethnozentrismus* zu erreichen suchen" (Nieke 1995, S. 95):

> „Sie kann den anderen ein größeres Recht auf ihren eigenen Weg, die Welt zu sehen und zu bewerten, zugestehen, ohne zugleich die eigenen Positionen aufgeben zu müssen oder auch nur zu können" (ebd.).

Ein besonderer Verdienst in der Interkulturellen Pädagogik Wolfgang Niekes liegt schließlich in der Entwicklung des Konzeptes „virtueller Diskurse" zur Lösung kulturbedingter pädagogischer Alltagskonflikte, die oftmals in Kommunikationssituationen entstehen. Nieke begreift Kultur als „die Gesamtheit der kollektiven Deutungsmuster einer Lebenswelt (einschließlich materieller Manifestationen)" (Nieke 1995, S. 49) und damit als ein nach innen dynamisches System, das allerdings nach außen klare Grenzen aufweist und sich gegenüber anderen Kulturen abgrenzt. Nimmt man diese Definition ernst, dann wird deutlich, dass Interkulturelle Pädagogik eine Form von Verständigung leisten muss, die eine sachliche und vorurteilsfreie Kommunikation von Angehörigen verschiedener Herkunftskulturen ermöglicht. Da den professionellen PädagogInnen ein umfassendes Hintergrundwissen über kulturspezifische lebensweltliche Orientierungsmuster verschiedener Herkunftskulturen nicht immer zur Verfügung steht, schlägt Nieke zunächst einen Diskurs vor, in dem alle Beteiligten zu Wort kommen, ihre Positionen ernst genommen werden und in dem Argumente und Begründungsmuster aus allen betroffenen Kulturen (und nicht nur der dominanten Kultur) zulässig sind. Hiermit sollten eine Reflexion der eigenen kulturellen Eingebundenheit, die Vergewisserung der eigenen Sprache und ihrer Codes sowie deren Bedeutungsinhalte einhergehen. Nur so könne laut Nieke interkulturelle Kommunikation gelingen.

Sind nicht alle Vertreter der unterschiedlichen Positionen unmittelbar verfügbar, so kann man diese Diskurse auch „virtuell" führen: Können also Betroffene ihre Positionen nicht selbst vertreten, so können diese anwaltschaftlich vertreten werden, d. h. die jeweils andere Position wird in das Konfliktlösungsvorgehen „virtuell" hereingeholt.

In Seminaren konnten Studierende diese Form der virtuellen Diskurse anhand verschiedener kulturbedingter Konflikte aus aller Welt praktisch ausprobieren und sich dabei ihres eigenen Ethnozentrismus' bewusst werden – ein didaktischer Kniff Wolfgang Niekes, ganz ohne Powerpoint[10].

Auch der Blick in die pädagogische interkulturelle Praxis war und ist Wolfgang Nieke wichtig: So begleitete er – neben vielen anderen – ein Projekt zur

---

10 Aufwändige Powerpoint-Präsentationen wird man bei Wolfgang Nieke nicht finden – er ist ein erklärter Gegner dynamischer Animationen und hat deren eher nachteilige Auswirkungen auf Lernprozesse in einer eigenen kleinen Untersuchung nachgewiesen (vgl. Nieke 2011).

Sprachförderung und sozialen Integration von Kindern und Jugendlichen mit Migrationshintergrund, das von einem Rostocker Jugendhilfeverein durchgeführt wurde. Er führte u. a. Seminare zur Praxisreflexion durch, die die ehrenamtlichen KursleiterInnen in Kleingruppen bei ihrer anspruchsvollen Tätigkeit als FörderlehrerInnen in einer kulturell heterogenen Lernumgebung unterstützten. Auf diese Weise konnten theoretische Konzepte ganz praktisch erprobt und wissenschaftlich reflektiert werden.

5. Was ist der Mensch? Erziehungswissenschaftliche Gehversuche zwischen Tag und Nacht

> ▶ **** Franzi hat Kathrin hinzugefügt *** Franzi hat Karin hinzugefügt ****
> ▶ *[8:35:54 PM] *** Konferenzanruf ****

Karin: und was jetzt … wir haben noch exakt 9735 Zeichen … und keinen akademischen Schlusspunkt unseres Textes…

Franzi: mmmh, es fehlt noch eine Quintessenz oder so?

Kathrin: das können wir sowieso nicht in 9735 Zeichen…

Karin: also dann lassen wir es und diskutieren einfach so … wer benötigt schon einen runden Text … in diesen gesellschaftlichen Wandlungszeiten…

Franzi: wir können ja mal überlegen, wie wir Wolfgang Nieke so begegnet sind – persönlich und wissenschaftlich…

Karin: das find ich gut, Kathrin fängt an, würd ich vorschlagen!!!!

Kathrin: ok … persönlich: in Hamburg, an einem trüben Novembertag, auf meinem ersten EWFT! Und total aufgeregt!

Karin: wie … aufgeregt?

Kathrin: na, noch nicht mal promoviert und dann ganz allein unter lauter ProfessorInnen! Und Du, Franzi?

Franzi: ich hab angefangen zu studieren, damals 2001, erst einmal ziemlich planlos und dann habe ich Wolfgang Nieke kennengelernt – ein Professor; ‚wie er im Buche steht'. Sein Habitus, seine Gesten, sein unerschöpfliches Wissen: Nicht nur als Studierende entwickelt man in seinen Veranstaltungen, in Prüfungs- wie in Alltagsfachgesprächen unweigerlich ehrfürchtigen Respekt.

Karin: also, da kann ich mich nur anschließen, obwohl ich sofort seine Kollegin war und das Studium quasi „übersprungen" hab.

Franzi: Wolfgang Nieke hält seine Vorlesungen frei, ohne Skript, legt hin und wieder ein paar Folien auf und redet. Und redet. Beginnend beim Thema der Vorlesung und endend bei einem ganz anderen, das jedoch immer thematische Verknüpfungen zum eigentlichen Ausgangspunkt aufweist. Dazwischen Schleifen aus anderen Fachgebieten, mitunter kleine Anekdoten. Es ist spannend, seinen Ausführungen zu lauschen und gleichermaßen eine intellektuelle Herausforderung wie ein Genuss.

Kathrin: ja, das hab ich bei den Sitzungen des EWFT auch so wahrgenommen. Deswegen hab ich ein halbes Jahr später, 2008, auch prompt beschlossen, dass ich ihn mir als einen der GutachterInnen für die Dissertation wünsche. Inzwischen kannte ich ihn nämlich auch wissenschaftlich und wusste, der Mann versteht etwas von seinem Fach und viel mehr als ich. Wer will schon einen Gutachter, der sich nicht auskennt...

Karin: okay, das ist eine Steilvorlage ... meint ihr denn, dass Wolfgang Nieke das auch so sieht?

Franzi: mmh, ich denke er weiß um seine Kompetenzen...

Karin: ja, das sehe ich auch so – dazu auch noch wissenschaftlich reflektiert...

Kathrin: genau, unter anderem das macht sie ja zu Kompetenzen, wenn man seinen Überlegungen folgt!

Karin: also fehlen noch das Handeln und die Handlung, oder?

Franzi: meinst du die Grundlage aus seiner Magisterarbeit ... die er dann in seinem wissenschaftlichen Denken weiterführt?

Karin: ja genau, irgendwie ist alles Handlung, auch das, was wir gerade tun...

Franzi: und auch dann handeln wir, wenn wir nichts tun. Denn auch „Nichthandeln" ist Handeln, so sagt er in Bezug auf interkulturelles Konfliktmanagement

Karin: womit wir bei der multi- interkulturellen Gesellschaft wären...

Kathrin: spannend, denn damit hatte ich mich vor unserem Artikel noch nicht so intensiv beschäftigt – aber da sieht man mal wieder, dass bei Wolfgang Nieke alles miteinander zusammen hängt – die Frage ist doch, wie handelt man in einer solchen Gesellschaft pädagogisch professionell?

Karin: ja, find ich auch, das ist wieder so eine Zukunftsfrage, oder?

Philosophieren mit Wolfgang Nieke

Franzi: und Erziehung wirkt ja bekanntlich in die Zukunft hinein (übrigens auch wieder so eine kluge Aussage aus Niekes Magisterarbeit...)

Karin: also sollten wir darüber nachdenken, wie in einer interkulturellen Gesellschaft pädagogisch professionell gehandelt werden kann, wenn die Zukunft ungewiss ist und bleibt?

Kathrin: oh und das sollen wir in weniger als 5 000 Zeichen beantworten ... niemals!

Karin: nein, das geht gar nicht!

Kathrin: ja, seine Bücher sind ja auch ein bisschen dicker als 5 000 Zeichen!

Franzi: und würde einem Wolfgang Nieke und seinem Werk einfach nicht gerecht ... also fragen wir vielleicht lieber: WAS haben wir von ihm gelernt?

Kathrin: „PädagogInnen haben immer mit Menschen zu tun und nicht mit Gehirnen!" (Zitat Wolfgang Nieke zum Thema Hirnforschung und Pädagogik)

Karin: „Qualität statt Quantität!" (Zitat: Wolfgang Nieke ... zwischen den Türen ... auf dem Flur in der Rostocker Uni)

Franzi: und ich erinnere mich immer an seinen Appell aus den Seminaren, wenn es darum ging, sich in irgendwelche Anwesenheitslisten einzutragen: „Das humboldtsche Bildungsideal sollte Haltung der Studierenden sein."

Karin: was war das doch gleich?

Franzi: das können alle beantworten, die bei ihm studiert haben ;)

Karin: da fällt mir nur noch ein: „Bildung ist etwas Wunderbares. Doch sollte man sich von Zeit zu Zeit daran erinnern, dass wirklich Wissenswertes nicht gelehrt werden kann." (schon wieder Oscar Wilde...)

Literatur

Auernheimer, G. 2003. *Einführung in die Interkulturelle Pädagogik*. Darmstadt: Wissenschaftliche Buchgesellschaft.

EWFT. 2003. *Satzung des Erziehungswissenschaftlichen Fakultätentages*. http://www.fb12.uni dortmund.de/dyn/ewft/index.php?module=Pagesetter&type=file&func=get&tid=7&fid=file&pid=82. Zugegriffen: 29.04.2013.

Nieke, W. 1971. *Studien zum Verhältnis von Curriculum-Revision und prospektiver Pädagogik. Erziehung für die Welt von morgen*. Münster (unveröff. Manuskript).

Nieke, W. 1978. *Der Diplom-Pädagoge. Gesellschaftlicher Bedarf, Ausbildung Berufsperspektiven*. Weinheim und Basel: Beltz.

Nieke, W. 1981. Das Konzept der professionellen Handlungskompetenz als Versuch der Bestimmung von Studienzielen. In *Studienreform und Handlungskompetenz im außerschulischen Erziehungs- und Sozialwesen*, hrsg. S. Keil, G. Bollermann, W. Nieke, 15-44. Köln: Luchterhand.

Nieke, W. 1986. *Multikulturelle Gesellschaft und interkulturelle Erziehung – Zur Theoriebildung in der Ausländerpädagogik*. In Die deutsche Schule (4): 462ff. Münster u.a.: Waxmann.

Nieke, W. 1995. *Interkulturelle Erziehung und Bildung. Wertorientierungen im Alltag*. Opladen: Leske + Budrich.

Nieke, W. 2002. Kompetenz. In *Erziehungswissenschaft in Studium und Beruf. Eine Einführung in vier Bänden*, Bd. 3: Erziehungswissenschaft: Professionalität und Kompetenz, hrsg. H.-U. Otto, T. Rauschenbach, P. Vogel, 13-27. Opladen: Leske + Budrich.

Nieke, W. 2006. Professionelle pädagogische Handlungskompetenz zwischen Qualifikation und Bildung. In *Pädagogische Kompetenz, Identität und Professionalität*, hrsg. M. Rapold, 35-49. Hohengehren: Schneider Verlag.

Nieke, W. 2008. *Interkulturelle Erziehung und Bildung. Wertorientierungen im Alltag*. 3. Aufl., Wiesbaden: VS-Verlag.

Nieke, W. 2011. *Was nützen dynamische Animationen für die Unterstützung von Präsentationen in Unterrichts- und Unterweisungssituationen?* Unter Mitarbeit v. K. Schwarz. Rostock: Universitätsverlag.

Prengel, A. 2006. *Pädagogik der Vielfalt*. Wiesbaden: VS-Verlag.

Bildung und Freiheit

Heiner Hastedt

In der philosophischen Reflexion über Bildung spielt heute neben der gedanklichen Entfaltung des Ideals selbst vor allem das Nachdenken über Bildungsgerechtigkeit eine bedeutende Rolle, während erstaunlicherweise der für die Bildungsklassiker zentrale Stellenwert der Freiheit eher vernachlässigt wird. In diesem Artikel widme ich mich dem Zusammenhang von Bildung und Freiheit, indem ich ihn zunächst bei Wilhelm von Humboldt, John Stuart Mill und Amartya Sen untersuche, um anschließend zu erörtern, in welcher Form der gegenwärtig selbst umstrittene Freiheitsbegriff im Hinblick auf Bildung philosophisch vertreten werden kann. Dabei wird sich u. a. herausstellen, dass Bildung und Freiheit in einem wechselseitigen Bedingungsverhältnis stehen.

1. Was ist Bildung?

Im 18. und 19. Jahrhundert formulieren Klassiker der Bildungsphilosophie wie Johann Gottfried Herder und Wilhelm von Humboldt ein Ideal der Bildung, das in seiner höchsten Form umfassende persönliche und gesellschaftliche Veränderungen beansprucht (Hastedt 2012). Mindestens fünf Merkmale drängen sich bei der Bestimmung des Ideals auf: Selbstbildung, Formung und Entwicklung der gesamten Person, anthropologische Bedürftigkeit und „Wachstum", Steigerung der Individualität bei gleichzeitig überindividueller Verbindlichkeit und Entfremdungsüberwindung. Nicht nur bei Herder sind zu unterscheiden die Selbstbildung des Individuums, die im Zentrum der klassischen Bildungstheorie steht, die Bildung in speziellen Institutionen (wie der Universität und der Schule) und – ein schwieriger Gedanke – die Bildung der Menschheit. Bei klassischen Bildungstheoretikern finden sich meist alle drei Elemente einer Bildungstheorie – entscheidend ist jedoch die Selbstbildung, die sich nicht auf Bildungsinstitutionen fixiert. Wenn Bildungsinstitutionen zu Ausbildungsstätten werden, dann kann der Bildungsgedanke nur über Selbstbildung neu an Stärke gewinnen (wenn man die erkenntnistheoretisch mysteriöse Bildung der Menschheit als nicht greifbare Kollektivinstanz gar nicht zur Kandidatur bringt). Im Kontext der Aufklärung – von Immanuel Kant (1784) in „Beantwortung der Frage: Was ist Aufklärung?" als „Ausgang des Menschen aus der selbstverschuldeten Unmündigkeit" charakterisiert – steht Selbstbildung nicht nur für die autonome Veränderung der Individuen, sondern zugleich für eine Verbesserung der Welt durch die ihre Potentiale entwickelnden Individuen. Das Ideal der Bildung beschränkt sich nicht auf einzelne Fertigkeiten von Menschen, sondern erfordert die Entwicklung der ganzen Person. Bei den Klassikern treffen wir auf das Leitbild der organizistischen Harmonie. Einseitigkeiten und Spezialisierungen sind mit dem Bildungsgedanken nicht vereinbar. Der Experte als Experte ist ungebildet.

2. Welche Freiheit ist gemeint?

Ähnlich verweisungsreich wie der Begriff der Bildung ist der der Freiheit. Verschiedene Bedeutungen sind gebräuchlich, die sich keineswegs nur auf die politische Freiheit beziehen, sondern generell die persönlichen Entfaltungsmöglichkeiten thematisieren. Ein in der Philosophie als besonders wichtig angesehener Unterschied ist der zwischen Handlungs- und Willensfreiheit. Albert Einstein hat in Übereinstimmung mit Arthur Schopenhauer diesen Unterschied folgendermaßen auf den Punkt gebracht: „Ein Mensch kann zwar tun, was er will, aber nicht wollen, was er will" (nach Ferber 2003, S. 170). Die Handlungsfreiheit, zu der auch die politische Freiheit zu rechnen ist, bezeichnet im Sinne der ersten Hälfte von Einsteins Bemerkung das Freisein von äußeren Hindernissen, nachdem innerlich ein Wille zur Handlung bereits formuliert ist. Die Willensfreiheit markiert demgegenüber im Sinne der zweiten Satzhälfte die Freiheit von Determinationen vor der Formulierung eines eigenen Willens. Bei der Willensfreiheit geht es darum, Handlungen ohne kausale Determination frei anfangen zu können, bei der Handlungsfreiheit wird die Freiheit von Widerständen beim Umsetzen bereits gewollter Handlungen thematisiert. In der gegenwärtigen Philosophie, besonders in Deutschland, dominiert die Beschäftigung mit der Willensfreiheit, während die politische Freiheit als Teil der Handlungsfreiheit weniger lebhaft diskutiert wird.

Nicht deckungsgleich mit der Unterscheidung von Handlungs- und Willensfreiheit ist die Differenzierung in *Freiheit von* und *Freiheit zu*. Während die *Freiheit von* mit dem Freisein von Hindernissen eindeutig eine Version der Handlungsfreiheit kennzeichnet, teilt die *Freiheit zu* sowohl Elemente der Handlungs- als auch der Willensfreiheit. In einem berühmt gewordenen Aufsatz nennt Isaiah Berlin (1998) die *Freiheit von* die negative Freiheit, während die *Freiheit zu* von ihm als positive Freiheit charakterisiert wird. Berlin macht keinen Hehl daraus, dass er allein die negative Freiheit als gedanklichen Ausgangspunkt empfiehlt, da diese als Abwehrfreiheit den Individuen die Chance lässt, das zu tun, was sie wollen. Die positive Freiheit ist in ihrer tendenziellen Unklarheit demgegenüber missbrauchsgefährdet, insofern sie von Anderen usurpiert werden kann, um Individuen im Namen großer, vermeintlich positiver Ziele gerade unfrei zu machen.[1]

3. Wilhelm von Humboldts liberale Bildungstheorie

Die Merkmale des klassischen Bildungsbegriffes umfassen in Wilhelm von Humboldts Schriften insbesondere Selbstbildung und Autonomie; beide sind, wie bei Herder, nicht an Institutionen gebunden. Besonders betont wird die freie Formung und Entwicklung der gesamten Persönlichkeit unter Vermeidung von Einseitigkeiten und Spezialisierungen: „Der wahre Zweck des Menschen ... ist die höchste und proportionierlichste Bildung seiner Kräfte zu einem Ganzen. Zu dieser Bildung ist Freiheit die erste und unerlässliche Bedingung" (Humboldt 1967, S. 22). Ohne Freiheit ist Bildung also für Humboldt nicht möglich; denn Selbstbildung mit ihrer Formung der Kräfte kann nicht maschinell-mechanisch mit Steuerung von außen gedacht werden. Ist mit dieser Klarstellung allerdings die Willens- oder die Handlungsfreiheit gemeint? Die folgende Stelle spricht zunächst für die Handlungsfreiheit im Sinne der politischen Freiheit, wonach „jedes Bemühen des Staates verwerflich" sei, „sich in die Privatangelegenheiten der Bürger überall da einzumischen, wo dieselben nicht unmittelbaren Bezug auf die Kränkung der Rechte des einen durch den anderen haben" (S. 28). In die gleiche Richtung geht ganz klassisch liberal die folgende Kursivstelle im Text Wilhelm von Humboldts: *„der Staat enthalte sich aller Sorgfalt für den positiven Wohlstand der Bürger und gehe keinen Schritt weiter, als zu ihrer Sicherstellung gegen sich selbst und gegen auswärtige Feinde notwendig ist; zu keinem andren Endzwecke beschränke er ihre Freiheit"* (S. 51). Der Versuch, durch staatliche Maßnahmen Wohlstand und Bildung herzustellen, scheitert, weil Bildung sich eben nicht als Herstellungsvorgang deuten lässt, sondern nur als Prozess der Eigentätigkeit. Ohne Freiheit lässt sich diese Eigentätigkeit jedoch nicht bewerkstelligen. Humboldt ist zugleich ganz scharf in der Diagnose von zwangsläufigen Nebenwirkungen nicht vorhandener Handlungsfreiheit, insofern Staatsintervention quasi süchtig macht: „Anordnungen des Staates ... gewöhnen ... den Menschen zu sehr, mehr fremde Belehrung, fremde Leitung, fremde Hilfe zu erwarten, als selbst auf Auswege

---

[1] Vgl. Vieweg und Winkler (Hrsg.) 2012, die sich in ihrem Sammelband an Hegels „Idealismus der Freiheit" orientieren, der eine besonders anspruchsvolle Form der positiven Freiheit bietet.

zu denken. ... Wer oft und viel geleitet wird, kommt leicht dahin, den Überrest seiner Selbsttätigkeit gleichsam freiwillig zu opfern" (S. 32-34).

Die Aufgabe des Staates endet für Humboldt bei der Gewährleistung von Sicherheit – mehr wäre von Übel. Auf diesem gedanklichen Terrain orientiert sich Humboldt an der negativen Freiheit. Es finden sich aber auch Stellen, die sich sachlich stärker an der Willensfreiheit auszurichten scheinen und auf jeden Fall in Richtung einer positiven Freiheit gehen: „Was nicht von dem Menschen selbst gewählt, worin er auch nur eingeschränkt und geleitet wird, das geht nicht in sein Wesen über, das bleibt ihm ewig fremd, das verrichtet er nicht eigentlich mit menschlicher Kraft, sondern mit mechanischer Fertigkeit" (S. 37). Trotz dieser Anklänge an die Willensfreiheit lässt sich zusammenfassend sagen, dass Humboldt zur Bildung des Menschen vor allem auf Handlungsfreiheit setzt, indem er staatliche Regulierungen zurückweist. Die negative Freiheit im Sinne von Berlin betont neuzeitlich die Freisetzung des Individuums aus überkommenen Bindungen: Nicht die Einfügung in überindividuelle Gemeinschaften und Hierarchien ist der Ausgangspunkt der neuzeitlichen Freiheitsphilosophie, sondern das Ansetzen beim freien Individuum. Genau dies führt zur Affinität von Bildung und Freiheit, die als Selbstbildung freier Menschen verstehbar ist.

4. Handlungsfreiheit und Bildung bei John Stuart Mill

John Stuart Mills Leidenschaft gilt der Meinungs- und Gedankenfreiheit als Formen der liberalen im Sinne von Berlin als negativ bezeichneten Freiheit von, ohne dass er sich spezifischen Formen des politischen (oder auch ökonomischen) Liberalismus anschließt. Für Mill ist die Freiheit nicht nur vom Staat gefährdet, sondern gleichermaßen von der Gesellschaft. Daher reicht für ihn der „Schutz gegen die Tyrannei der Behörde" nicht aus, sondern ebenso entscheidend ist der gegen die Tendenz, abweichende Meinungen zu sanktionieren, in Fesseln zu legen und so allen Charakteren ein Einheitsmodell aufzuzwingen (Mill 1974, S. 10). Gerade in einer demokratischen Gesellschaft, die Herrschaftsvergabe über Wahlen organisiert, besteht für ihn die Gefahr, sich an den Meinungen der tatsächlichen oder vermeintlichen Mehrheit zu orientieren. Freiheitsgefährdend können daher auch Positionen sein, die sich politisch oder ökonomisch zur Freiheit bekennen und die bildende Entwicklung der Potentiale einschränken. So bedrängt sozialer Konformismus die Freiheit, wenn die Mehrheitsmeinung zur selbstgewissen moralischen Überlegenheitsattitüde neigt. Die bürgerliche Öffentlichkeit garantiert für Mill nicht die Wahrung der Freiheit, sondern sie kann zum freiheitsgefährdenden Agenten werden. Auf die Dauer verändert demgegenüber für Mill die selbstverständlich praktizierte Meinungsfreiheit Menschen, weil sich im freien Ringen um ein gelingendes Zusammenleben „offene, furchtlose Charaktere" bilden (S. 46f.).

John Stuart Mill als Freiheitstheoretiker ermöglicht auch in seiner Schrift zum Utilitarismus eine überraschende Bezugnahme auf Bildung. Nachdem er erwartungsgemäß als Utilitarist in Anlehnung an seinen Vater James Mill und an Jeremy Bentham die quantitative Orientierung am „größten Glück der größten Zahl" entfaltet, überrascht er seine Leser (die seitdem immer wieder die Inkonsistenz seiner Behauptungen analysieren) mit einer plötzlichen qualitativen Anreicherung des Utilitarismus. Mill fordert die „Anerkennung der Tatsache", dass „einige Arten der Freude wünschenswerter und wertvoller sind als andere" (Mill 1976, S. 15). Seine Vorliebe für die Qualität der Lust fasst er klassisch zusammen: „Es ist besser, ein unzufriedener Mensch zu sein als ein zufriedenes Schwein; besser ein unzufriedener Sokrates als ein zufriedener Narr" (S. 18). Ganz ausdrücklich stellt Mill den gedanklichen Zusammenhang zur Bildung her: „Der Utilitarismus kann sein Ziel daher nur durch die allgemeine Ausbildung und Pflege eines edlen Charakters erreichen, selbst wenn für jeden einzelnen der eigene Edelmut eine Einbuße an Glück und nur jeweils der Edelmut der anderen einen Vorteil bedeuten würde" (S. 21). Bildung macht für Mill das Leben reicher: „Dass ein Leben unbefriedigend ist, hat seine Ursache außer im Egoismus vor allem auch im Mangel an geistiger Bildung. Ein gebildeter Mensch ... findet Gegenstände unerschöpflichen Interesses in allem, was ihn umgibt..." (S. 25).

5. Bildung und Freiheit im „capability approach" bei Amartya Sen

Amartya Sen hat in Kritik an der einseitigen Orientierung am Bruttosozialprodukt in der Ökonomie und an allein auf dem Papier stehenden individuellen Rechten (teilweise in Zusammenarbeit mit Martha Nussbaum) das im Deutschen oft als „Fähigkeitenansatz" („capability approach") übersetzte Konzept entwickelt. Fähigkeiten werden bei Menschen nicht als von Anfang an gleichbleibend gedacht, sondern können sich entwickeln und verändern (Otto 2010). Sen geht es dabei – anders als in einem bloß an Rechten orientierten Liberalismus – um reale und nicht nur potentiale Fähigkeiten, die zugleich in einem gewissen Maße als interkulturell variabel zu verstehen sind. Beim realen Steigern der menschlichen Fähigkeiten spielen Freiheit explizit und Bildung implizit eine zentrale Rolle: Freiheit ermöglicht die Bildung der Fähigkeiten und gebildete Fähigkeiten ermöglichen die reale Wahrnehmung von Freiheit. Ohne Freiheit kommt der Prozess des Bildens nicht in Gang, weil Menschen in traditioneller Rollenfixierung beim Überkommenen bleiben. Ohne Bildung stehen Chancen nur auf dem Papier und können nicht real wahrgenommen werden.

Freiheit materialisiert sich ganz auf den Spuren Mills in der Demokratie als der „Regierung durch Diskussion" (Sen 2012, S. 350). Die Freiheit der Demokratie erschließt sich demnach nicht primär über ein Institutionengefüge, sondern über eine formale Charakterisierung, deren institutionelle Realisierung unterschiedlich aussehen kann. Interessant ist die Behauptung Sens (S. 369), dass es in einer Demokratie in diesem Sinne noch nie zu einer schweren Hungersnot gekommen sei. Gebildete Menschen, die Verhältnisse über Diskussionen in einer Demokratie beeinflussen können, wissen sich zu wehren und werden so nicht zum passiven Opfer von Hunger.

Amartya Sen unterscheidet den Chancen- und den Prozessaspekt der Freiheit: „Freiheit ist kostbar aus mindestens zwei Gründen. Erstens gibt uns mehr Freiheit mehr *Chancen*, unsere Ziele zu verfolgen – die Dinge, die wir hoch schätzen. ... Zweitens können wir aber dem Entscheidungs*prozess* selbst Bedeutung beimessen" (S. 256). Sen verdeutlicht seinen Punkt an einer Person, die sich selbst entscheidet, an einem Sonntag nicht das Haus zu verlassen und der gleichen Person, die durch Verbrecher unter Hausarrest gestellt wird. Die Chancen der sonntäglichen Betätigung sind gleich, aber nach der Prozessperspektive sind beide Situationen vollkommen unterschiedlich zu betrachten (S. 256f). Wie bei der Bildung ist nicht nur zentral, was dabei herauskommt, sondern mehr noch der Prozess der Entwicklung selbst.

Der Fähigkeitenansatz orientiert sich „an der Befähigung einer Person, die Dinge zu tun, die sie mit gutem Grund hochschätzt" (S. 259). Bei der Konzentration auf die wirklichen Lebenschancen, die über den bloßen Lebensunterhalt hinausgehen, spielt Bildung eine große Rolle, weil sich hiermit die realen Chancen fundamental erweitern lassen; denn die Fähigkeit zur Orientierung an „guter Ernährung, Vermeidung eines vorzeitigen Sterbens bis zur Beteiligung am Leben der Gemeinschaft und zur Entwicklung der Kunst, die eigenen Arbeitspläne und Ambitionen zu verwirklichen" (S. 260) korreliert stark mit Bildung. Sen spricht von einer „Ausbildung der Befähigung zur Freiheit" (S. 262). Der Fähigkeitenansatz unterstreicht die reale Freiheit von Menschen, also nicht allein die auf dem Papier garantierte, sondern die durch Bildung realisierbare. Bildung ermöglicht Freiheit, wie umgekehrt Humboldt betont, dass Freiheit Bildung ermöglicht, so dass Bildung und Freiheit in beide Richtungen aufeinander verweisen.

6. Bildung braucht Handlungsfreiheit. Erfordert sie auch Willensfreiheit?

Damit Selbstbildung möglich wird, muss das Individuum die Chance auf eine Selbstmodifikation haben. Staatliche Gängelung und konformistischer Außendruck schließen daher Selbstbildung aus. An diesem Punkt gehen Wilhelm von Humboldt, John Stuart Mill und Amartya Sen in die gleiche Richtung. Alle drei Autoren thematisieren aber nicht die Willensfreiheit. Daher ist es erforderlich, sich jetzt unabhängig von politischen Theoretikern und Bildungstheoretikern diesem Aspekt des Freiheitsthemas zu widmen; denn die Ausgangsvermutung lautet, dass zumindest eine zurückgenommene Version der Willensfreiheit vom Gedanken der Selbstbildung unterstellt wird.

Die Frage nach der Möglichkeit der Willensfreiheit ist in der Philosophie von drei Antworten geprägt:[2]

- Der Wille ist unfrei und determiniert (harter Determinismus).
- Der Wille ist frei und nicht determiniert (klassische These der Willensfreiheit).
- Der Wille ist zugleich frei und determiniert (Kompatibilismus, weicher Determinismus oder auch These der bedingten Freiheit).

In dieser Kategorisierung haben wir es nicht nur mit der Streitfrage zu tun, ob der Mensch willensfrei ist, sondern auch mit der Frage nach der Möglichkeit einer Vereinbarkeit von Willensfreiheit und Determinismus. Bei Immanuel Kant heißt es in der Freiheitsantinomie der „Kritik der reinen Vernunft": „Die Kausalität nach Gesetzen der Natur ist nicht die einzige, aus welcher die Erscheinungen der Welt insgesamt abgeleitet werden können. Es ist noch eine Kausalität durch Freiheit zu Erklärung derselben anzunehmen notwendig."[3] Zwar lässt Kant theoretisch durchaus offen, ob eine solche Freiheit nur ausgedacht oder empirisch wirklich ist. Doch das Zitat verdeutlicht gleichwohl die hohe Hürde, die eine klassische These der Willensfreiheit theoretisch nehmen muss: Die natürlichen Determinationen müssen bei einer Handlung aus Freiheit aufgehoben sein. Eine freie Handlung muss für ihn ganz ohne Determination sein. Freie Handlungen erfordern eine Kausalität eigener Art, die außerhalb des Naturzusammenhanges und der dort anzutreffenden Kausalität steht. Kant charakterisiert damit die klassi-

---

2   So ähnlich die Positionsunterscheidung auch bei Keil 2009, S. 10. Vgl. Nida-Rümelin 2005 sowie Recki 2009.

3   Kant, S. 426f. A 444/B 472. Bei Kant gehören Gott, Freiheit und Unsterblichkeit zu dem Bereich der theoretischen Philosophie, der die Grenzen sicherer Erkenntnis überschreitet und deren Behandlung deshalb aporetisch bleiben muss. Im Rahmen der praktischen Philosophie versucht Kant jedoch mit einer Freiheitsunterstellung zu arbeiten, die eine Gleichsetzung der freien und vernünftigen Handlungen vornimmt.

sche These der Willensfreiheit, ist aber selbst nicht mehr davon überzeugt, dass diese theoretisch nachweisbar ist.

Philosophische Autoren, die zur Moralistik gerechnet werden, haben sich in ihrer Beschäftigung mit den Sitten und Gebräuchen der für die Willensfreiheit besonders anspruchsvollen Frage zugewandt, ob sich nicht nur bewusste Entscheidungen beeinflussen lassen, sondern ob dies auch für die Erziehung und Kultivierung von Gefühlen gilt.[4] In der französischen Moralistik ist es insbesondere François La Rochefoucauld, der das Ideal des *honnête homme* propagiert hat. Wenn man sich in der Übersetzung nicht zu sehr der Assoziation des Wohlanständigen überlässt, erschließt sich die Nähe des *honnête homme* zum Ideal einer umfassenden Bildung. Auch wenn die Zeitgenossen La Rochefoucaulds primär, wenn nicht gar ausschließlich an den anständigen Mann gedacht haben, fällt es heute nicht schwer, den Grundgedanken dieses Ideals gleichermaßen auf Männer und Frauen zu beziehen. Dabei geht es nicht nur um den Verstand, sondern auch um die Bildung des Herzens und der Gefühle. Wie bei anderen Moralisten stoßen wir auf keine abstrakten Prinzipien, sondern auf Einschätzungen des Zuträglichen und des Angemessenen; vernünftige Urteilskraft gehört zum *honnête homme* dazu, um das richtige Maß ausfindig zu machen. Der Umgang mit den eigenen Leidenschaften mag ein Ritt auf dem Vulkan und letztlich ohne Hoffnung auf Erfolg sein, gleichwohl sind die Moralisten in ihren Reflexionen und Maximen optimistisch, dass Gefühle sich gestalten, erziehen und kultivieren lassen. Der *honnête homme* verkörpert das Ideal eines Menschen, der nicht nur vom Verstand dominiert wird, sondern sich der Herzensbildung öffnet.

7. Die neurobiologische Herausforderung

Neurobiologen werden meist so verstanden, dass sie die harte These der Determination vertreten. Demnach wäre Selbstbildung vermutlich eine Illusion. Eine These der Willensfreiheit im Sinne der klassischen Philosophie dürfte mit den Ergebnissen gegenwärtiger Neurobiologie tatsächlich nicht vereinbar sein; entsprechend zustimmend wird gerne Georg Christoph Lichtenberg zitiert: „Ein Meisterstück der Schöpfung ist der Mensch auch schon deswegen, dass er bei allem Determinismus glaube, er agiere als freien Wesen."[5] Selbstbildung wäre demnach eine ebenso illusionäre Meisterleistung, die als kulturelle Schöpfung der Aufklärungszeit daher kommt.

---

4 Vgl. Zimmer 1999.
5 Zitiert nach Roth 2003, S. 166. Vgl. Roth 2011.

Gerhard Roth hat in mehreren Büchern versucht, die Konsequenzen der Neurobiologie für ein neues Weltbild aufzuzeigen. Demnach ist Bewusstsein „nicht die Krone menschlichen Wesens" und „Denken und Planhandlungen" sind bei Menschen keineswegs „besonders stark entwickelt"; vielmehr wird die Sicht Sigmund Freuds durch die moderne Neurobiologie in einer „Reihe von Kernaussagen bestätigt, vor allem was die Dominanz des Unbewussten gegenüber dem Bewussten, die Bedeutung frühkindlicher Erfahrungen, die sehr beschränkten Möglichkeiten des Selbstverstehens und die Neigung des bewussten Ich zu Pseudoerklärungen und Konfabulationen betrifft".[6] So ergibt sich für Roth ein Menschenbild, das von dem „vorherrschenden, vernunft- und ichzentrierten Menschenbild stark abweicht." Neben diesen klaren Formulierungen finden sich bei Roth aber auch Ausführungen, die weniger eindeutig sind: „Wir Menschen und wohl auch eine Reihe von Tieren besitzen in unserem Gehirn eine Fähigkeit, die uns fundamental von allen bisherigen ‚Maschinen' unterscheidet, nämlich diejenige zur Selbstbewertung und zur sich daraus ergebenden erfahrungsgeleiteten Selbststeuerung, zur Autonomie." Roth legt allerdings Wert auf die Feststellung, dass eine solche durch Neurobiologie festgestellte Autonomie „unverträglich" mit „Willensfreiheit" sei.

Hinter jeder menschlichen Handlung lassen sich prinzipiell mit wissenschaftlichen Mitteln lückenlose Kausalketten erschließen. Dies hat in der neuzeitlichen Wissenschaftsgeschichte eine lange Tradition: Die physikalische Mechanik führt oft zu einem physikalistischen Determinismus, die biologische Evolutionstheorie zu einem evolutionstheoretischer Art, die behavioristische Psychologie zu einem psychologistischen, die Marxsche Ökonomie und die erklärende Soziologie zu einer gesellschaftstheoretischen Version und die gegenwärtige Neurobiologie eben oft zu einem neurobiologischen Determinismus. Dies lässt sich so deuten, dass die Faszinationskraft wissenschaftlicher Entdeckungen immer neu zu einer weltanschaulichen Ausdeutung im Sinne eines allgemeinen Determinismus führt. Aus philosophischer Sicht ist dies jedoch als unzulässige Verallgemeinerung zu qualifizieren (Falkenburg 2012).

Wissenschaftliche Erklärungen (unter Einschluss solcher mit Kausalaussagen) geben für eine deterministische Lesart viel weniger her als oft angenommen. Die nachträgliche zeitaufwändige Rekonstruierbarkeit von Ursachen für Handlungen ist nicht gleichbedeutend mit prognostischer Vorhersagbarkeit, so dass der epistemische Indeterminismus Recht hat, wonach in einer Entscheidungssituation niemand – selbst bei unterstellter Richtigkeit des Determinismus – etwas von dieser allgemeinen Einsicht hat. Die Selbstattestierung eines Nicht-anders-Kön-

---

6   Roth 2001, S. 451 und 454. Die folgenden Zitate S. 453, 448 und 449. Vgl. Pauen 2004.

nens ist keine notwendige Konsequenz des Determinismus, sondern würde einen Fatalismus markieren. Der mehr oder weniger bewusste Entscheidungs- und Selbstbildungsprozess des Menschen lässt sich in der Situation selbst nicht mit Hilfe von Kausalerklärungen einholen.

8. Sartres Kritik an der deterministischen Selbstobjektivierung

Wenn Jean-Paul Sartre über die Freiheit schreibt, wird er üblicherweise als Vertreter der Willensfreiheit gelesen: „Der Mensch ist nichts anderes als das, wozu er sich macht" (Sartre 1994, S. 121). Nach dieser Formulierung scheint es ganz klar zu sein: Der Mensch kann sich in Freiheit bilden, wozu er sich bilden will. Immer wieder findet sich bei ihm auch die Formulierung, dass im atheistischen Existentialismus die Existenz des Menschen seiner Essenz – seinem Wesen also – vorausgehe. Rhetorisch sind solche Passagen eindeutige Programme einer Freiheitsphilosophie, aber der sachliche Gehalt bleibt jenseits ihres aufrüttelnden Charakters zunächst unklar. Im Mittelpunkt steht die Frage, wie die Freiheit des Menschen zu denken sei: „Der Mensch ist keineswegs zunächst, um dann frei zu sein, sondern es gibt keinen Unterschied zwischen dem Sein des Menschen und seinem ‚Frei-sein'" (Sartre 1993, S. 84).

Im Kontrast zu der unklar bleibenden positiven Freiheitsprogrammatik ist bei Sartre seine Kritik der Selbstobjektivierung bedeutsam: Sartre kritisiert den psychologischen Determinismus, der für ihn die Grundlage allen Entschuldigungsverhaltens und eine reflexive Abwehr der Existenzangst darstellt. Der psychologische Determinismus nimmt eine selbstobjektivierende Haltung ein und folgert eine durch Determination gegebene Auswegslosigkeit. Diese Schlussfolgerung ist für Sartre jedoch falsch, da die kulturelle Determination des Einzelnen im Medium der Freiheit erfolge. Es sei deshalb abwegig, die eigene Determination subjektiv psychologisch als Auswegslosigkeit aneignen zu wollen. Niemand durchschaut existentiell vollständig und angemessen die eigenen Determinationen. Bildung gelingt wie die Freiheit nur, wenn man sie wichtig nimmt; ohne Bildungsanstrengung ist mit keinem Bildungserfolg zu rechnen.

In der Konkretisierung der Freiheit gewinnt für Sartre der Gedanke der natürlichen und kulturellen Faktizität Bedeutung. Die Faktizität schränkt für Sartre die Handlungsfreiheit ein, aber nicht die Willensfreiheit. Für Sartre sollte man „gegen den gesunden Menschenverstand präzisieren, dass die Formel ‚frei sein' nicht bedeutet ‚erreichen, was man gewollt hat', sondern ‚sich dazu bestimmen, durch sich selbst zu wollen' ... Anders gesagt, der Erfolg ist für die Freiheit in keiner Weise wichtig. ... Der technische und philosophische Freiheitsbegriff, den wir hier allein meinten, bedeutet nur: Autonomie der Wahl" (S. 836). Die Freiheit der Wahl, die in der Tradition der Willensfreiheit steht, leugnet nicht die Faktizität, das heißt das Haushalten-Müssen mit den eigenen Gegebenheiten: „der Widrigkeitskoeffizient der Dinge kann kein Argument gegen unsere Freiheit sein, denn durch uns, das heißt durch die vorherige Setzung eines Zwecks, taucht dieser Widrigkeitskoeffizient auf" (S. 834). Sartres bekannter Ausspruch „wir sind zur Freiheit verurteilt" hat vor diesem Hintergrund immer als eine situierte Freiheit, die mit der Faktizität rechnet, zu gelten. Entsprechend erläutert er die situierte Faktizität mit „mein Platz, meine Vergangenheit, meine Umgebung, mein Nächster, mein Tod" (S. 838). Bildung hat also mit keiner Willkürfreiheit zu rechnen, sondern mit einer Selbstbildung unter Berücksichtigung der Faktizität. Es macht keinen Sinn, sich zum Klaviervirtuosen bilden zu wollen, wenn man im Alter von 60 mit dem Klavierspiel anfängt und gleichzeitig eine Parkinson-Diagnose erhalten hat.

9. Zur Vereinbarkeit von Willensfreiheit und Kausalerklärungen

Vor diesem Hintergrund ist es m. E. zur Rettung der Selbstbildung attraktiv, die Vereinbarkeit von Willensfreiheit und Kausalerklärungen ohne (harten) Determinismus zu sondieren: 1. Kausalerklärungen sind erkenntnistheoretisch Konstruktionen und geben keine Basis für einen lückenlosen Determinismus. 2. Praktisch in der Entscheidungssituation ist der Mensch frei, da alles andere auf fatalistische Selbstobjektivierung hinausläuft. 3. Der Determinismus kann keine prognostischen Qualitäten entfalten. 4. Unbedingte Freiheit und indeterministische Zufälle dienen nicht der Autonomie. Auf den Spuren dieser Überlegungen kann es Thesen der Willensfreiheit und der kausalen Bedingtheit geben, die miteinander vereinbar sind.

In der klassischen Philosophie vertritt ein Autor wie Baruch de Spinoza (ebenso wie David Hume) eine Position, die Willensfreiheit und Notwendigkeit nicht scharf kontrastiert: „Dasjenige Ding heißt frei, das allein aus der Notwendigkeit seiner Natur heraus existiert und allein von sich her zum Handeln bestimmt wird; notwendig oder eher gezwungen dagegen dasjenige, das von einem anderen bestimmt wird, auf bestimmte und geregelte Weise zu existieren und etwas zu bewirken."[7] Wenn Freiheit in der Übereinstimmung mit der eigenen Natur besteht, dürfte es nicht allzu schwer fallen, diesen Freiheitsbegriff mit der heutigen Neurobiologie in Einklang zu bringen. Auch Gerhard Roth hebt die Fähigkeit zur

---

[7] Spinoza 1999, S. 7. Vgl. insgesamt zu klassischen Positionen der Philosophie an der Heiden, Schneider (Hrsg) 2007.

„Verhaltensüberwachung, Fehlerkorrektur und Impulskontrolle" hervor und folgert dann für die Vernunft des Menschen: „So werden wir in begrenzter Weise fähig, unser Temperament und unsere Emotionen zu zügeln, also unsere starke Enttäuschung nicht so stark in Wut und Aggression enden zu lassen, unsere Furcht ein wenig einzudämmen und unsere überschäumende Freude etwas zu zügeln. Diese Kontrolle ist nicht perfekt – sonst wären wir keine echten Menschen" (Roth 2001, S. 149f). Freie Handlungen können so als Handlungen bezeichnet werden, die auf eine bestimmte Art und Weise determiniert sind. Während reflexhafte und ohne Überlegung spontan ausgeführte Handlungen als unfrei anzusehen wären, könnten Handlungen, die aufgrund einer genauen Erwägung ausgeführt werden, als frei gedeutet werden. Willensfreiheit ist dann die grundsätzliche Fähigkeit des Menschen, gegenüber den eigenen Impulsen Stellung nehmen zu können und sogar durch solche Stellungnahmen das eigene Herz zu bilden. Nicht jeder Impuls und auch nicht jedes Gefühl muss sofort in die Tat umgesetzt werden. Die Fähigkeit zur Unterbrechung ist eine Fähigkeit zur Nachdenklichkeit. Diese Fähigkeit ist uns – qua Ausstattung unseres Gehirns – von Natur aus gegeben und kulturell aneignungsfähig. Der Mensch ist von Natur aus ein Freiheitswesen.

In der These der bedingten Freiheit wird Willensfreiheit und ebenso Selbstbildung zu etwas Graduellem. Klassisch konnte Willensfreiheit wie eine Schwangerschaft nur ganz zu- oder abgesprochen werden. Eine graduell verstandene Willensfreiheit ermöglicht demgegenüber Urteilskraft, die abschätzt, ob jemand willensfrei oder gezwungen agiert: „Die Freiheit des Willens liegt darin, dass er auf ganz bestimmte Weise bedingt ist: durch unser Denken und Urteilen"[8], so formuliert Peter Bieri seine These der bedingten Freiheit. Wir sind nach Bieri also keineswegs immer frei. Nur wenn wir auf bestimmte Art und Weise – und zwar genau auf dem Weg der Selbstbildung – zu unseren Handlungen kommen, macht der Ehrentitel der Freiheit überhaupt Sinn: „Unser Wille entsteht nicht im luftleeren Raum. ... Die Freiheit des Willens verlangt seine Bedingtheit. ... Wenn man den Gedanken ins Zentrum rückt, dass die Freiheit des Willens seine richtige Bedingtheit ist und seine Unfreiheit die falsche, dann fügen sich die begrifflichen Elemente zu einem stimmigen Bild zusammen."[9] Bieri entwirft ein Bild, nach dem wir uns nicht von selbst in einer Situation der Freiheit vorfinden. Freiheit muss mit bildender Anstrengung errungen werden: „Indem wir durch Überlegen und durch das Spiel der Phantasie einen Willen ausbilden, arbeiten wir an uns selbst. Wir geben dem Willen ein Profil, das vorher nicht da war. In diesem

---
8 Bieri 2001, S. 80. Im Original kursiv.
9 Bieri 2001, S. 49 und S. 159. Vgl. S. 39: „Nach diesem Verständnis ist der Wille nicht ein separater Posten im seelischen Inventar."

Sinne ist man nach einer Entscheidung ein anderer als vorher."[10] Wir setzen uns durch Bildung, Überlegung und Phantasie in die Lage, uns in Maßen frei gegenüber den eigenen Wünschen zu verhalten: Er/sie hätte anders handeln können, wenn er/sie sich anders entschieden hätte. So können wir manchmal auch anders, sofern Wünsche zum Gegenstand einer Entscheidung gemacht werden. Das heißt: Selbstbildung ist in Freiheit möglich – aber nur in Maßen.

Literatur

Berlin, I. 1998. Zwei Freiheitsbegriffe. In *Ethische und politische Freiheit*, hrsg. J. Nida-Rümelin, W. Vossenkuhl, 129-179. Berlin, New York: de Gruyter.
Bieri, P. 2001. *Das Handwerk der Freiheit. Über die Entdeckung des eigenen Willens.* München, Wien: Hanser.
Böschemeyer, U. 2012. *Machen Sie sich bitte frei. Entdecken Sie Ihre Furchtlosigkeit*, 3. Aufl. Salzburg: Ecowin.
Falkenburg, B. 2012. *Mythos Determination: Wieviel erklärt uns die Hirnforschung.* Berlin, Heidelberg: Springer.
Ferber, R. 2003. *Philosophische Grundbegriffe 2.* München: Beck.
Hastedt, H. 2012. *Bildung. Texte zur Philosophie der Bildung.* Stuttgart: Reclam.
Heiden, U., Schneider, H. 2007. *Hat der Menschen einen freien Willen? Die Antworten der großen Philosophen.* Stuttgart: Reclam.
Humboldt, W. 1976. *Ideen zu einem Versuch, die Grenzen der Wirksamkeit des Staats zu bestimmen.* Stuttgart: Reclam.
Kant, I. 1995. *Kritik der reinen Vernunft.* Werkausgabe Band IV. hrsg. W. Weischedel. Frankfurt am Main: Suhrkamp.
Keil, G. 2009. *Willensfreiheit und Determination.* Stuttgart: Reclam.
Mill, J. S. 1974. *Über die Freiheit.* Stuttgart: Reclam.
Mill, J. S. 1976. *Der Utilitarismus.* Stuttgart: Reclam.
Nida-Rümelin, J. 2005. *Über menschliche Freiheit.* Stuttgart: Reclam.
Nozick, R. 2006. *Anarchie, Staat, Utopia.* München: Olzog.
Otto, H.-U. 2010. *Capabilities. Handlungsbefähigung und Verwirklichungschancen in der Erziehungswissenschaft.* 2. Aufl. Wiesbaden VS-Verlag.
Pauen, M. 2004. *Illusion Freiheit? Mögliche und unmögliche Konsequenzen der Hirnforschung.* Frankfurt/Main: Fischer.
Rawls, J. 1975. *Eine Theorie der Gerechtigkeit.* Frankfurt am Main: Suhrkamp
Recki, B. 2009. *Freiheit.* Wien: UTB.

---

10   Bieri, 2001, S. 382. Vgl. Böschemeyer 2012.

Roth, G. 2001. *Fühlen, Denken, Handeln. Wie das Gehirn unser Verhalten steuert.* Frankfurt am Main: Suhrkamp.
Roth, G. 2003. *Aus Sicht des Gehirns.* Frankfurt/Main: Suhrkamp.
Roth, G. 2011. *Bildung braucht Persönlichkeit. Wie Lernen gelingt.* Stuttgart: Klett-Cotta.
Sartre, J.-P. 1994. Der Existentialismus ist ein Humanismus. In *Jean-Paul Sartre Philosophische Schriften I.*, 117-155. Reinbek: Rowohlt.
Sartre, J.-P. 1993. *Das Sein und das Nichts. Versuch einer phänomenologischen Ontologie.* Reinbek: Rowohlt.
Sen, A. 2012. *Die Idee der Gerechtigkeit.* München: dtv.
Spinoza, B. 1999. *Ethik in geometrischer Ordnung dargestellt.* Hamburg: Meiner.
Vieweg, K. und Winkler, M. 2012. *Bildung und Freiheit. Ein vergessener Zusammenhang.* Paderborn: Schöningh.
Zimmer, R. 1999. *Die europäischen Moralisten zur Einführung.* Hamburg: Junius.

Bildungsunterstützung durch Weltorientierung[1]

Georg Cleppien

Als ich im Jahre 2008 an die Universität Rostock gewechselt bin, war mir der Autor Wolfgang Nieke bereits aus Veröffentlichungen bekannt. Thematisch hatte ich mich während meines Studiums mit seinen Überlegungen zur *professionellen pädagogischen Handlungskompetenz* (vgl. Nieke 2012, S. 9ff.) und später mit seinem Beitrag zur *Zeit im Pädagogischen* (vgl. ebd., S. 131ff.) auseinander gesetzt. Im Laufe unserer Gespräche stellte sich *Orientierung* als ein beides integrierendes, zentrales Thema heraus (vgl. besonders ebd., S. 146ff.), an das ich mit meinen Überlegungen anschließen konnte. Diesen thematischen Bezug auf *Orientierung* werde ich im Folgenden genauer in den Blick nehmen. Ins Zentrum stelle ich die Bedeutung von „Bildungsunterstützung" (ebd., S. 6) in Orientierungsfragen. Dass die erwähnten Beiträge, die in einem gemeinsamen Band unter dem Titel „Kompetenz und Kultur" wieder veröffentlicht wurden, heterogene Horizonte eröffnen und somit differente Lesarten ermöglichen, ist ebenso im Blick zu halten, wie die spezifische Fokussierung meiner folgenden Überlegungen auf den für mich wesentlichen Aspekt. Die Ausführungen zur Bedeutung von Unterstützung in Orientierungsfragen sind Resultate einer spezifischen Deutung, die ihren eigenen Deutungshorizont nicht verbergen können.

Um die Frage nach „Bildungsunterstützung" zu bearbeiten, werde ich im ersten Teil meine Lesart der Beiträge im Sinne einer Übersicht andeuten (1). Diesen ersten Zugang werde ich im zweiten Teil durch die Konkretisierung eines Aspektes ausführen. Diesbezüglich werde ich die Situation, in der Unterstützung notwendig wird, genauer betrachten und meine Überlegungen auf „Bildungsunterstützung" zuschneiden (2). Abschließend werde ich noch Hinweise auf den Zusammenhang von erziehungswissenschaftlicher und pädagogischer Betrachtung in der hier vorgestellten Weise geben (3). Dabei lasse ich mich insgesamt von einer Einsicht leiten, die Werner Stegmaier (2005, S. 15) formuliert: „Orientierung ist notwendig unter Ungewissheit. Sie hilft, mit ihr umzugehen, hebt sie jedoch nicht auf. Und sie muss in jeder neuen Situation wieder unter neuer Ungewissheit zu-

---

1 Ich danke Petra Bollweg für die strukturellen Hinweise, die die Lesbarkeit dieses Beitrages in einem entscheidenden Maße verändert haben.

stande kommen". Was mich an den Beiträgen von Wolfgang Nieke fasziniert, ist die Leichtigkeit des Ordnens als Angebot, welches zur orientierenden Übersicht über vielfältige erziehungswissenschaftliche und pädagogische Diskurse brauchbar ist. Mit Hinweisen auf meine Lesart dieser Ordnung werde ich beginnen.

1. Die Differenz von „Orientierung in Welt" und „Weltorientierung"

Im Folgenden nehme ich die Veröffentlichung „Kompetenz und Kultur" (Nieke 2012) zum Anlass, die Bedeutung von „Bildungsunterstützung" in Orientierungsfragen zu beleuchten. Dazu bedarf es erst einmal eine Orientierung über die einzelnen Beiträge selber, um daran anschließend jene Aspekt hervorzuheben, die sich konkreter auf Unterstützungen im Kontext von Orientierung beziehen. Bei meinem Überblick kann ich mich an den Ausführungen von Wolfgang Nieke selber orientieren. Dieser hat in der Einleitung, in der die Frage „Bildung oder Kompetenz?" als eine Auseinandersetzung mit der „Zielkategorie für Erziehungswissenschaft" (ebd., S. 1) geführt wird, eine Richtung vorgegeben, die ich mittels eines hermeneutischen Zugangs genauer betrachte. Dabei ist nicht nur auf den thematischen Gehalt, sondern auch darauf zu achten, wie mit dem Gehalt umgegangen wird. Neben dem Thematisieren rückt die hermeneutische Betrachtung also die Komposition mit ins Zentrum. Zu beantworten ist so die Frage, wie der Autor in die Beiträge einführt.

Die einleitende Rahmung beginnt mit Hinweisen zum multiparadigmatischen Charakter der Erziehungswissenschaft. Herausgestellt werden besonders drei paradigmatische Grundorientierungen, die mit „Nomothetik, Hermeneutik und Bildungsphilosophie" (ebd.) zu bezeichnen sind. Darüber hinaus lassen sich zwei wissenschaftstheoretische Orientierungen unterscheiden, wobei sich die eine auf die „Ordnung von Tatsachen" und die andere auf die „Ordnung von Diskursen" bezieht (ebd.). Ausgehend von der Annahme, dass ein Beitrag zur Erziehungs- und Bildungswissenschaft „seinen Standort entweder selbst bestimmen oder wenigsten indirekt andeuten" muss (ebd.), da eine solche Standortbestimmung dazu dient „nicht den Überblick zu verlieren" (ebd.), und sich von diesem Standort auch die Ordnung entwirft, die es zum Ordnen in einer unübersichtlichen Situation bedarf, positioniert sich Wolfgang Nieke wie folgt:

> „Die hier versammelten Beiträge lassen sich als das Angebot einer solchen denkenden Ordnung von Diskursen verstehen. Sie berichten nicht von empirischen Befunden zur Bestätigung von theoretisch abgeleiteten Hypothesen oder hermeneutischen Analysen von Textkorpora zu bestimmten Fragestellungen, sondern greifen Denk- und Suchbewegungen innerhalb der Erziehungswissenschaft (Kompetenz) und innerhalb der Gesellschaft und pädagogischen Praxis (Kul-

tur) auf, analysieren sie und schlagen neue Gruppierungen der verwendeten Termini, Begriffe und dahinter liegenden kognitiven Schemata für eine bessere Orientierung vor" (ebd., S. 1f.).

Dabei sind zwei Aspekte in meiner Lesart besonders wesentlich: Erstens ist die Ausrichtung an der *Brauchbarkeit* für eine bessere Orientierung hervorzuheben. Wolfgang Nieke geht es um eine Ordnung, die zur Orientierung dient und die bisherige Orientierung verbessert. Und zweitens verstehen sich die Beiträge explizit als Angebote für die LeserInnen, die mit Blick auf die wahrgenommene eigene Situation (in der Orientierung erst virulent wird) diese zur Orientierung nutzen können. „Jede LeserIn muss also selbst entscheiden, ob sie etwas mit den angebotenen Orientierungen anfangen kann" (ebd., S. 2). Ich werde im zweiten Teil diesen Hinweis auf das Anfangenkönnen (unter der Beschreibung Etwas-mit-etwas-anfangen-können) genauer betrachten. Zuerst geht es mir als eine LeserIn der Beiträge um die weitere Explikation meiner Lesart. Dabei ist auf die Unterscheidung von Thematisiertem und Thematisieren zu achten. Diesbezüglich beginne ich mit dem Thematisierten.

Zuerst einmal lässt sich das Thematisierte als die Ordnung der Erziehungswissenschaft selbst betrachten. Diese Ordnung deutet Wolfgang Nieke an. Gleichsam hebt er hervor, dass der Zugang zu dieser Ordnung nur nachvollzogenen werden kann, wenn der eigene Standort des Ordners bestimmt ist. Die Bestimmung des Standortes dient der Zugänglichkeit zur Ordnung selbst, weil so die Perspektive der Ordnung verständlich wird. In Rekurs auf die Denk- und Suchbewegungen lässt sich vermuten, dass die Ordnung nicht feststeht, sondern in Bewegung ist. Diese Bewegung resultiert aus der Beweglichkeit dessen, was geordnet wird. Gleichsam lässt sich die Positionierung doch festlegen: Es handelt sich um ein bildungsphilosophisches Ordnen von Diskursen der Erziehungs- und Bildungswissenschaft. Hervorzuheben ist dabei, dass sich Wolfgang Nieke auf ein solches Ordnen versteht und mit (scheinbarer) Leichtigkeit einen Überblick über erziehungswissenschaftliche und pädagogische Diskurse um professionelle Handlungskompetenz (ebd., S. 10ff.), um kulturelle Identitäten (ebd., S. 109ff.), um Zeit (ebd., S. 131ff.) und Weltorientierungen (ebd., S. 146ff.) gibt. Was darüber hinaus auffällt, ist, dass er gleichsam die eigene Positionierung argumentativ im Blick hält.[2] Die eigene Position, von der sich der Sinn der Ordnung erst

---

2   Im Kontrast dazu lässt sich der Beitrag von Michaela Pfadenhauer (2010) zur Frage der Organisationskompetenz lesen. Sie kritisiert aus einer soziologischen Perspektive den pädagogischen Diskurs um Kompetenz und die hierin entwickelte Dreiteilung von Sach-, Sozial- und Selbstkompetenz dahingehend, dass eine solche Dreiteilung bei der Betrachtung, welche Kompetenzen zum Organisieren benötigt werden, keine Rolle spielen. Was demgegenüber mit Wolfgang Nieke (2012, S. 3) herausgestellt werden kann, ist die Frage, ob sich neben einem solchen Ausweis die Organisationskompetenz auch pädagogisch eigenständig begründen lässt.

erschließt, ist dabei für den Zugang dienlich, der letztlich auch über die Brauchbarkeit des Angebotes entscheidet. Erst einmal weise ich jedoch auf die thematische Struktur des Angebotes hin.

Die Struktur des Angebotes ergibt sich für mich aus der Differenz der Codierungen brauchbar-unbrauchbar und wahr-unwahr einerseits sowie der Differenz von „Orientierung in der Welt" und „Weltorientierung" andererseits. Die Entscheidung der LeserIn über die Brauchbarkeit der Angebote zur verbesserten Orientierung ist als Entscheidung – so lässt sich unterstellen – immer auch am Wahrheitsgehalt der Angebote auszurichten. Die pragmatische Richtigkeit (Brauchbarkeit) schließt dabei Momente der Wahrheit (als Bedingung der Begründbarkeit) ein. Dies wird bei Wolfgang Nieke deutlich, wenn auf die Bedeutung wissenschaftlich gesichertem Wissen im Kontext „kognitiver Orientierung" Bezug genommen wird (vgl. u. a. ebd., S. 25). Ebenso ist der Hinweis auf die Neu-Gruppierung verwendeter Termini, Begriffe und kognitiver Schemata als Effekt des Ordnens von Diskursen hier zu verorten. Es ist grundlegend von einer als wesentlich angesehene Bedeutung systematisch-sachlicher Auseinandersetzung mit differenten Weltanschauungssystemen („Weltorientierungen") auszugehen. Zwar lässt sich die „Orientierung in der Welt" als Grundfunktion der Selbstkompetenz verstehen (vgl. ebd., S. 5). Und sie ist im Zusammenhang mit Selbststeuerung, Selbstdisziplin und Affektkontrolle „Basis einer selbstbestimmten Lebensführung und Lebensgestaltung" (ebd., S. 6). Doch die „Weltorientierung" ist prinzipiell sachlich strukturiert und somit ist sie der Sachkompetenz zugeordnet, woraus eine systematische Unterscheidung von „Orientierung in der Welt" (*Funktion* der Selbstkompetenz) und „Weltorientierung" (*Aspekt* der Sachkompetenz) resultiert. Diese Differenz begründet sich durch die Differenz der Lernwege und ist somit explizit pädagogisch ausgerichtet.

Hintergrund ist die Annahme, dass die Orientierung in der Welt eine sachliche Basis der Weltorientierung impliziert. In Anschluss an kognitionspsychologische Überlegungen können u. a. „vier Gruppen von Vorstellungen mit je unterschiedlicher orientativer Rolle" (vgl. Seibt 2005, S. 216) herausgestellt werden, die jeweils als *verkörperte* (embodied thought bzw. Habitualitäten) gedacht werden müssen (vgl. Jung 2005): „Vorstellungen über sich selbst (‚Ich bin ein ehrli-

---

Unter einer solchen Perspektive beschreiben Kompetenzen „nicht mehr einzelne Fähigkeiten in Bezug auf einzelne Verhaltensweisen, sondern Fähigkeitsbündel, die sich durch eine interne Kohärenz und spezifische Lernwege für ihren Erwerb voneinander abgrenzen lassen" (ebd.). Die Bezugnahme auf spezifische Lernwege fehlt in der soziologischen Perspektive. Die Kritik Pfadenhauers ist im Falle der von ihr kritisierten Literatur zwar durchaus berechtigt, da es dort zur Vermischung von Perspektiven kommt, prinzipiell aber aufgrund einer ebensolchen Vermischung von Perspektiven undifferenziert. Ein Hinweis auf die „andere" Fragestellung des Pädagogischen hätte die Kritik in ihrer Pauschalität bereits vorgängig obsolet gemacht.

cher Mensch'), Vorstellungen über die Welt (‚Dieser schön gespitzte Bleistift gehört meinem Kollegen'), Vorstellungen über Normen und Regeln (‚Man soll nicht stehlen') und Vorstellungen über die eigenen Ziele und Wünsche (‚Ich möchte diesen Bleistift haben')" (Seibt 2005, 216). Darüber hinaus sind sicherlich auch Vorstellungen über die eigenen Fähigkeiten relevant. Auch lassen sich Vorstellungen über eigene Ziele und Wünsche vor dem Hintergrund von Vorstellungen über Projekte und Prinzipien (vgl. Roughley 1996) oder jenen eines *guten Lebens* (vgl. Jung 2005 in Anschluss an Marta Nussbaum) lesen. Auf den Ausweis einzelner Vorstellungsbündel, die sich zu einem *cognitiv orientaticn cluster* (Kreitler und Kreitler 1976) zusammenbinden, kommt es hier nicht an. Insgesamt jedoch ist ein je spezifisches Cluster als Movens der Aufmerksamkeit und einem daran anschließenden Verhalten interpretierbar. Dabei ist aber auf die Einlagerungen sozialer Typisierungen in solche Vorstellungsbündel hinzuweisen, wie sie im wissenssoziologischen Kontext (auch als Orientierungsmuster) herausgearbeitet werden (vgl. Markowitz 1985, Bohnsack 1997). Kompetenz als „Prozess der Teilhabe an Kultur" in Performance und Kultur „als Gesamtheit der Orientierungsmuster einer Sozialität" (Nieke 2012, S. 4) verschränken sich aus einer pädagogischen Perspektive gerade im Prozess einer Ausbildung spezifischer Aufmerksamkeitsausrichtung und von Handlungskompetenz.

Mit Blick auf das konkrete Bleistiftbeispiel bedeutet dies, dass ich den Bleistift nicht einfach an mich nehmen kann, wenn ich mich (a) an spezifischen Prinzipien orientiere, (b) unterstelle, dass ein Verstoß Probleme nach sich zieht und (c) ich diese Probleme vermeiden sowie (d) mich weiterhin mit meinem Kollegen verstehen will. Daraus ergibt sich meine Suche nach Alternativen, die zu konkreten Handlungen führen. Ich werde den Bleistift also möglicherweise nehmen, betrachten und mit den Worten „Der ist schön, so einen hätte ich auch gerne" zurückgeben. Und mein Kollege wird dies möglicherweise mit dem Hinweis auf den Ort des Kaufes oder dem Schenken des Bleistiftes beantworten, weil er versteht, dass ich nicht unbedingt diesen, sondern „einen solchen" Bleistift haben will. Damit ist ein gemeinsamer Verstehenshintergrund (eine gemeinsame Kultur) vorausgesetzt, der ein solches Verstehen erst möglich macht. Ich brauche so lediglich meinen Wunsch zu äußern, weil vor dem geteilten kulturellen Hintergrund auch ein implizites Verstehen möglich ist. In diesem Fall bieten die Orientierungsmuster dem gemeinsamen Handeln genügend Orientierung.

Gleichsam ist eine Situation vorzustellen, wo dies nicht mehr der Fall ist. Wenn mein Kollege aus meinem Hinweis „Der ist schön, so einen hätte ich auch gerne" folgert, dass ich ihn bestehlen werde und so ein Messer zieht, um mich präventiv davon abzuhalten, bedarf es jenseits der impliziten Muster auch der Fähigkeit diese zu explizieren, um dem Kollegen verständlich zu machen, dass er einen Diebstahl nicht zu befürchten hat. Mit anderen Worten: Ich muss meine eigenen „Orientierungen in der Welt" als nicht alternativlos verstehen können und akzeptieren, dass sich mein Gegenüber an anderen Mustern orientiert. Aufgrund der systematisch-sachlichen Auseinandersetzung mit *Orientierungsmustern einer Sozialität* (Weltorientierung) wird mir in dieser Situation ein anderes Handeln möglich. Indem ich meinem Gegenüber ein Angebot zur veränderten Deutung der Situation gebe, ermögliche ich die Deeskalation des Konflikts (hier: der Wiederspruchskommunikation). Entscheidend ist jedoch, dass mein Gegenüber mit meinem Angebot zur Situationsdeutung auch etwas anfangen kann. Damit lässt sich die hier angedeutete Situation mit derjenigen vergleichen, in der Wolfgang Nieke seine LeserIn gestellt sieht. Indem ich im Folgenden also letztere Situation betrachte und ausführe, was es bedeutet, etwas mit einem Angebot anfangen zu können, und dies dann auf das Orientierungsangebot der Beiträge rückbeziehe, ist ein spezifischer Zugang zur Bedeutung von „Bildungsunterstützung" in Orientierungsfragen gelegt.

2. Die Situation des „Etwas-mit-etwas-anfangen-können"

Bei meinen Hinweisen zur Frage, was ich als LeserIn mit den angebotenen Orientierungen anfangen kann, kann ich meine eigene Orientierung nicht verbergen, die im besonderen Maße in einer Auseinandersetzung mit der hermeneutischen Phänomenologie entstanden ist. Hieraus ergeben sich auch die im Folgenden ausgeführten Anregungen. Was mich besonders interessiert ist die Situation, in der ein Angebot Orientierung bietet oder in der die LeserIn/mein Gegenüber mit einem Angebot etwas anfangen kann. Vorausgesetzt ist darin bereits implizit die Erschließung des Angebotes, vor deren Hintergrund sich die Möglichkeit des *Anfangenkönnens* erst bietet. Insofern das Angebot in einer spezifischen Weise orientiert ist und somit selbst eine „Weltorientierung" impliziert, orientiert es auch, wenn verstanden wird, in welcher Situation es als Orientierungsangebot gelten kann. Als LeserIn eines Orientierungsangebotes kann ich mich also immer dann für die Nutzung zur Orientierung entscheiden (was Wolfgang Nieke explizit herausstellt), wenn mir verständlich geworden ist, in welcher Situation das Angebot orientiert, wie dieses erschlossene Angebot für meine Orientierung in der gegenwärtigen Situation brauchbar ist und wie ich mich hierzu positionieren kann. Letzteres unterstützend zu ermöglichen, ist Aufgabe einer „Bildungsunterstützung" (ebd., S. 6). Und eine solche Unterstützung bei einer Positionierung zur eigenen

Weltorientierung ist methodisch an eine sachlich-systematische Auseinandersetzung mit „Weltorientierung" gebunden (vgl. ebd., S. 146ff.).

Mit dieser groben Skizze des Zugangs ist die Bedeutung der Situation ins Zentrum gerückt und um diese Situation wird es im Weiteren gehen. Wählt man nun aber einen Zugang über die *Situation* – in der etwas als Angebot zur Orientierung brauchbar ist bzw. in der etwas mit dem Angebot angefangen werden kann – kommt man nicht umhin, auch die erziehungswissenschaftliche Auseinandersetzung mit *Situation* in den Blick zu nehmen. Diese ist v. a. auf diejenigen Folgen ausgerichtet, die sich aus Situationsdefinitionen ergeben (vgl. bspw. Mollenhauer 1972, S. 107ff.). Gesetzt wird dabei, dass die Konsequenzen aus einer Situation von Personen als real angesehen werden, wenn die Situation als real definiert wird (vgl. u. a. Markowitz 1979). Insofern interessiert dann auch v. a., was aus Situationsdefinitionen gefolgert wird. Auch für gegenwärtige philosophische Überlegungen zu einer pragmatischen Bedeutungstheorie stellt sich das, was wir tun, als Folgerung aus Annahmen über die Welt („making it explizit", Brandom 2000) oder uns selbst („making us explizit", Jung 2005) dar. Mit „Artikulationen" explizieren wir demnach unser Verständnis von Welt bzw. klassischer formuliert: unsere Welt-Anschauungen und damit auch, wie wir unsere Situation „definieren" oder wie wir uns in unserer Welt orientieren (Weltorientierung). Wir können die Situationen, in der wir uns befinden, jedoch nicht festlegen, also „definieren" im eigentlichen Sinn. Dies impliziert jedoch nicht, dass wir unser Situationsverstehen nicht thematisieren können.

Was wir letztlich artikulieren ist unsere Verständlichkeit (Rede), die sich erst in einer Situation vor dem Hintergrund unserer eigenen Möglichkeiten zeigt. Mit anderen Worten: Wie etwas uns angeht und wie es für uns bedeutsam ist, ist abhängig davon, wie sich etwas in der Situation zeigt bzw. wie wir in einer Situation sind (Befindlichkeit) und vor welchen unserer Möglichkeiten wir die Situation deuten (Verstehen). Erfahrung kann in diesem Sinne als grundlegender Begriff für unser Weltverhältnis verstanden werden, „der eine dreistellige Relation zwischen qualitativem Erleben, intersubjektiv-allgemeiner Semantizität und interpretierend-wertender Deutung indiziert" (Jung 2005, S. 114), was als existenziale Gleichursprünglichkeit von Befindlichkeit, Rede und Verstehen gedeutet werden kann (vgl. Heidegger 1927, S. 160). Worauf Matthias Jung hinweist, ist die Möglichkeit des evaluativen Rückbezugs in der Artikulation vor dem Hintergrund einer Vorstellung des „guten Lebens" (Verstehen), wie sie bereits oben mit Blick auf *cognitiv orientation cluster* bzw. *Orientierungsmuster einer Sozialität* (Kultur) angedeutet wurde. Erst damit wird die Möglichkeit einer Positionierung und eudämonistischen Deliberation gegeben. Artikulation ist Bedingung und Form einer solchen Positionierung. Hermeneutisch-phänomenologisch ist zu fragen, wie die situativen Bedingungen zu beschreiben sind, die eine Artikulation herausfordern.

Mit der Bezugnahme auf die Situations*definition*, die ich im Folgenden als Situations*verstehen* bezeichne, wird der Fokus auf Deutungen als die Explikationen des Deutens verschoben. Von Interesse ist, welches Situationsverstehen vorliegt, wenn Menschen etwas machen. Darauf zielt die hermeneutisch-phänomenologische Explikation der Situation. Es ergibt sich jedoch auch eine Schwierigkeit des Rückschlusses von der Folgerung auf die Voraussetzungen der Situation, da dieselbe Folgerung an vielfältige Situationen angeschlossen werden kann. Es kann sich bei diesen Rückschlüssen also nur um die formal angezeigte Struktur von Situationen handeln, in denen spezifische Folgerungen gezogen werden. Diesbezüglich lässt sich bereits ein formal anzuzeigender Aspekt von Situation darin sehen, dass wir folgernd an unser Situationsverständnis anschließen. Wenn dieser folgernde Anschluss ein an ein Situationsverstehen anschließendes *Anfangenkönnen* darstellt, wäre die zu betrachtende Situation die gesuchte Situation des *Etwas-mit-etwas-anfangen-könnens*.

Damit komme ich zur Explikation der situativen Bedingungen meines Verständnisses des von Wolfgang Nieke formulierten Anspruchs, dass jede LeserIn eine Entscheidung treffen muss. Erst einmal ist damit betont, dass die Möglichkeit der Angebotsnutzung zur Orientierung gegeben, gleichsam jedoch nicht automatisch auch ergreifbar ist. Mit einem Orientierungsangebot kann eine LeserIn etwas anfangen, wenn es (a) eine Situation der „Des-Orientierung" bei der LeserIn gibt. Hierbei ist zu unterscheiden, ob die Situation durch eine diffuse Orientierung oder eine unangemessene Orientierung gekennzeichnet ist. Im ersten Fall wäre der Nutzen des Angebots in einer Konkretisierung der Orientierung (Lernen) und im zweiten Fall als Neuorientierung (Bildung) zu sehen. Darüber hinaus muss (b) die „eigene" Situation so gedeutet werden, dass sie (c) mit der Situation, für die das Angebot als Orientierung dient, übereinstimmt und (d) die LeserIn dies auch so versteht. Das Angebot muss nicht nur passen und für die LeserIn stimmig sein, sondern es ist auch auf die *Ergreifbarkeit* des Angebotes für die LeserIn hinzuweisen. Dies impliziert, dass es ein Angebot für mich ist, was auch die Ergriffenheit durch das Angebot (vgl. Luckner 2005) bzw. ein Sich-auf-das-Angebot-einlassen einschließt (vgl. Schildknecht 2005).

Über die angedeuteten Aspekte der Situation (a) und deren Deutung (b) und des Angebotes (c) und dessen Passung (d) hinaus ist der Aspekt des verstehenden Entwurfes (e) wesentlich. Denn erst vor dem Hintergrund einer Transzendenz der Desorientierung wird mir das auffällig, woraus ein Etwas-mit-etwas-anfangen-können resultieren kann. Die Des-Orientierung wird erst vor dem Anspruch des Orientiert-Seins zu einer solchen und erst so kann das Angebot als Transzendieren der Des-Orientierung auf den Entwurf des Orientiertseins brauchbar werden. Nimmt man diese Struktur der Situation so lässt sich das Etwas-mit-etwas-anfangen-können als Bedingung der Entscheidung auf das Situationsverstehen selbst zurückführen. Ich muss meine Situation als eine der Des-Orientierung und das Angebot als passenden Anfang verstanden haben. Erst dann kann ich etwas mit etwas anfangen. Die Hervorhebung des Etwas-mit-etwas-anfangen-können als Entscheidung zielt darüber hinaus auf eine Positionierung zu dieser Situation.³

Vor dem Hintergrund von Situationen, die ein Verständlich-machen-können (Teil 1) einerseits und ein Etwas-mit-etwas-anfangen-können andererseits bedürfen, ist nun noch auf den Aspekt der Bildungsunterstützung hinzuweisen. Für Wolfgang Nieke zeigt sich diese besonders bei der Unterstützung des Positionierens zu der eigenen Weltorientierung. Durch die systematische Auseinandersetzung mit Weltorientierungen in der Schule (vgl. Nieke 2012, S. 146ff.) können Jugendliche lernen, dass spezifische Kulturen differente Orientierungsmuster implizieren. Dies gibt ihnen in Situationen des Missverstehens die Möglichkeit, das Missverstehen als ein Missverständnis zu deuten. Dazu müssen sie jedoch mit den Folgerungen aus dem Situationsverstehen des Gegenübers etwas anfangen können. Wenn darüber hinaus auch gelernt wird, die eigenen Orientierungen verständlich zu machen, also nicht nur zu explizieren, sondern dem Anderen als Deutungsangebot zu geben, dann ist die Möglichkeit gegeben, dass auch der Andere mit diesem Angebot etwas anfangen kann. Das Verständlich-machen-können impliziert dabei eine spezifische Positionierung zu der eigenen Weltorientierung, welche auf ein Etwas-mit-etwas-anfangen-können ausgerichtet ist. Die

---

3 In Anschluss an die Interpretation der Metaphysik bei Martin Heidegger (1929) lässt sich seine Interpretation der metaphysischen Grundfrage („Warum ist überhaupt Seiendes und nicht vielmehr nichts?" [ebd., S. 122]) als die Anfänglichkeit der Situation bezeichnen, in der Etwas-als-etwas-auffällig-wird. Er setzt aus meiner Perspektive genau an diesem Punkt der Aufmerksamkeit auf Etwas, mit dem ich Etwas anfangen kann, an und expliziert strukturell den Zusammenhang von Etwas (Seiendem) und Nichts. Dabei ist darauf hinzuweisen, dass es beim „Nichts" um eine Erfahrung geht, die erst vor dem „Anspruch" des „Etwas" verstanden werden kann. Konkreter gibt die Grundfrage der Metaphysik die Struktur vor, die bezüglich des hier angedeuteten Beispiels lauten würde: „Warum kann ich überhaupt etwas mit etwas anfangen und nicht vielmehr nichts?" Dabei ist die Situation des Nicht-Verstehens systematisch von der Situation des „Nichts-mit-Etwas-anfangen-Können" zu unterscheiden. Dass ich mit einem Hammer „nichts" anfangen kann, ist systematisch (und nicht graduell) vom „Nicht-aufs-Hämmern-verstehen" zu trennen, weil ich im ersten Fall entweder keine Ahnung habe, wofür ein Hammer da ist, oder einen Pinsel brauche, weil ich malen will. Mit Blick auf die Situation einer Des-Orientierung sehe ich entweder das Angebot gar nicht als solches oder den Zusammenhang zwischen meiner Situation und dem Bewältigungsangebot nicht, und deute das Angebot so als nicht für mich passend.

Orientierung am Angebot, welches als Anfang brauchbar ist, lässt sich dabei nicht nur in solch alltäglichen Situationen verorten, sondern auch als Bedingung pädagogischer Angebote lesen.

3. Was ich mit dem Angebot anfangen kann

Die bisherigen Ausführungen haben bereits implizit angedeutet, was ich mit dem Angebot von Wolfgang Nieke anfangen kann. Wesentliche Aspekte hierbei sind für mich, erstens dass die Struktur des Angebotes explizit ist, so dass zweitens die Perspektive der Ordnung vor dem Hintergrund der Ausrichtung des Angebotes, durch Ordnen zu orientieren, verständlich wird. Würde mir die Frage gestellt, warum ich etwas mit den angebotenen Orientierungen anfangen kann, würde meine Antwort wahrscheinlich lauten: „Weil ich die Systematik in diese differenten Kompetenzen zur Beschreibung der Teilhabe an Kultur als Gesamtheit der Orientierungsmuster einer Sozialität plausibel finde, wenn man unter einem pädagogischen Blickwinkel eben davon ausgeht, dass die pädagogisch orientierte Bestimmung von differenten Kompetenzen nur dann sinnvoll ist, wenn sie auf unterschiedlichen Wegen zu lernen sind". Das Motiv (Weil) ist hier ein *Grund für*, der verständlich macht, wie das Angebot zu verstehen ist, damit es für mich als ein solches erscheinen kann. Im Kontext des „making it explizit" ist ein „making us explizit" impliziert, vor dessen Hintergrund uns etwas erst verständlich wird. Wenn also Wolfgang Nieke neben der Ordnung auch seine Positionierung ausweist, dann macht er sich – in diesem Fall – als bildungsphilosophisch orientierter Erziehungswissenschaftler kenntlich, der angesichts einer multiparadigmatischen Disziplin ein ordnendes Angebot entwirft, mit dem etwas anzufangen ist. Und er macht sich dabei – aufgrund der Vergleichbarkeit der formal angezeigten Struktur der Situationen – auch als Pädagogen kenntlich.

Als ich 2008 an die Universität Rostock kam, kannte ich den Autor Wolfgang Nieke im ersten Sinn. In unseren gemeinsamen Gesprächen wurde mir deutlich, dass Wolfgang sowohl den bildungsphilosophisch orientierten Erziehungswissenschaftler als auch den Pädagogen gleichzeitig verkörpert. Rückblickend wird mir die Zeit in Rostock aber v. a. dadurch in Erinnerung bleiben, dass hier der Anfang einer fortwährenden Begegnung mit einem großartigen Kollegen als Menschen liegt.

Literatur

Bohnsack, R. 1997. Orientierungsmuster: Ein Grundbegriff qualitativer Sozialforschung. In *Methodische Probleme der empirischen Erziehungswissenschaft*, hrsg. F. Schmidt, 49-62. Hohengehren: Schneider Verlag.

Brandom, R. 2000. *Expressive Vernunft. Begründung, Repräsentation und diskursive Festlegung*. Übersetzt von E. Gilmer und H. Vetter. Frankfurt am Main: Suhrkamp.

Heidegger, M. 1927. *Sein und Zeit*. 18. Aufl. von 2001. Tübingen: Max Niemeyer Verlag.

Heidegger, M. 1929. Was ist Metaphysik? In *Wegmarken*, ders., 1996: 3. durchgesehene Aufl. Frankfurt am Main: Vittorio Klostermann.

Jung, M. 2005. „Making us explizit": Artikulation als Organisationsprinzip der Erfahrung. In *Anthropologie der Artikulation. Begriffliche Grundlagen und transdisziplinäre Perspektiven*, hrsg. M. Schlette und M. Jung, 14-15. Würzburg: Verlag Königshausen & Neumann.

Luckner, A. 2005. Drei Arten, nicht weiterzuwissen. Orientierungsphasen, Orientierungskrisen, Neuorientierungen. In *Orientierung. Philosophische Perspektiven*, hrsg. W. Stegmaier, 225-244. Frankfurt am Main: Suhrkamp.

Markowitz, J. 1979. *Die soziale Situation. Entwurf eines Modells zur Analyse des Verhältnis zwischen personalen System und ihrer Umwelt*. Frankfurt am Main: Suhrkamp.

Markowitz, J. 1986. *Verhalten im Systemkontext. Zum Begriff sozialen Epigramms*. Diskutiert am Beispiel des Schulunterrichts. Frankfurt am Main: Suhrkamp.

Mollenhauer, K. 1972. *Theorien zum Erziehungsprozeß*. München: Juventa.

Nieke, W. 2012. *Kompetenz und Kultur. Beiträge zur Orientierung in der Moderne*. Wiesbaden: VS-Verlag.

Pfadenhauer, M. 2010. Kompetenz als Qualität sozialen Handelns. In *Soziologie der Kompetenz*, hrsg. T. Kurtz und M. Pfadenhauer, 149-178. Wiesbaden: VS-Verlag.

Schildknecht, C. 2005. Argument und Einsicht. Orientierungswissen als Begründungswissen? In *Orientierung. Philosophische Perspektiven*, hrsg. W. Stegmaier, 138-154. Frankfurt am Main: Suhrkamp.

Seibt, J. 2005. Kognitive Orientierung als epistemisches Abenteuer. In *Orientierung. Philosophische Perspektiven*, hrsg. W. Stegmaier, 197-224. Frankfurt am Main: Suhrkamp.

Stegmaier, W. 2005: Einleitung. In *Orientierung. Philosophische Perspektiven*, hrsg. W. Stegmaier, 15-52. Frankfurt am Main: Suhrkamp.

Kreitler, H., und Kreitler, S. 1976. *Cognitiv orientation and behavior*. New York: Springer.

Bildung – Eine Aufgabe mit sozialpädagogischer Fundierung

Karin Böllert

„Der pädagogische Grundgedanke ist elementar auf Zukunft bezogen: Ältere, Kompetentere arrangieren ein Umfeld für Jüngere, Unerfahrenere, damit diese durch eine solche Anstrengung und in Auseinandersetzung mit dem Präsentieren ihre Kompetenz aufbauen können. Der Sinn dieser Kompetenz liegt allein in Anwendungen und Bewährungen, die in der Sphäre des Noch-Nicht realisiert werden, also in der individuellen Zukunft derer, die im pädagogisch gemeinten Arrangement ihre Kompetenz aufbauen". Dieser von Wolfgang Nieke (2001, S. 131) nahezu als Selbstverständlichkeit formulierte Kern pädagogischen Handelns ist in den letzten Jahren zunehmend mehr eingebettet in eine Diskussion sowohl darüber, wie Bildung, die diesem Anspruch gerecht werden will, umfassend zu konzeptualisieren ist, als auch darüber, welche gesellschaftlichen Institutionen welchen Bildungsauftrag zu verantworten haben und damit in ihren jeweils eigenen Logiken und Strukturen Zukunft gestalten. Aus der Normalität des pädagogischen Grundgedankens kann von daher keine Verallgemeinerung des Bildungsbegriffes und der jeweiligen Bildungsorte geschlussfolgert werden, so dass im Weiteren der Versuch unternommen werden soll, aus einer sozialpädagogischen Perspektive der Frage nachzugehen, welches Bildungsverständnis in Realisierung an welchen Orten in der Lage ist, Zukunft zu gestalten.

„Bildung ist der umfassende Prozess der Entwicklung und Entfaltung derjenigen Fähigkeiten, die Menschen in die Lage versetzen, zu lernen, Leistungspotenziale zu entwickeln, zu handeln, Probleme zu lösen und Beziehungen zu gestalten. Junge Menschen in diesem Sinne zu bilden, ist nicht allein Aufgabe der Schule. Gelingende Lebensführung und soziale Integration bauen ebenso auf Bildungsprozessen in Familien, Kindertageseinrichtungen, Jugendarbeit und der beruflichen Bildung auf. Auch wenn der Institution Schule ein zentraler Stellenwert zukommt, reicht Bildung jedoch weit über Schule hinaus. Bildung entscheidet nicht nur über den ökonomischen Erfolg einer Gesellschaft, sondern vor allem auch über Lebensperspektiven und Teilhabechancen jedes einzelnen jungen Menschen. Sie ist grundlegend für die materielle Sicherheit und die Entfaltung der Persönlichkeit sowie Schlüssel zu einer zukunftsoffenen, sozialen und ökonomisch erfolgreichen Entwicklung jedes Einzelnen und der Gesellschaft. Bildungsanstrengungen haben sich nicht allein an der Sicherung ökonomischer Perspektiven zu orientieren, sondern müssen auch den Bedürfnissen und Interessen der jungen Menschen Rechnung tragen."

Dies sind die ersten beiden von elf Thesen, die 2002 als Leipziger Thesen zur aktuellen bildungspolitischen Debatte gemeinsam vom Bundesjugendkuratorium, der Sachverständigenkommission für den 11. Kinder- und Jugendbericht sowie der Arbeitsgemeinschaft für Kinder- und Jugendhilfe verabschiedet und von vielen Institutionen, Verbänden und Einzelpersonen unterschrieben worden sind. Dass es in der Geschichte der Kinder- und Jugendhilfe erstmalig zu so einem breiten bildungspolitischen Bündnis gekommen ist, hatte seinen Grund darin, dass im Anschluss an die Präsentation der Ergebnisse der PISA-Studien die Ursachensuche für das schlechte Abschneiden der deutschen Schülerinnen und Schüler im internationalen Vergleich sehr schnell die Handlungsfelder der Kinder- und Jugendhilfe erreichte (vgl. Deutsches PISA-Konsortium, 2001; 2003; Bos et al. 2003; Avenarius et al. 2003).

„Bildung erfordert neue Formen der Vernetzung: Die verschiedenen Bildungsinstitutionen haben einen je eigenen Bildungsauftrag. Auf der Grundlage der Bedürfnisse und Interessen junger Menschen müssen die Bildungsaufgaben von Familie, Jugendhilfe, Schule und Berufsausbildung neu verbunden und aufeinander abgestimmt werden. Dabei sind vor dem Hintergrund heterogener und komplexer Lebenslagen die Übergänge zwischen den Bildungsorten neu zu gestalten. Unabdingbar ist daher eine übergreifende Verknüpfung der unterschiedlichen Bildungsinstitutionen und der politischen Verantwortlichkeiten" – so die These 10 der Leipziger Thesen. Erst allmählich begann sich an diese Perspektive anknüpfend ein umfassendes Bildungsverständnis durchzusetzen, dass von einer Einbeziehung und wechselseitigen Zusammenarbeit aller Bildungsorte ausgeht. Von welcher sozialpädagogischen Fundierung ein solches Bildungsverständnis geprägt ist, soll im Weiteren am Beispiel der Fachdiskurse innerhalb der Kinder- und Jugendhilfe im Zeitverlauf nachgezeichnet werden und damit im Kontext derjenigen Institution, innerhalb der die sozialpädagogische Bildungsdebatte ihren maßgeblichen Ort hat.

1. Bildung ist mehr als Schule

Die Sachverständigenkommission des 11. Kinder- und Jugendberichtes hat ihre Arbeit *vor* dem Erscheinen der PISA-Studie beendet. Wenn der 11. Kinder- und Jugendbericht dennoch ein Kapitel zu „Bildungschancen und Herausforderungen an Bildung" enthält, dann hatte dies folgenden Grund: Bildung wird durch einen erheblichen Bedeutungszuwachs charakterisiert. Kinder und Jugendliche bleiben länger in Institutionen der Erziehung, Betreuung und Bildung als je zuvor. Es kommt hinzu, dass individuelle, informelle und selbstgesteuerte Bildungsprozesse zunehmen und zwar sowohl innerhalb wie außerhalb von Institutionen. Zudem findet der Bedeutungszuwachs von Bildung seinen Ausdruck darin, dass Institutionen der Erziehung und Bildung den Alltag von Kindern und Jugendlichen in erheblichem Ausmaß strukturieren, sie beinhalten entscheidende Entwicklungsaufgaben und gehören zu den zentralen Orten der Herausbildung sozialer Netzwerke für die Heranwachsenden. Nicht nur wegen der Dauer und Intensität sind diese Institutionen von entscheidender Relevanz dafür, wie die Lebenslagen der Heranwachsenden gestaltet sind, sondern auch aufgrund der zukunftsentscheidenden Konsequenzen, die mit der Teilhabe an den entsprechenden Bildungsprozessen verbunden sind. Die höchst unterschiedlichen Chancen der Teilhabe an Bildung sind somit Ausdruck einer spezifischen, soziale Ungleichheit reproduzierenden, wenn nicht sogar befördernden Form der Wahrnehmung der öffentlichen Verantwortung für das Aufwachsen der jungen Generation.

Die Kommission ging in diesem Kontext von einem Bildungsverständnis aus, dass zwar die Aneignung von Kenntnissen und Fertigkeiten, die der Alltagsbewältigung dient, einschließt; sie reduzierte Bildung aber nicht auf unmittelbar verwertbares Wissen oder berufsverwertbare Fertigkeiten. Angesichts der zunehmenden Komplexität der gesellschaftlichen Verhältnisse und der kulturellen und technischen Entwicklungen, angesichts des mit wachsender Beschleunigung vonstattengehenden Wandels von Lebensbedingungen, kann Bildung nicht darauf beschränkt werden, den Nachwachsenden die Kenntnis von Wissensbeständen, Interpretationen und Regeln einer gegenwärtig bestehenden kulturellen Lebensform zu vermitteln. Sie muss vielmehr zur Aneignung reflexiver und sozialer Kompetenzen beitragen, die es ermöglichen, wohlbegründet verantwortlich zu handeln. Hierzu zählen dann Kompetenzen, die junge Menschen dazu in die Lage versetzen, Sachverhalte und Zusammenhänge in ihre historische Entwicklung einbinden zu können, unerwünschte und erwünschte Folgen solcher Entwicklungen und die des eigenen Handelns einschätzen zu können. Erst solche durch Bildung angeeignete Kompetenzen ermöglichen eine persönlich befriedigende und gleichermaßen verantwortungsvolle Lebensgestaltung (vgl. Böllert 2008).

Auf der Grundlage eines solchen Verständnisses von Bildung wurden bereits im 11. Kinder- und Jugendbericht vier Anforderungen an die Entwicklungs- und Bildungsaufgaben junger Menschen und an kinder- und jugendpolitisches Handeln herausgestellt:

1. Wissensvermehrung und Zugänglichkeit des Wissens

Diskussionen über die Wissensgesellschaft oder die ‚Halbwertzeit' von Wissen können dahingehend zusammengefasst werden, dass Schule sich von der Vorstellung verabschieden muss, in einen langfristig gültigen, fest umrissenen Bildungskanon einführen, diesen abprüfen und kontrollieren zu können. Lehr- und Bildungsprozesse finden auch und zunehmend außerhalb von Schule statt, Wissensaneignungs- und Bildungsprozesse entziehen sich insbesondere im Kontext von medien- und informationstechnologischen Entwicklungen der vollständigen Kontrolle von Bildungsinstitutionen. Für junge Menschen bedeutet dies, dass sich die Ansprüche an die Bewältigung von Entwicklungs- und Selbstbildungsaufgaben erhöhen – z.B. durch den Erwerb von Medienkompetenz.

2. Wertekonsens und Pluralität

Junge Menschen sehen sich der Herausforderung gegenübergestellt, sich in einer Welt orientieren zu müssen, in der sich einerseits ein prinzipieller Grundkonsens über Werte herausgebildet hat – Menschenrechte bzw. Bürgerrechte – die sich andererseits aber durch Prozesse der Mobilität und Migration kulturell weiter ausdifferenziert. Zum einen ist eine Vielfalt von Werthaltungen und Lebensweisen möglich. Zum anderen wird es für junge Menschen zwingend, zwischen diesen Möglichkeiten begründet auswählen und andere Werthaltungen und Lebensführungen anerkennen zu können.

3. Instabilität in der Normalbiographie

Klassische Bildungsinstitutionen sind entlang der Annahme von Bildungslaufbahnen strukturiert. Und auch die Ergebnisse der Jugendforschung zeigen, dass sich in den Lebensentwürfen junger Menschen nur wenige Anhaltspunkte dafür finden lassen, dass sie auf Wandlungsprozesse der Zugänge zur Arbeitswelt dadurch reagieren, dass sie sich von der Normalbiographie des dauerhaft Erwerbstätigen verabschieden. Tatsächlich kann die Sicherheit aber, dass sich die Investitionen in die eigene Bildung auch lohnen, immer weniger vorausgesetzt werden. Stattdessen entsteht die Anforderung, Unsicherheit und Unplanbarkeit ertragen zu können und den eigenen Bildungsprozess unabgeschlossen zu halten. Die überwiegend positiven Einstellungen junger Menschen ihren eigenen Bildungswegen gegenüber und ihre positiven Zukunftserwartungen schaffen dabei wesentliche Voraussetzungen für Bildungsinstitutionen und die dort beschäftigten Fachkräfte, in Kooperation mit den Heranwachsenden deren Entwicklungs- und Bildungsprozesse gestalten zu können.

4. Zeit für Bildung und Ressourcenorientierung

Die Auseinandersetzung mit veränderten Entwicklungsaufgaben und Bildungsanforderungen erfordert mehr Zeit für Bildung – Zeit, die Kindern und Jugendlichen durch den flächendeckenden Ausbau institutioneller Ganztagsangebote zur Verfügung gestellt werden muss. Mehr Zeit für Bildung benötigt aber auch neue Strukturen in den Bildungsinstitutionen. Notwendig werden Strukturen, die u. a. eine frühestmögliche Förderung kommunikativer und diskursiver Fähigkeiten ermöglichen und zu einer öffentlichen Anerkennung solcher Kompetenzen und Wissensbestände führen, die außerhalb der traditionell zuständigen Institutionen erworben werden.

Die Nichtberücksichtigung solcher Ressourcen bedeutet einerseits eine unverantwortliche Verschwendung individuell und gesellschaftlich wertvoller Potentiale. Andererseits kann deren Anerkennung nur dann gelingen, wenn an die Heterogenität der Gruppe der Heranwachsenden angeknüpft wird und die Selbstverständlichkeit der Erwartung einer Zuarbeit aller Familien zum Lern- und Bildungserfolg ihrer Kinder aufgegeben wird.

Vor diesem Hintergrund entwickelte der 11. Kinder- und Jugendbericht Antworten auf die Frage, worin der spezifische Beitrag der Kinder- und Jugendhilfe zu einem umfassenden Bildungsverständnis und für die Bewältigung veränderter Anforderungen an Bildung liegt. § 1 des SGB VIII nennt die „Entwicklung und Erziehung" – und nicht etwa die Bildung – „zu einer eigenverantwortlichen und gemeinschaftsfähigen Persönlichkeit" als Ziel der Förderung junger Menschen durch die Kinder- und Jugendhilfe und als deren Recht. Hieraus den Schluss zu ziehen, den Bildungsauftrag der Kinder- und Jugendhilfe auf die Handlungsfelder zu begrenzen, deren Bildungsaufgabe – z. B. außerschulische Jugendbildung und Familienbildung – auch ausdrücklich im SGB VIII genannt werden, wäre kurzsichtig. Wenn Bildung auf der Grundlage der Persönlichkeitsentwicklung Kompetenzen für die Lebensbewältigung vermittelt, wenn Bildungsorte sich pluralisieren, dann können Entwicklung, Erziehung und Bildung nicht mehr grundsätzlich voneinander getrennt werden. Die Kinder- und Jugendhilfe greift somit nicht nur ein, wenn andere Institutionen ihren Bildungsauftrag nur unzulänglich erfüllen, sie vermittelt selber Kompetenzen und muss zunehmend mehr dazu beitragen, dass *alle* Kinder und Jugendliche den Herausforderungen einer lernenden Gesellschaft gewachsen sind und ihr eigenes Leben in einer offenen Gesellschaft selber gestalten können. Außerdem ist die Kinder- und Jugendhilfe zusätzlich Hilfe zur Erziehung, dient z. B. dem Schutz von Kindern und Jugendlichen, erfüllt u. a. ordnungspolitische Aufgaben. Ihre Angebote und Leistungen, die auf den ersten

Blick allenfalls mittelbar einem Bildungsauftrag folgen, wie z. B. unterschiedliche Angebote der erzieherischen Hilfen, bieten demnach *Gelegenheitsstrukturen für Bildung* und schaffen dadurch häufig erst die Voraussetzungen dafür, dass gelingende Bildungsprozesse zustande kommen (vgl. Böllert 2008).

2. Ein umfassender Bildungsbegriff

Bildung ist in den zentralen gesellschaftspolitischen Debatten der letzten Jahre nicht mehr wegzudenken, so dass Thomas Rauschenbach (2010, S. 3) festhält: „Bildung hat sich zu einem positiv konnotierten Universalcode für zusätzliche Anstrengungen von Politik und Wirtschaft mit Blick auf das Aufwachsen von Kindern und Jugendlichen entwickelt. Oder anders formuliert: Über Zukunft nachzudenken, ohne über Bildung zu reden, erscheint gegenwärtig undenkbar." Grundlage dieses Aufschwungs ist ein umfassender Bildungsbegriff, der die Verkürzungen seiner Vorgänger durch die Konzentration auf formalisierte Bildungsprozesse und entsprechend geregelte Bildungsorte längst hinter sich gelassen hat.

In internationalen Bildungsdiskussionen hat sich die Unterscheidung von informeller, nicht-formeller und formeller Bildung durchgesetzt. *Informelle* Bildung ist ungeplantes, keinem Lehr-, Erziehungs- oder Hilfeplan folgendes Lernen, das zumeist als Kompetenzerwerb im Alltag von Familie, Freundeskreis und in der Freizeit beschrieben wird. *Formelle* Bildung hat ihren Ort in erster Linie im Schul- und Ausbildungssystem. Hierbei handelt es sich um geregelte Bildungsprozesse, die umfänglichen Vorgaben folgen, Bildungslaufbahnen begründen und deren Erfolg nach festgelegten Kriterien geprüft und zertifiziert wird. Jenseits des formellen Schul- und Ausbildungssystems finden geplante und gewollte Bildungsprozesse in *nicht-formellen* Bildungsbereichen wie der Kinder- und Jugendhilfe statt. Diese werden ebenfalls professionell gestaltet, die Teilnahme daran geschieht aber zumeist auf freiwilliger Basis, sie wird in aller Regel nicht bescheinigt und benotet, Bildung ist hier stärker an den jeweiligen Bedingungen des Einzelfalls denn an verallgemeinerbaren Inhalten orientiert.

Die solchermaßen grundgelegten Bildungsvorstellungen sind schließlich durch den Zwölften Kinder- und Jugendbericht (2006) fokussiert und gebündelt worden. Moderne Wissensgesellschaften sind demnach auf Menschen verwiesen, die „in der Lage sind, ihr Leben eigenständig zu regeln, die gelernt haben, sich in einer dinglichen, symbolischen, sozialen und subjektiven Welt verstehend, handelnd, kompetent zu bewegen" (ebd., S. 118). Die hieraus abgeleiteten Bildungsziele werden in vier Weltbezüge gegliedert: Der *kulturelle Weltbezug* basiert auf dem kulturellen Erbe, auf entsprechenden Überlieferungen und Errungenschaften.

Er umfasst alltägliche kulturelle Ausdrucksformen, Sprache, aber auch virtuelle Welten der Medien. Der *materiell-dingliche Weltbezug* macht die Gesamtheit der äußeren Natur, die Außenwelt und deren Aneignung und Weiterentwicklung zum Thema. Im Fokus des *sozialen Weltbezugs* stehen die soziale Ordnung, die Regeln des menschlichen Zusammenlebens, die politische Gestaltung des Gemeinwesens sowie die aktive Integration in soziale Zusammenhänge. Der *subjektive Weltbezug* ist konzentriert auf die eigene Person, die Identitätsbildung und Persönlichkeitsentfaltung. Kinder und Jugendliche benötigen Chancen, Möglichkeiten und Orte, sich diese Bildungsdimensionen anhaltend, kumulativ und selbstregulativ zu erschließen. Dabei plädiert der Zwölfte Kinder- und Jugendbericht dafür, einen abschließenden Kanon von Bildungszielen abzulösen zugunsten einer Sichtweise, in deren Mittelpunkt *bildungsbiographisch fundierte Kompetenzen* stehen. Analog zu den vier Weltbezügen werden von daher vier basale Kompetenzen unterschieden. Eine *kulturelle Kompetenz* ermöglicht eine sinnhafte Erschließung und Deutung der Welt, Verstehen und ein sich in Welt bewegen können. Eine *instrumentelle Kompetenz* erlaubt es Menschen, die inneren Zusammenhänge der Außenwelt zu verstehen und damit umgehen zu können. Eine *soziale Kompetenz* ist die Voraussetzung dafür, die soziale Außenwelt wahrzunehmen und sich handelnd damit auseinandersetzen zu können. Schließlich hilft die *personale Kompetenz* dabei, die eigene Persönlichkeit entwickeln und einen sinnvollen Umgang mit dem eigenen Körper, den eigenen Gedanken und Gefühlen begründen zu können (vgl. Zwölfter Kinder- und Jugendbericht 2006).

Dass ein solch umfassendes Bildungsverständnis mehr als nur einen Bildungsort zu seiner Realisierung voraussetzt und dass solche Bildungsorte auch in der Kinder- und Jugendhilfe verankert sind, versteht sich nahezu von selbst (vgl. Böllert 2010).

3. Regionale Bildungslandschaften

Die Vervielfältigung von Bildungsanforderungen und Bildungsorten findet ihren offensichtlichen Ausdruck in unterschiedlichsten Bildungsangeboten und -aktivitäten im kommunalen Raum. Die Vernetzung und Koordination solcher lokaler Bildungsmöglichkeiten ist eine bildungspolitische Aufgabe, die ihren Ausdruck in der Konstituierung von und Auseinandersetzung mit den so genannten regionalen Bildungslandschaften fand und findet.

Bereits 1994 haben Wilfried Lohre und Ulrich Kober hervorgehoben, dass, wenn man konsequent Kinder und Jugendliche in den Mittelpunkt der Aufmerksamkeit rückt, der Region für deren Bildungschancen eine Schlüsselrolle zukommt: Denn – so betonen sie – es sind dieselben Kinder und Jugendlichen, die in einem lokalen Gemeinwesen verschiedene Schulformen durchlaufen, Angebote außerschulischer Jugendbildungsarbeit in Anspruch nehmen, Lehrstellen suchen, Ausbildungen beginnen und schließlich Arbeit aufnehmen. Von den Kindern und Jugendlichen her betrachtet, bedarf es für den Erfolg ihrer Bildungsbiographien unbedingt einer intensiven Kooperation und Abstimmung zwischen den unterschiedlichen, für sie relevanten Bildungsakteuren in einer Region: Elternhäusern, Kindergärten, Schulen, Jugendhilfeeinrichtungen, Betrieben. Vor diesem Hintergrund ist die regionale Bildungslandschaft kein organisatorischer Rahmen, der Kompetenzgrenzen festlegt, sondern ein Problemkontext und Handlungsraum, in dem perspektivisch in einer Region alle Kindergärten, Schulen, Betriebe, Weiterbildungseinrichtungen, Bibliotheken, Volkshochschulen, Sportvereine, Museen, Musikschulen, Verbände und andere im Sinne eines gemeinsamen Qualitätsverständnisses kooperieren, damit den Kindern und Jugendlichen einer Region optimale Lern- und Lebenschancen eröffnet werden.

Auch die Kultusministerkonferenz hat in einer Pressemitteilung vom 4. März 2010 erklärt, dass sie im Ausbau und der qualitativen Weiterentwicklung von Ganztagsangeboten einen Ansatz sieht, „Bildungsbenachteiligungen abzubauen und mangelnde häusliche Unterstützungsmöglichkeiten auszugleichen, wobei soziale und kulturelle Institutionen einbezogen werden sollten. Lokale Bildungsnetzwerke werden die Kooperation von Schule, außerschulischen Bildungseinrichtungen, Jugendhilfe, Wirtschaft und Kommunen unterstützen".

Sieht man in diesem Kontext auf die Anfänge der regionalen Bildungslandschaften, dann wird unübersehbar, dass der Weg hin zu einer Bildungslandschaft, die den vorab skizzierten Ansprüchen genüge tut, noch nicht zu Ende beschritten ist. Bei diesen Anfängen konzeptioneller Überlegungen zu regionalen Bildungslandschaften standen nämlich in erster Linie Veränderungen der gesellschaftlichen Rahmenbedingungen von Schule im Mittelpunkt. Dabei ging es zum einen um die demografische Entwicklung und ihre Bedeutung für eine Schulentwicklungsplanung, zum anderen um strukturelle Herausforderungen durch regional differente soziografische und sozioökonomische Entwicklungen. Zudem hinterließ die Auseinandersetzung mit den Ergebnissen der Pisa-Studie und der fehlenden Chancengerechtigkeit im gegliederten Schulwesen die Forderungen nach einer Berücksichtigung veränderter Lern- und Lebensbereiche, der Stärkung frühkindlicher Bildungsprozesse und dem Aufbau einer Ganztagsbetreuung als Regelform. Schließlich konnte schulischerseits auch das veränderte Schulwahlverhalten der Eltern nicht länger außer Acht gelassen werden.

Die Qualitätsentwicklung, insbesondere von Schule, wurde dementsprechend durch eine Verbesserung des Unterrichts durch regionale Unterstützungssysteme, die Etablierung einer staatlich-kommunalen Verantwortungsgemeinschaft, die Verzahnung schulischer und außerschulischer Bildung sowie den Aufbau systematischer Kooperationsbeziehungen mit Rückwirkungen auf den Unterricht als regionales System der Qualitätsentwicklung und Qualitätssicherung mit Rechenschaftslegung angestrebt. Konsequenzen einer solchen Qualitätsentwicklung können die Perspektive weg von der einzelschulisch verantworteten Ganztagsschulentwicklung hin zur gemeinsamen Gestaltung von Bildung in Verbünden, die Implementation einer integrierten Fachplanung sowie die Institutionalisierung lokaler Wirksamkeitsdialoge und die Zertifizierung non-formaler Bildungsangebote wie auch die Schaffung einer integrierten lokalen Bildungs- und Sozialberichterstattung sein (vgl. Lohre und Kober 1994).

Anfängliche Versuche, solche Konzeptualisierungen Realität werden zu lassen, machten zunächst deutlich, dass regionale Bildungslandschaften zunächst vorrangig, wenn nicht sogar ausschließlich, von Schule aus gedacht wurden: Ausgehend von der regionalen Schullandschaft sollte der Weg hin zu einer regionalen Bildungslandschaft erfolgen. Außerdem waren fehlende Aktivitäten der Kinder- und Jugendhilfe mehr oder weniger offensichtlich. Die Schwierigkeiten, regionale Bildungslandschaften über Schule hinausgehend zu denken und zu praktizieren, bestanden und bestehen vor allem in den verschiedenen Zuständigkeiten unterschiedlicher Bildungsträger und -orte, in deren jeweils eigenständigen Bildungs- und Qualitätsverständnissen und in einer ungenügenden Abstimmung unterschiedlicher Leistungen. Insbesondere das Fehlen wirksamer Steuerungsstrukturen erwies sich als erheblicher Mangel.

Um angemessene Voraussetzungen einer nachhaltigen Kooperation schaffen zu können – so die weitergehenden Forderungen – sollten im Aufbau bzw. in der Fortschreibung der regionalen Bildungslandschaften tatsächlich alle Bildungsbereiche einbezogen werden. Zudem sollten intensive rechtliche, organisatorische, fachliche und inhaltliche Absprachen erfolgen und eine Entwicklungsoffenheit in dem Sinne gewährleistet werden, dass Bildungslandschaften als lernende Bildungsregionen begriffen werden. Demzufolge geht es dann auch um die Schaffung eines integrierten Koordinierungssystems und nicht um die bloße Addition alter Steuerungsinstrumente. Eine wirksame Bürgerbeteiligung erscheint als unhintergehbare Notwendigkeit von regionalen Bildungslandschaften, die ihrem Anspruch gerecht werden (vgl. Böllert 2010).

Als Grundbedingungen eines regionalen Bildungsmanagements wurde hieran anknüpfend herausgearbeitet, dass unterschiedliche Interessen und Handlungslogiken Anerkennung finden müssen, Entscheidungsstrukturen auf Konsens ausgerichtet sind und vernetzte Arbeitsstrukturen einer systematischen Initiation und einer ‚neutralen' Steuerungsinstanz bedürfen. Eine hieraus abgeleitete Qualitätsentwicklung und Vernetzung greift die Besonderheiten der Region auf. Schritte zu einer lokalen Bildungslandschaft sollten dementsprechend die Ausrichtung lokaler Fachtage, partizipativ orientierte Bedarfsfeststellungen, ein hauptamtlich besetztes „regionales Bildungsbüro", die Etablierung einer sozialwissenschaftlich fundierten Schulentwicklungsplanung sowie die Gründung einer inter-institutionellen Steuerungsgruppe auf Dezernats- oder Amtsleitungsebene sein. Darüber hinausgehend gelten die Schaffung von Trägerverbünden, eine enge Kooperation von Jugendhilfe- und Schulausschuss und eine Kooperationsvereinbarung zwischen Kommune und Land als zu realisierende Qualitätsstandards (vgl. Projektleitung „Selbstständige Schule" 2004; Stolz 2007 sowie die Beiträge in Solzbacher und Minderop 2008).

Offen ist allerdings nach wie vor, „ob die Kommunen in der Lage sein werden, das Prinzip der Fachlichkeit in Form der Gestaltung lokaler Bildungslandschaften zu sichern oder ob sie im Geflecht von Ablehnungen mit Verweis auf fehlende Zuständigkeiten hängen bleiben" (Bundesjugendkuratorium, 2005, S. 8). Offen ist außerdem, inwieweit sich die Kinder- und Jugendhilfe an dem Aufbau regionaler Bildungslandschaften beteiligen will bzw. ob sie tatsächlich auch beteiligt wird. Selbst in dem Fall, dass alle erforderlichen Qualitätsentwicklungsschritte umgesetzt würden, ist bis heute ungeklärt, welchen Beitrag die Kinder- und Jugendhilfe in regionalen Bildungslandschaften leisten kann, soll und will. Mit der Beantwortung dieser Frage gerät dann auch die inhaltliche Dimension regionaler Bildungslandschaften stärker in den Blick und damit die Perspektiven eines sozialpädagogisch inspirierten Bildungsbegriffes für die Schaffung regionaler Bildungslandschaften. „Die Frage, die einem umfassenden Bildungsanspruch gerecht wird, muss daher zunächst lauten: Was müssen Kinder und Jugendliche lernen, wissen und können, um ihre je eigene Zukunft bewältigen zu können, welche Bildungsangebote sollten ihnen zur Verfügung stehen?" (Rauschenbach und Otto 2004, S. 19).

4. Bildung hat viele Orte

„Über die Beziehung der Kinder- und Jugendhilfe zur Schule wird seit Jahrzehnten debattiert. Die Einschätzungen darüber, ob sich das Verhältnis verbessert habe und ob vielleicht sogar schon von einem fachlichen Miteinander gesprochen werden könne, gehen weit auseinander (...). An den Schulen erhöht sich allmählich

Bildung – Eine Aufgabe mit sozialpädagogischer Fundierung

die Bereitschaft zur Öffnung. (...) Der Kinder- und Jugendhilfe wächst dort, wo sie sich beteiligt, eine neue strategische Bedeutung im Kontext des Aufwachsens von Kindern und Jugendlichen in öffentlicher Verantwortung zu" – so der aktuelle 14. Kinder- und Jugendbericht (BMFSFJ 2013, S. 42). Dass die Kinder- und Jugendhilfe an Schulen ihren eigenen Bildungsauftrag erfüllt, dass mit dem Ausbau der Kindertagesbetreuung unter dem Motto ‚Bildung von Anfang an' ein erweiterter Bildungsauftrag einhergeht, dass außer- und nachschulische Bildungsorte einen gewachsenen Stellenwert haben, ist innerhalb der Kinder- und Jugendhilfe immer mehr unstrittig. Das, was bislang allerdings allzu häufig unberücksichtigt bleibt, ist, dass auch die Familie ein außerschulischer Ort ist, der in seiner Bildungsrelevanz viel zu wenig wahrgenommen wird. „Die grundlegenden Fähigkeiten und Bereitschaften für lebenslange Bildungs- und schulische Lernprozesse werden in Familien gelegt. Die Familie muss daher in ihrer Bedeutung als maßgebliche Bildungsinstitution für Kinder und Jugendliche anerkannt und gefördert werden. Eine Gesellschaft, die jedoch zuallererst den Eltern die Misere an der Bildung anlastet, schiebt ihre eigene Verantwortung ab. Ein derartiges Vorgehen lässt die Familie weitgehend mit den strukturell bedingten Defiziten allein und setzt auf private Lösungen, die viele Eltern überfordern und herkunftsbedingte Ungleichheiten weiter verstärken. Hier muss die öffentliche Verantwortung für das Aufwachsen junger Menschen durch eine differenzierte Förderung wahrgenommen werden." Das in der 5. Leipziger These aufgegriffene Motto des 11. Kinder- und Jugendberichtes thematisierte insofern in erster Linie ein neues Entsprechungsverhältnis von privater und öffentlicher Verantwortung. Demgegenüber hat der Bildungsbericht 2012 deutlich gemacht, dass Familien für den Verlauf der Bildungsbiographien eine entscheidende Rolle spielen und dies nicht nur in Hinblick auf die frühe Kindheit sondern bezogen auf das gesamte Kindheits- und Jugendalter. Eltern geben Orientierung, eröffnen Entfaltungsspielräume und treffen zentrale Bildungsentscheidungen (vgl. Autorengruppe Bildungsberichterstattung 2012, S. 48ff.). Dass diese Bildungsfunktion von Familie bislang selten thematisiert und in den spezifischen Diskursen der Kinder- und Jugendhilfe eher randständig berücksichtigt wird, mag u. a. daran liegen, dass der Bildungsort Familie durch nicht wenige Ambivalenzen charakterisiert ist: „Auf der einen Seite erweist sich die Familie als Anlass einer sich verstärkenden, herkunftsbedingten sozialen Ungleichheit, also, wenn man so will, als Quelle der Bildungsbenachteiligung. Auf der anderen Seite wird (...) auf ihre Bedeutung als eigenständige Bildungswelt, als Ausgangspunkt elementarer Bildungsprozesse hingewiesen" (Rauschenbach 2009, S. 123). Diese Ambivalenzen zu negieren, macht wenig Sinn – „In Sachen Bildung fängt in der Familie alles an" (ebd., S. 131). Will man sie stattdessen ernst nehmen und als fachliche Herausforderung begreifen, dann muss die Kinder- und Jugendhilfe ihrer Auseinandersetzung mit zahlreichen Bildungsorten den der Familie hinzufügen und dazu beitragen, „Eltern in Sachen Erziehungs- und Bildungsort vom ‚Wollen' zum ‚Können' zu bringen" (ebd., S. 134) – nur so wird der erweiterte Blick auf Bildung der Vielzahl von Bildungsorten gerecht.

5. Bildungsskepsis in der Kinder- und Jugendhilfe versus Zukunft Bildung

In der Praxis ihrer vielfältigen Handlungsfelder ist die Kinder- und Jugendhilfe somit sowohl in formelle Bildungsprozesse integriert als auch Repräsentantin nicht-formaler und Ermöglicherin informeller Bildungsprozesse. Ihre kommunale Verankerung macht sie zur Expertin für Kooperations- und sozialräumliche Gestaltungsprinzipien sowie entsprechende Planungsverfahren. Allerdings ist auf Seiten der Kinder- und Jugendhilfe ein nicht unerhebliches Unbehagen gegenüber der aktuellen Bildungsdebatte zu beobachten. Zunächst wird innerhalb der Kinder- und Jugendhilfe hervorgehoben, dass das Aufwachsen der jungen Generation mehr ist als nur Bildung. Gerade mit der Betonung der Bedeutsamkeit außerschulischer Bildungsprozesse wird konstatiert, dass Angebote der allgemeinen Förderung, Freiräume, Lebensräume, die zweckfrei von Kindern gestaltet, erlebt, selbstbestimmt mit Inhalten gefüllt werden können, nicht zu Gunsten eines allumfassenden Bildungsverständnisses aufgegeben werden sollten. Dahinter steckt auch die Befürchtung, dass Bildung sehr stark auf zukünftige Verwertungskontexte bezogen bleibt: Es muss für die Zukunft gebildet werden, damit junge Menschen Arbeitsmarktchancen haben; die Bildung aller ist die grundlegende Voraussetzung für die Bewältigung von Armutsproblemen etc. Solche Erwartungen an Bildung beziehen sich aus der Perspektive der Kinder- und Jugendhilfe darauf, dass mit einem Mehr an Bildung nahezu alle gesellschaftlichen Probleme gelöst werden sollen, soziale Problemlagen als Ausdruck von strukturellen Ungleichheitsverhältnissen beinahe durchgängig mit einem Mangel an Bildung erklärt werden. Dies wird zum einen als viel zu hoher Anspruch an Bildung kritisiert, zum anderen wird hervorgehoben, dass ein solches Bildungsverständnis auch den Ungleichheitsstrukturen in ihren Verursachungsfaktoren nicht umfassend gerecht wird (vgl. Böllert 2010; Rauschenbach 2009a). Für die Kinder- und Jugendhilfe bedeutet dies, dass sie einerseits den Bildungsauftrag ihrer Handlungsfelder präzisieren muss – durch die Kinder- und Jugendhilfe mit verantwortete Bildungsbiographien insgesamt durch die Ermöglichung von Verwirklichungs- und Befähigungschancen geprägt sein sollten – andererseits kann ihr umfassendes Aufgabenverständnis von Bildung, Erziehung, Betreuung und Förderung nicht allein in Bildung aufgehen (vgl. Böllert 2010a; Rauschenbach 2009).

Die Zurückhaltung der Kinder- und Jugendhilfe innerhalb der Bildungsdebatte erklärt sich aber auch daraus, dass sie befürchtet, fünftes Rad am Wagen der Bildung zu sein bzw. zu werden. Hier werden von der Kinder- und Jugendhilfe diejenigen Erfahrungen reproduziert, die für sie bspw. in der Schulsozialarbeit als Anhängsel von Schule über viele Jahre konstitutiv waren. Zudem gibt es in der Kinder- und Jugendhilfe nicht Wenige, die mit der Einführung von Ganztagsschulen einen – empirisch bislang nicht nachgewiesenen – Bedeutungsverlust der Offenen Kinder- und Jugendarbeit einhergehen sehen, die davor warnen, dass für das zivilgesellschaftliche Engagement in Jugendverbänden angesichts der zeitlichen Ausdehnung von Schule und der Intensivierung schulischer Bildungsprozesse zu wenig Zeit bleibt. Hinzu kommt die immer noch ungeklärte Frage der Anerkennung non-formaler und damit häufig auch außerschulischer Bildungsprozesse, die der gewachsenen Wertschätzung non-formaler Bildung jenseits einer Orientierung an schulischen Zertifizierungsmodalitäten nachvollziehbar Rechnung tragen kann.

Ganztagsbildung als ein neues, umfassendes Bildungsverständnis geht nun davon aus, dass alle drei Bildungsprozesse, formelle, nicht-formelle und informelle Bildung, von einer gleichen Bedeutung sind. „Die These, die durch den Begriff ‚Ganztagsbildung' transportiert wird, lautet: Wenn sich moderne, d.h. gesellschaftliche Bildung überhaupt organisieren lässt, dann nicht durch eine Ausweitung von Schule als Unterricht und auch nicht durch eine angehängte Betreuung, sondern nur durch die Integration von formellem und nicht-formellem Lernen, also vor allem durch eine neue institutionalisierte Zusammenarbeit von Schule und Jugendhilfe unter Einbeziehung von Eltern und Familien (…). Gesellschaftliche Bildung ist keine allgemeine Zurüstung auf eine vielfach beschriebene – und ebenso oft favorisierte – bildungsbürgerliche Grundausstattung, sondern immer auch und insbesondere die Umsetzung zivilgesellschaftlicher Voraussetzungen im Kontext von Lernen, Erziehung und Wissen" (Otto und Coelen 2004, S. 8f.). Damit ist für die Ganztagsbildung grundlegend, dass es sich um die Verbindung von, im besten Fall, gleichberechtigten Institutionen handelt, die gemeinsam und arbeitsteilig ein drittes neues Angebot schaffen. Arbeitsteilig heißt hier nicht, dass Kindertagesstätten auf eine Funktion der Vorbereitung auf Schule begrenzt werden können. Arbeitsteilig heißt hier weiterhin nicht, dass vormittags der Unterricht stattfindet und nachmittags außerschulische Angebote ihren Platz haben, sondern beide Institutionen – Schule und Kinder- und Jugendhilfe – gemeinsam etwas Neues aufbauen und anbieten. Ziel ist es, Kinder und Jugendliche in die Lage zu versetzen, ihre subjektiven Vorstellungen von einem guten Leben in einem erweiterten Optionsrahmen nachgehen zu können. Hierfür sollen im Rahmen einer Ganztagsbildung neue Ansätze durch eine innovative und zugleich verfügbare Bündelung von Lern-, Betreuungs-, Erziehungs- und Bildungsmöglichkeiten geschaffen werden.

Zusammenfassend kann festgehalten werden, dass die sozialpädagogischen Fachdiskurse, u. a. im Bundesjugendkuratorium, in den Bildungsberichten, in der Arbeitsgemeinschaft für Kinder- und Jugendhilfe sowie in den Kinder- und Jugendberichten maßgeblich zu einem erweiterten und sozialpädagogisch fundierten Bildungsbegriff beigetragen haben. Weiterhin ist die gestiegene Wertschätzung der Kinder- und Jugendhilfe zweifellos auch auf die Folgen der Bildungsdebatte zurückzuführen, in deren Kontext die Kinder- und Jugendhilfe nicht mehr in erster Linie als Notfall- und Feuerwehrinstanz, sondern als wichtiger Bildungsakteur wahrgenommen wird. Das aber heißt, dass die Kinder- und Jugendhilfe sich vermehrt selbst auch als ein solcher verstehen und entsprechend aktiv agieren muss. Trotz all ihrer Bedenken könnte die Kinder- und Jugendhilfe, wenn sie ihren eigenständigen Bildungsauftrag offensiver als bisher vertreten würde, sich in die Bildungsdebatte mit wesentlich mehr Selbstbewusstsein integrieren und auch mit umfassenderen Ansprüchen an andere Bildungsinstitutionen herantreten, als sie dies bislang tut. D. h. nicht, dass Kinder- und Jugendhilfe nicht auch die Aufgabe hätte, Allmachtsphantasien von Bildung offen zu legen. Wenn Bildung heute immer wichtiger wird und für die Zukunft eine entscheidende Ressource darstellt, dann kann dieser Bedeutungszuwachs zudem nicht auf Kosten der einen oder der anderen Institution mit ihren je eigenen Bildungsaufträgen gehen. Unterschiedliche Bildungsinstitutionen können Zukunft nur dann gestalten, wenn Bildung als gemeinsame, kooperative Aufgabe verstanden wird. Für die Kinder- und Jugendhilfe geht es dabei darum, Verantwortung für die Zukunft ihrer Adressaten und Adressatinnen zu übernehmen. Der Bedeutungszuwachs von Bildung ist darüber hinausgehend aber auch zentral mit den Fragen ihrer eigenen perspektivischen Gestaltung und damit der zukünftigen Positionierung der Kinder- und Jugendhilfe verbunden.

Literatur

Autorengruppe Bildungsberichterstattung. 2012. *Bildung in Deutschland 2012. Ein indikatorengestützter Bericht mit einer Analyse zur kulturellen Bildung im Lebenslauf.* Bielefeld: Bertelsmann.
Avenarius, H. et al. 2003. *Bildungsbericht für Deutschland. Erste Befunde.* Opladen: Leske + Budrich.
BMfFSFJ. 2002. *Elfter Kinder- und Jugendbericht. Bericht über die Lebenssituation junger Menschen und die Leistungen der Kinder- und Jugendhilfe in Deutschland.* Berlin.
BMfFSFJ. 2006. *Zwölfter Kinder- und Jugendbericht. Bericht über die Lebenssituation junger Menschen und die Leistungen der Kinder- und Jugendhilfe in Deutschland.* Berlin.
BMfFSFJ. 2013. *Vierzehnter Kinder- und Jugendbericht. Bericht über die Lebenssituation junger Menschen und die Leistungen der Kinder- und Jugendhilfe in Deutschland.* Berlin.
Böllert, K. 2008. Bildung ist mehr als Schule – Zur Kooperativen Verantwortung von Familie, Schule, Kinder- und Jugendhilfe. In *Von der Delegation zur Kooperation. Bildung in Familie, Schule, Kinder- und Jugendhilfe*, hrsg. K. Böllert, 7-33. Wiesbaden: VS-Verlag.
Böllert, K. 2010. Der sozialpädagogische Bildungsbegriff regionaler Bildungslandschaften. In *Räume flexibler Bildung. Bildungslandschaft in der Diskussion*, hrsg. P. Bollweg und H.-U. Otto, 113-124. Wiesbaden: VS-Verlag.
Böllert, K. 2010a. Wie viel (Schul-)Sozialarbeit braucht die Schule? In *Theorie und Praxis der Sozialen Arbeit*, Heft 1, 61. Jg., 21-28. Weinheim: Beltz Juventa.
Böllert, K. 2012. Bildung braucht viele Orte. In *DJI Impulse*, Heft 4, 36-39. München: DJI.
Bos, W. et al. 2003. *Erste Ergebnisse aus IGLU. Schülerleistungen am Ende der vierten Jahrgangsstufe im internationalen Vergleich.* Münster u. a.: Waxmann.
Bundesjugendkuratorium. 2005. *12. Kinder- und Jugendbericht der Bundesregierung – Stellungnahme des Bundesjugendkuratoriums.* München.
Deutsches PISA-Konsortium. 2001. *PISA 2000. Basiskompetenzen von Schülerinnen und Schülern im internationalen Vergleich.* Opladen: Leske + Budrich.
Deutsches PISA-Konsortium. 2003. *PISA 2000. Ein differenzierter Blick auf die Länder der Bundesrepublik Deutschland.* Opladen: Leske + Budrich.
Lohre, W., und Kober, U. 2004. Gemeinsame Verantwortung für die Bildungschancen von Kindern und Jugendlichen. Die Bedeutung regionaler Bildungslandschaften im Projekt „Selbstständige Schule". In *Projektleitung „Selbstständige Schule". Beiträge zu „Selbstständige Schule: Regionale Bildungslandschaften. Grundlagen einer staatlich-kommunalen Verantwortungsgemeinschaft*, 22-35. Troisdorf: Bildungsverlag EINS.
Nicke, W. 2001. Gesellschaftliche und individuelle Zukunft als basale Kategorie für pädagogisches Handeln und seine erziehungswissenschaftliche Orientierung. In *Bildung in der Zeit. Zeitlichkeit und Zukunft – pädagogisch kontrovers*, hrsg. W. Nicke, J. Masschelein und J. Ruhloff, 131-146. Weinheim und Basel: Beltz.
Projektleitung „Selbstständige Schule". Beiträge zu „Selbstständige Schule". 2004. *Regionale Bildungslandschaften. Grundlagen einer staatlich-kommunalen Verantwortungsgemeinschaft.* Troisdorf: Bildungsverlag EINS.
Rauschenbach, T. 2009. *Zukunftschance Bildung. Familie, Jugendhilfe und Schule in neuer Allianz.* Weinheim und München: Juventa-Verlag.
Rauschenbach, T. 2009a. Bildung – eine ambivalente Herausforderung für die Soziale Arbeit? In *Soziale Passagen*, 1. Jg. Heft 2, 209-226. Wiesbaden: VS-Verlag.
Rauschenbach, T. 2010. Bildung als Zukunftsfrage. In *DJI Bulletin*, Heft 90, 3. München: DJI.

Rauschenbach, T., und Otto, H.-U. 2004. Die neue Bildungsdebatte. Chance oder Risiko für die Kinder- und Jugendhilfe? In *Die andere Seite der Bildung. Zum Verhältnis von formellen und informellen Bildungsprozessen*, hrsg. H.-U. Otto und T. Rauschenbach, 9-32. Wiesbaden: VS-Verlag.
Solzbacher, C., und Minderop, D. 2008. *Bildungsnetzwerke und Regionale Bildungslandschaften. Ziele und Konzepte, Aufgaben und Prozesse*. München: Link-Luchterhand.
Stolz, H.-J. 2007. *Schule ist mehr als Bildung – Bildung ist mehr als Schule*. In GanzGut, Heft 4: 6-9. Serviceagentur Ganztag, kobra.net.

„... wir reden nicht direkt drüber, aber wir leben es ..."
Praxen des Umgangs mit migrationsbedingter Heterogenität und Differenz in Kindertageseinrichtungen

Werner Thole/Sabrina Göbel/Björn Milbradt

1. Hinführung und Fragestellung

Die frühe Kindheit und die institutionalisierte, vorschulische Bildung, Betreuung und Erziehung von Kindern erleben gegenwärtig einen enormen Aufmerksamkeitsgewinn. Zwar kommt dem Aufwachsen nicht erst aktuell eine besondere Bedeutung zu (vgl. Grunert und Krüger 2006), doch trotz der Ausrufung des 19. Jahrhunderts als das „Jahrhundert des Kindes" (vgl. Key 1902) stand Kindheit in keiner Zeitphase je zuvor derart prononciert im Zentrum gesellschaftlicher Diskurse wie augenblicklich. Diskutiert wird die sich dynamisch und kontinuierlich verändernde Lebenssituation von Kindern, die Verkürzung der kindlichen Lebenslaufphase in den letzten Jahrzehnten, der sich frühzeitiger realisierende Übergang in die Jugendphase und die selbstständigere Ausgestaltung der Kindheit durch die Kinder. Überlagert werden die diesbezüglichen Reflexionen jedoch von den Diskursen über den Ausbau der frühkindlichen, bildungsorientierten Betreuungsangebote als Reaktion auf die prognostizierte demographischen Entwicklung, über die veränderten Familienkonstellationen und familiale Aufgabenverteilung als Effekt auf die sich modernisierenden Geschlechterverhältnisse und über die intensivere Orientierung auf und Einbindungen von Frauen in den Arbeitsmarkt. Zudem wird der Ausbau der institutionalisierten, pädagogischen Angebote für Kinder im Vorschulalter über die Herausforderung motiviert, Kindern aus bildungsfernen sozialen Milieus nicht erst mit dem Beginn der Schulzeit bildungs- und gesellschaftliche Teilhabeerfahrungen zu ermöglichen (vgl. u. a. Thole, Cloos und Rietzke 2009).

Insbesondere die Frage, wie Kindern mit einem Migrationshintergrund der Zugang und die Teilhabe an frühkindlichen Angeboten erleichtert werden kann und ob diese auch die Entwicklungschancen verbessern, wird als besondere Aufgabe diskutiert – die Frage der Ermöglichung von Teilhabe thematisiert übrigens schon Wolfgang Nieke (1993, 1993a) vor gut zwanzig Jahren als entscheidend für die interkulturelle Praxis der nichtschulischen Kinder- und Jugendarbeit. Jüngeren Erhebungen zufolge können gegenwärtig knapp 35 % der unter fünfjährigen Kinder in der Bundesrepublik Deutschland auf einen Migrationshintergrund hinweisen (vgl. Statistisches Bundesamt 2011). 2011 nutzen 30 % der unter dreijährigen Kindern ohne Migrationshintergrund außerfamiliale Angebote. Kinder mit einem Migrationshintergrund besuchen entsprechende Angebote allerdings lediglich zu 14 %. Von den drei- bis sechsjährigen Kindern ohne Migrationshintergrund besuchen 2011 97 % ein bildungsorientiertes Betreuungsangebot. Kinder mit Migrationshintergrund derselben Altersphase durchlaufen bislang allerdings lediglich zu 85 % entsprechende Angebote (vgl. Autorengruppe Bildungsberichterstattung 2012). Kinder mit einem türkischen Migrationshintergrund, so wird in der nationalen Untersuchung zur „Bildung, Betreuung und Erziehung in der frühen Kindheit" (NUBBEK) (Tietze et al. 2012) herausgestellt, nutzen außerfamiliale Bildungs- und Betreuungsangebote durchschnittlich erst im Alter von 35 Monaten, Kinder mit russischem Hintergrund entsprechende Angebote im Durchschnitt ab dem 31. Lebensmonat und Kinder ohne Migrationshintergrund ab dem Alter von knapp zwei Jahre – Kinder mit türkischem beziehungsweise russischem Migrationshintergrund können in ihrer Biographie auf deutlich weniger Erfahrungen in außerfamiliären, bildungsbezogenen Betreuungsangeboten zurückblicken als ihre Altersgenossen ohne Migrationshintergrund (vgl. Tietze et al. 2012). Unter dreijährige Kinder aus binationalen Familien sind im Feld der institutionellen, bildungsorientierten Betreuung im Gegensatz zu Kindern aus anderen Migrationsgruppen allerdings häufiger anzutreffen (vgl. Bien 2007; vgl. auch Otyakmaz und Westphal 2013).

Auch wenn die vorliegenden Befunde für die Annahme votieren, dass sich die Beteiligungsquoten von Kindern mit und ohne Migrationshintergrund an Kindertageseinrichtungen und Tagespflege sukzessive annähern (vgl. Alt, Berngruber und Riedel 2012), besteht eine Herausforderung weiterhin darin, pädagogische Konzepte und Praktiken zu entwickeln und zu implementieren, die den differenten Vorstellungen von Eltern und Kindern mit unterschiedlichen, kulturell geprägten Wünschen zu den Formen und Schritten kindlicher Entwicklung Rechnung tragen. Weder ist ein interkultureller Konsens bezüglich der Frage zu erkennen, ob überhaupt und wenn in welcher Form der kindliche Sozialisationsprozess über außerfamiliale Bildungsinstitutionen angeregt werden kann und soll, noch besteht Einigkeit darüber, welche Selbständigkeitspotentiale Kinder präsentieren können respektive sollen. Und auch über welche disziplinierenden Vorgaben kindlicher Alltag zu ordnen ist und ob und wenn wie die sprachliche, mathematische, kulturell-ästhetische und sportliche Bildung von Kindern gezielt zu fördern ist, ist empirisch noch weitgehend ungeklärt (vgl. Keller 2013; Otyakmaz und Westphal 2013). Beobachtungen sprechen dafür, davon auszugehen, dass gegenwärtig den differenten kulturellen, regionalen und nationalen Vorstellungen und Wirklichkeiten weder im frühpädagogischen Alltag noch in den sich hierauf beziehenden konzeptionellen Grundlegungen und curricularen Empfehlungen ausreichend entsprochen wird. Auch wenn bedacht wird, dass die Vermittlung interkultureller Kompetenz (vgl. hierzu kritisch Mecheril 2004)[1] in den bundesrepublikanischen Kindertageseinrichtungen erst ein sehr junges Thema darstellt (vgl. Keller 2013), ist doch auffällig, dass in den bundeslandspezifischen Bildungs-, Entwicklungs- und Orientierungsplänen interkulturelle Aspekte zwar erwähnt werden, oft jedoch nur am Rande und in Bezug auf pädagogische Umsetzungspläne insgesamt doch tendenziell eher abstrakt und diffus als konkret und handlungsmotivierend (vgl. Borke 2013).

Lediglich bezüglich der Sprachförderung ist seit Mitte des letzten Jahrzehnts ein Sensibilisierungsfortschritt zu erkennen. Noch keine ausreichende Berücksichtigung findet jedoch die Überlegung, dass die Aneignung von interkultureller Kompetenz „nicht auf den Umgang mit kindlicher Mehrsprachigkeit und die Unterstützung des Zweitspracherwerbs" (Schröder und Döge 2013, S. 93) reduziert werden kann, sondern auch der gezielten und bewussten Umgang mit kulturellen und religiösen Werten, Normen und Traditionen sowie den Vorstellungen von Pädagogik und Erziehung von MigrantInnen erfordert (vgl. Westphal und Grünheid 2013; Uslucan 2013). Auch wenn nachweislich davon auszugehen ist, dass exklusive, sprachförderungsbezogene Settings positive Nachwirkungen für Kinder mit einer anderen Herkunftssprache als der deutschen haben, bleibt doch häufig die sensible Unterstützung der sprachlichen Entwicklung im pädagogischen Alltag unbeachtet (Koch und Jüttner 2012). Für die spezifische Förderung der sprachlichen Entwicklung scheint zudem weniger bedeutend, in welcher Form und mit welchen Programmen diese angestrebt wird, sondern entscheidend, wie die Unterstützung organisiert und in den Alltag von Kindertageseinrichtungen fachlich fundiert realisiert wird.

Laut der 2012 vorgestellten NUBBEK-Studie korreliert der „Bildungs- und Entwicklungsstand der Kinder (...) stärker mit Merkmalen der Familie als mit Merkmalen der außerfamiliären Betreuung" (Tietze et al. 2012, S. 11). Die hierzu vorgelegten Befunde sind jedoch ernüchternd, denn in über 97 % der untersuch-

---

1 Die kritischen Anmerkungen (vgl. u.a. Mecheril 2004) zum Begriff der »interkulturellen Kompetenz« durchaus teilend, wird in diesem Beitrag dennoch an dem Ausdruck festgehalten, weil darüber die Differenz zu anderslautenden Konzepten der Migrationspädagogik am prägnantesten verdeutlich werden kann, ohne diese fortschreibend und wiederholend zu explizieren (zur Kritik des Kulturrelativismus vgl. auch Nieke 2011, 65f).

ten bildungsorientierten Angebote für Kinder im vorschulischen Alter erhalten Kinder nicht unter Bedingungen einer guten Prozessqualität hinreichend Anregungen, ihre sprachlichen, mathematischen und naturwissenschaftlichen Fähigkeiten altersentsprechend zu qualifizieren und somit die Möglichkeit, herkunfts- und milieugebundene Nichtbeteiligungen an Bildungserfahrungen auszugleichen. Festgehalten wird weiterhin, dass die bildungsbezogenen Betreuungsgeschichten von Kindern aus Familien mit einem russischen und türkischen Migrationshintergrund von denen der Kinder ohne Migrationshintergrund abweichen. „Die Familien mit Migrationshintergrund brachten ihre Kinder später in institutionelle Betreuung, nahmen weniger Stunden in Anspruch und nutzten Tagespflege so gut wie gar nicht. Insbesondere bei den Familien mit türkischem Migrationshintergrund verschwand dieser Effekt jedoch nach Berücksichtigung von Struktur- und Orientierungsvariablen. Türkische Familien, in denen die Mütter erwerbstätig waren, einen höheren Bildungsabschluss aufwiesen und weniger traditionelle Rolleneinstellungen pflegten, unterschieden sich in ihrer Nutzung von institutionellen Betreuungsangeboten von vergleichbaren Familien ohne Migrationshintergrund nicht." (Tietze et al. 2012, S. 14) Dieses Ergebnis verdient besondere Beachtung. Wenn den Befunden vertraut wird, dass eine bessere Prozessqualität auch deutlich positive Effekte für Kinder mit Migrationshintergrund hat und insbesondere Kinder mit einem türkischen Migrationshintergrund von institutionalisierten Betreuungs- und Bildungsangeboten besonders zu profitieren scheinen (Becker und Tremel 2011; Otyakmaz und Westphal 2013), dann scheinen die frühpädagogischen Arrangements ihre Potenziale, am Projekt der Nivellierung von sozialen Ungleichen mitzuwirken, nicht umfassend nutzen zu können.

Insgesamt spricht vieles für die Annahme eines noch unzureichenden Kenntnisstandes über die bildungsorientierten und insbesondere migrationspädagogischen Praxen in Kindertageseinrichtungen, obgleich zahlreiche allgemeine Konzepte, Handreichungen und Arbeitspapiere (vgl. u. a. Blaschke 2006; Preissing und Wagner 2003) und Vorschläge zur interkulturellen Praxis, zum Umgang mit sprachlichen, religiösen, kulturellen und ästhetischen Differenzen und zur migrationspädagogischen Elternarbeit (vgl. u. a. Schweitzer, Biesinger und Edelrock 2008; Ulich, Oberheumer und Soltendieck 2005) vorliegen. Keineswegs können auf der Basis der vorliegenden Befunde valide Aussagen bezüglich der Professionalität und der Professionalisierung der institutionalisierten Pädagogik allgemein und der migrationspädagogischen Praxis insbesondere formuliert werden.

Über den Blick auf die schulische Professionalisierungsforschung, die dort zentral herausgestellten Erkenntnisse, dass es weniger die Lehr- und Lernformen und die fachbezogenen unterrichtlichen Arrangements sind, sondern die habituellen Orientierungen, die Einbindungen in reflexive Kooperations-, Fort- und Weiterbildungsstrukturen (vgl. Hattie 2009), positive, emotional und sozial Sicherheit vermittelnde Erfahrungen (vgl. Ahnert und Harwardt 2008) sowie die anzutreffenden, auch finanziellen Anerkennungsformen, Aufstiegs- und Fortbildungsmöglichkeiten (vgl. Blömeke, Kaiser und Lehmann 2010) entscheidende Faktoren sind, die guten und erfolgreichen Unterricht hervorbringen, verdienen diese Befunde jedoch besondere Aufmerksamkeit. Sie aktualisieren die Frage, in welcher Form PädagogInnen in den institutionellen Betreuungs- und Bildungsarrangements der Pädagogik der frühen Kindheit einen migrationspädagogisch sensiblen, interkulturellen Alltag konzipieren und realisieren. In diesem Beitrag reduzieren wir diese anspruchsvolle und sehr komplexe Forschungsfrage darauf, wie PädagogInnen ihre interkulturelle Praxis thematisieren und auf welche Wissensressourcen sie dabei explizit respektive implizit verweisen. Auf einer sicherlich noch als bescheiden anzusehenden Datenbasis hoffen wir über unsere Analyse das empirische Wissen und den Diskurs zur migrationspädagogischen Praxis von MitarbeiterInnen in Kindertageseinrichtungen bereichern zu können.

2. Thematisierung von kultureller, religiöser und nationaler Heterogenität in einer Kindertageseinrichtung

Die Überlegungen basieren auf Datenmaterial, das im Rahmen des Forschungsvorhabens „Wissensbasierte Deutungs- und Handlungskompetenzen von pädagogischen MitarbeiterInnen in Kindertageseinrichtungen"[2] erhoben wird. In dem Projekt wird danach gefragt, welches Wissen die pädagogischen MitarbeiterInnen zur Herstellung, Gestaltung und Modulation unterschiedlicher Alltagssituationen unter den jeweils gegebenen Bedingungen und organisationalen Arrangements in Kindertageseinrichtungen heranziehen.[3] Der nachfolgend rekonstruierte Ausschnitt ist ein Segment der Transkription eines Video-Stimulated-Recall-In-

---

2   Das Forschungsprojekt wird mit Mitteln des Bundesministeriums für Bildung und Forschung (BMBF) unter dem Förderkennzeichen 001NV1119 gefördert. Die Verantwortung für den Inhalt dieser Veröffentlichung liegt bei den AutorInnen.

3   Dem Forschungsinteresse wird vor allem mit qualitativ-rekonstruktiven Methoden empirischer Bildungs- und Sozialforschung nachgegangen. Das Forschungsdesign umfasst videogestützte, ethnographische Verfahren, Audioaufzeichnungen von Interviews sowie Audio- bzw. Videoaufzeichnungen von Teamgesprächen. Darüber hinaus erfolgt eine quantitative Erhebung zu den Fort- und Weiterbildungsaktivitäten. (vgl. Milbradt, Göbel, Hellmann, Rißmann und Thole 2012).

terviews, in dem den beiden pädagogischen Protagonistinnen drei ausgewählte, exemplarische Situationen ihres Alltags vorgespielt wurden.[4]

Das Interview wurde im Anschluss an eine einwöchige Feldphase durchgeführt. Gezeigt wurden drei Videosequenzen, von denen eine den Morgenkreis, eine das Mittagessen und eine dritte Sequenz eine dyadische Situation (Basteln eines Papierfliegers) zeigen. Vor der nachfolgenden Sequenz thematisieren die beiden Pädagoginnen, wie unterschiedliche Glaubensrichtungen bei den Gebeten vor den Essenssituationen berücksichtigt werden. Danach entwickelt sich auf die Frage des Interviewers, ob die Pädagoginnen im Alltag den Kindern auch kulturell geprägte Essgewohnheiten und religiöse Unterschiede, beispielsweise in Bezug auf Gebete, vermitteln, das folgende Gespräch:

Sarah Sohrheim: Also wenn es denn zum Thema irgendwie passt, wenn man jetzt zum Beispiel so diese Besonderheiten mal hat als Thema, dann finde ich, kann man das auch gut mit einbringen, dann kommen auch mal durchaus andere Sachen, die man dann eben deutlicher machen kann. Jetzt so im klassischen Alltag eher nicht, finde ich, also dass wir es direkt ansprechen.
Christel Schäfer: Also wir erwähnen es aber immer noch mal.
Sarah Sohrheim: Aber ich finde, wir leben es, so. Weil dann kommt natürlich auch von den Deutschen, ich darf aber Schweinefleisch, ja ich weiß. Also ne, es hat so eine Normalität. So der darf es halt nicht, du darfst es. Also ich glaube, dass es hier gelebt wird, so ein Miteinander. Und dass die Kinder auch das Gefühl haben, das ist völlig okay, dass ich das jetzt anders mache oder dass ich das jetzt nicht darf. (Sonnenblume_VSR1_Sohrheim_Schäfer_17_12_12, Z 1415–1428)

Mit der vom Interviewer gestellten Frage, ob die beiden Mitarbeiterinnen „den Kindern das auch so im Alltag vermitteln", wird ein komplexes Verhältnis zwischen Vermittlung und Alltag hergestellt. Während sich ein Vermittlungsprozess als offenes, prozessuales Weitergeben darstellt, begreift man Alltag als etwas Ge-

---

[4] Die Einrichtung liegt am Rande eines städtischen Gebietes einer mittelgroßen Stadt unmittelbar neben einem Kirchengebäude in einer ruhigen Wohngegend. Sie bietet Platz für 40 Kinder, die sich auf zwei teiloffene Gruppen verteilen. Aufgrund des als relativ hoch wahrgenommenen Anteils von Kindern mit Migrationshintergrund ist in der Einrichtung neben den fünf pädagogischen Mitarbeiterinnen zusätzlich eine Sprachförderkraft beschäftigt. Das pädagogische Konzept der Kindertageseinrichtung richtet sich nach dem situationsorientierten Ansatz (vgl. Krenz 2004) und knüpft inhaltlich an den Hessischen Bildungs- und Erziehungsplan (Hessisches Sozialministerium 2007) an.

schehendes, das in seiner Ereignisstruktur vielmehr als autonom und nicht beeinflussbar erscheint. In der ambivalenten Relationierung von Alltag und vermittlungsbezogenen Situationen wird die Frage nach den Möglichkeiten der Gestaltung vom „klassischen" Alltag als Ort der Thematisierung auch von interkulturellen Themen beziehungsweise seiner diesbezüglichen »Instrumentalisierbarkeit« in dem Interview angesprochen. Dadurch, dass der Alltag vom Interviewer explizit aufgegriffen und thematisiert wird, wird dem Alltag eine besondere Bedeutung zugesprochen. Der Alltag stellt nicht und schon gar nicht durchgängig eine Herausforderung, so heben die beiden Pädagoginnen hervor, für thematisch bezogene Bildungsprozesse dar.

Die von den pädagogischen Mitarbeiterinnen vorgenommene Relationierung begrenzt die Möglichkeiten der Initiierung von Bildungsprozessen, adressiert zumindest das alltägliche Leben nicht als situativen Kontext für intentionales, kontinuierliches Lernen. Über diese Differenzierung wird die Frage auf die Tagesordnung gesetzt, welche Inhalte in den besonderen Vermittlungsprozessen fokussiert werden. Der Interviewer fragt nach der Vermittlung von „unterschiedlichen Essgewohnheiten", nennt aber nicht nur diese konkreten Beispiele, sondern thematisiert das »sozusagen Interkulturelle« insgesamt. Nach der Nennung von konkreten Situationen wird über den Zusatz „und das sozusagen Interkulturelle" eine Abstraktion vollzogen, die verschiedene Deutungsmöglichkeiten eröffnet. Einerseits könnten die Pädagoginnen annehmen, der Interviewer geht davon aus, Essgewohnheiten und Gebete stehen für das Interkulturelle in dieser Einrichtung. Andererseits könnte aus der Frage geschlossen werden, dass das Interkulturelle neben diesen speziellen Praktiken und Gewohnheiten etwas beinhaltet, das weit über die angesprochenen Essgewohnheiten und Gebete hinausgeht. In Rückbindung an den Vermittlungsprozess ist auffällig, dass Essgewohnheiten und Gebete nicht unbedingt Inhalt von Vermittlung sind. Gebete werden ebenso wie Gedichte oder Lieder weitestgehend über kontinuierliche Wiederholung auswendig gelernt und rezitiert. Essgewohnheiten entwickeln sich im Zuge der Sozialisation und Kulturation und schlagen sich im Habitus nieder. Im „klassischen" pädagogischen Alltag werden interkulturelle Fragen und Differenzen im Gegensatz zu besonderen Situationen in der Regel „eher nicht" explizit angesprochen. Die beiden Pädagoginnen verstehen den Alltag als etwas kontinuierlich Geschehendes, der nicht durch die Aufrufung von Themen in seiner Ereignisstruktur unterlaufen wird. Während die Kategorie „Alltag" implizit einen Verweis auf das Gewöhnliche mitführt – „ich glaube, so der Alltag, der wird einfach gelebt" – bleiben Vermittlungsprozesse im Kontrast dazu auf besondere Situationen konzentriert und müssen hergestellt werden. Sie ergeben sich nicht auf „natürliche" Weise und bedürfen spezifischer Bedingungen der Konstitution. Konkreter: Die pädagogische Fachkraft Sarah Sohrheim beantwortet die Frage nach der Vermittlung des Interkulturellen im Alltag mit einem Hinweis auf „Besonderheiten", dass man Themen und Besonderheiten benötige, zu denen das vom Interviewer Angeführte passen muss. Auf diese Weise platziert sie das Thema beziehungsweise die Besonderheiten gegen den Alltag. Aus ihrer Sicht bedarf es folglich besonderer Räume, spezifischer Situationen und Kontexte, damit Interkulturalität explizit zum Thema werden kann und ist folglich intentionalen Bildungsprozessen vorbehalten.

Die hervorgehobene Differenz zwischen Alltag und spezifischen Situationen mit besonderen Themen wird im weiteren Verlauf des reflektierenden Interviews präzisiert, indem aus einer normativen Perspektive betont wird, dass diese Vermittlung sich eher nicht im „klassischen Alltag" vollzieht, wobei die Hinzufügung „eher" die Markierung relativiert, also nicht gänzlich ausgeschlossen ist, dass auch im Alltag „Besonderheiten" entstehen können, die eine Vermittlung von Inhalten erlauben. Zumindest reklamiert Sarah Sohrheim über das Personalpronomen „wir", dass die formulierte Unterscheidung von Alltag und besonderen Situationen auch von den anderen Pädagoginnen geteilt wird, sie also hier eine generelle Praxis zu beschreiben versucht. Über den Einwurf „also wir erwähnen es aber immer noch mal" konkretisiert und relativiert Christel Schäfer an dieser Stelle die Aussage, dass interkulturelle Themen nicht direkt angesprochen werden. Damit benennt sie neben dem nicht direkten Ansprechen im Alltag und den besonderen Themen, die ein Einbringen ermöglichen, eine dritte Variante, die des „Erwähnen". Auch wenn ein Erwähnen vom Wortsinn her deutlich schwächer ist als ein unmittelbares und direktes Ansprechen, verweist das von ihr genutzte „aber" darauf, dass sie nicht gänzlich mit der Beschreibung einverstanden ist, diese zumindest eine relativierende Ergänzung erfordert. Diese Sequenz lässt darauf schließen, dass die migrationspädagogische Praxis selbst bislang nicht oder zumindest nicht ausreichend thematisiert wird und gemeinsam geteilte Beschreibungen und Deutungen dieser erst noch miteinander abgestimmt werden müssen. Der Relativierung von Christel Schäfer entgegnet Sarah Sohrheim mit „aber ich finde, wir leben es, so", also mit einer erneuten Hervorhebung der Unterscheidung von Alltag und dem Besonderen. Die Frage nach der Interkulturalität wird von Sarah Sohrheim folglich mit einem Hinweis auf eine bestimmte Lebenspraxis beantwortet. Verwiesen wird auf eine gelebtes „Miteinander", auf eine „Normalität", also auf Praktiken, die weitgehend von expliziten Thematisierungen befreit in den lebensweltlichen Alltag eingelagert sind.

Im Kern wird in der Interviewsequenz die Frage nach der interkulturellen Praxis nicht beantwortet mit der Beschreibung eben dieser Praxis, sondern mit der

Darstellung eines multikulturellen pädagogischen Alltags – mit anderen Worten: Die Frage nach den interkulturellen Arrangements, die das Wahrnehmen, Verstehen und die Explikation von Differenz intendiert, wird von den beiden Pädagoginnen mit der Beschreibung der multikulturellen Alltagspraxis beantwortet. Dass aber genau diese, auf den ersten Blick durchaus sympathische Skizze des pädagogischen Alltags die Entfaltung einer interkulturellen Praxis erschwert, wenn nicht sogar unterläuft, ist anhand der genannten Beispiele für diesen multikulturellen Alltag zu erkennen. Sarah Sohrheim erzählt, dass von „den Deutschen" – Kindern – artikuliert wird, dass sie „aber Schweinefleisch" essen dürfen. Mit diesem Beispiel löst sie die – notwendige – klare Differenzierung zwischen nationalem, religiösem und kulturellem Hintergrund auf. Die Charakterisierung als deutsch wird mit einer ethnischen wie auch mit einer religiösen Zuordnung vorgenommen – deutsch geht einher mit einer religiösen Bestimmung in Bezug auf das Christentum sowie dem legitimen Konsum von Schweinefleisch. Muslime wären dann – in Differenz zu dieser Adressierungspraxis – „nicht deutsch" und einer anderen „Ethnie" zugehörig. Gerahmt und bekräftigt wird dieser Blick auf und dieses Deutungsmuster von Interkulturalität durch die Hinzufügung „es hat so eine Normalität". Der pädagogische Alltag wird als ein Mit- und Nebeneinander von verschiedenen Kulturen, Religionen und Nationalitäten beschrieben, die sich gegenseitig dulden und akzeptieren, der aber zugleich auch die bestehende Heterogenität durch Zuschreibungsprozesse stabilisiert.

Die entworfene interkulturelle Praxis basiert im Kern auf einem relativ undifferenzierten, monolithischen Deutungsmuster. Die im Begriff der Interkulturalität immer mit aufgerufene Unterscheidung zwischen dem Eigenen und dem Fremden wird von den beiden pädagogischen Mitarbeiterinnen nicht thematisiert und bleibt unreflektiert. Interkulturalität bleibt so begrenzt auf ein kulturelles Nebeneinander. Gleichwohl wird das Anderssein im Alltag als normal und auch das Wissen um die Andersheit oder Fremdheit in Differenz zu dem Eigenen als Teil der konstruierten Normalität präsentiert. Dieser, die bestehenden sozialen und kulturellen Heterogenitäten übersehenden Blick, der keineswegs mit einem das Fremde ignorierenden oder ablehnenden Deutungsmuster identisch ist, wird auch bei den Kindern entdeckt, denn auch sie erleben das Andere im Miteinander als „völlig okay". Dass aber genau ein Miteinander, das kulturelle, religiöse und nationale Differenzen im pädagogischen Alltag nicht in der je angebrachten und möglichen Form als solche auch thematisiert, also diesbezügliche Reflexionen nicht provoziert, eben ein auf Anerkennung basierendes und damit tragfähiges Miteinander nicht herstellt – und damit die Entfaltung einer interkulturellen pädagogischen Praxis unterläuft – wird nicht gesehen.

3. Multikulturelle und migrationssensible Pädagogik – über die Markierung von Differenz zur Reflexivität

Der rekonstruktive Blick auf das transkribierte Material irritiert und überrascht – auch die ForscherInnen, hatten sie doch im Anschluss an den Feldaufenthalt in der Einrichtung den Eindruck, hier tatsächlich eine pädagogische Praxis kennen gelernt zu haben, die auf unterschiedliche Gewohnheiten, Bedürfnisse und konfessionelle Bekenntnisse Rücksicht nimmt und es schafft, kulturelle Differenzen wirklich – wie Sarah Sohrheim es ausdrückt – zu „leben". Dass es kulturelle Unterschiede gibt, wird im Alltag der Kindertageseinrichtung von den Professionellen wahrgenommen, berücksichtigt, respektiert und „direkt angesprochen". So bekommen beispielsweise muslimische Kinder spezielle Angebote zum Essen, Süßigkeiten werden, wenn möglich, gelatinefrei ausgeteilt – und auch die nichtmuslimischen Eltern wissen, dass sie ihren Kindern möglichst gelatinefreie Süßigkeiten mitgeben sollten, wenn diese für die ganze Gruppe vorgesehen sind. Es gibt spezielle Handzeichen für Gebete, mit denen die Kinder der jeweils anderen Konfession anzeigen können, dass es sich nicht um ein Gebet ihrer Glaubensrichtung handelt. Dieser Umgang wird den Kindern auch erläutert, auf Nachfrage oder zu bestimmten Gelegenheiten wie Festen und Aufführungen. Praxis und Erzählung über die Praxis scheinen hier also weitgehend übereinzustimmen. Interkulturelle Bildung scheint in dieser Kindertageseinrichtung Bestandteil des pädagogischen Alltags zu sein.

Die Rekonstruktion der Interviewausschnitte zeigt jedoch, dass die kulturellen Differenzen, die im Alltag der Kindertageseinrichtung eine Rolle spielen, in den Reflexionen der Pädagoginnen tendenziell nicht als *soziale* und damit veränderliche, sondern über die Entgegensetzung von „deutsch" und „ausländisch" als essentielle verstanden und beschrieben werden. Unterschiedliche Essgewohnheiten, der Verzicht auf bestimmte Lebensmittel, unterschiedliche Glaubensbekenntnisse, alltägliche Gewohnheiten sind jedoch Unterschiede, die nicht über den präferierten Gegensatz nachzuvollziehen sind, weil sie sich eben nicht als *ethnische* oder *nationale* Differenzen herstellen. Anders ausgedrückt: Es gibt auch Deutsche, die kein Schweinefleisch essen, nicht in die Kirche gehen oder praktizierende Muslime sind. Solche Differenzen sind also sinnvoll nicht als *nationale* Differenzen, als Differenzen zwischen Deutschen und „Ausländern" oder Fremden zu denken – es sein denn, es wird tatsächlich davon ausgegangen, dass sie sich wesentlich über eine nationale Zugehörigkeit herstellen. Kultur ist bei den MitarbeiterInnen in dieser Einrichtung also nicht als etwas prinzipiell Veränderbares, sondern als an eine bestimmte Nationalität gebundene Entität präsent.

Dieser migrationspädagogische Blick kann als essentialistisch insofern bezeichnet werden, als dass vom „Besitz" einer spezifischen Kultur und der Homogenität sowie Unveränderbarkeit kultureller „Identität" (Hörter 2011, S. 24) ausgegangen wird und dieses homogene Bild und dessen Unveränderbarkeit in der Praxis nicht nur stabilisiert, sondern auch kontinuierlich *hergestellt* wird. Wenn dieser Lesart gefolgt werden kann, dann wird ein sozialer Raum pädagogisch hergestellt, in dem Kinder *soziale* Differenzen bereits in der Kindertagesstätte als *nationale* Differenzen erfahren und nicht als solche, die beispielsweise auch Binnendifferenzierungen *unter Deutschen* sein können. Die heute erkennbaren Heterogenitäten werden kulturalistisch verengt und damit von ihrem gesellschaftlichen Herstellungsprozess entkoppelt: Das aus dem türkischen Kulturkreis kommende, schon seit seiner Geburt in der Bundesrepublik lebende, einer christlichen Familie entstammende Kind ist „türkisch" und potentiell Objekt von Sprachfördermaßnahmen wie das in Frankreich aufgewachsene, in einer bildungsaffinen Familie deutscher Nationalität muslimischen Glaubens lebende, in der deutschen Sprache sich allerdings noch unsicher bewegende Kind als „deutsch" adressiert wird und strukturell zunächst nicht als Empfänger von sprachlichen Förderprogrammen vorgesehen wird. Auf die Frage, wie im Alltag das „sozusagen Interkulturelle" vermittelt werde, antworteten die Pädagoginnen nicht mit der Schilderung einer interkulturellen Praxis. Zwar artikulieren sie sensibel kulturelle Differenzen, nehmen unterschiedliche Ess- und Betgewohnheiten wahr und auch „fremd" klingende Namen werden respektiert, im pädagogischen Alltag gewürdigt und den Kindern erklärt, aber eben als nationale Eigenheiten definiert.[5]

Ausgehend von diesen Überlegungen ergibt sich auch ein anderes Verständnis vom Begriff der Vermittlung, den der Interviewer für seine Frage zur Interkulturalität verwendet. Der in der Frage verwendete Begriff der Vermittlung impliziert, dass es eben nicht um ein Auswendiglernen bestimmter Eigenschaften, Rituale oder Namen geht oder gehen kann. Vermittlung als ein relationaler Begriff bedeutet, dass Subjekt und Objekt durch ein Medium – hier der Sprache – miteinander verbunden sind und der Gegenstand der Vermittlung daher in seiner Vermittlung ein anderer wird. Wird nur etwas, beispielsweise der Text eines Gebetes, unverändert weitergeben, wäre das keine Vermittlung. Vermittlung beinhaltet, dass damit etwas geschieht, also dass das Objekt der Vermittlung mit dem Vermittelten etwas macht, was das Subjekt der Vermittlung nicht voraus-

---

5 Sicher wäre es in dieser Hinsicht lohnenswert, einmal einen ethnographischen Blick darauf zu werfen, ob tendenziell den *deutschen* Kindern intensiver muslimische Gewohnheiten und Praktiken nahegebracht werden als umgekehrt, ob es also eher die muslimischen Kinder sind, die im Kindergartenalltag als »erklärungsbedürftig« gelten und dadurch bereits in der frühkindlichen Bildung als Fremde auftauchen und adressiert werden.

sehen oder erschöpfend bestimmen konnte – insofern werden in einem Vermittlungsprozess auch diese klaren Zuschreibungen teilweise aufgelöst. Während es erst noch darum geht, dass etwas „deutlich gemacht", „angesprochen" oder „erwähnt" wird – was eher darauf hindeutet, dass die Pädagoginnen die Vorstellung einer Informationsweitergabe haben –, kommt mit der Aussage „wir leben es so" eine starke Betonung der Praxis ins Spiel – was aber gelebt wird, das wird im Interview nicht reflektiert, sondern scheint sedimentiert, vielleicht sogar habitualisiert. Doch genau darüber wird es nicht nur „gelebt", sondern Bestandteil des lebensweltlichen Kontextes und damit der Reflektion nicht zugänglich – es liegt unaufgeklärt der eigenen Praxis zugrunde.

Die Rekonstruktion deutet bereits eine Empfehlung für die Aus-, Fort- und Weiterbildung von PädagogInnen – nicht nur – in Kindertageseinrichtungen an: So wichtig und unverzichtbar es ist, die Entwicklung von Vorurteilen schon in der frühen Kindheit durch die Vermittlung eines respektvollen Umgangs und der Akzeptanz von kulturellen Differenzen und individuellen Besonderheiten (vgl. u. a. Uslucan 2013; Schweitzer, Biesinger und Edelrock 2008) möglichst zuvor zu kommen, so wichtig ist ergänzend und erweiternd die Fähigkeit der PädagogInnen zu qualifizieren, diesbezüglich kritisch auch die eigene Praxis zu beobachten, um monolithischen Deutungsmustern Orte und Gelegenheiten zur Reflexion zu geben. In den Reflexionen kann erfahren werden, kulturelle und nationale Identität konkret eben nicht als gegebene und unveränderliche Wirklichkeit zu verstehen und können Möglichkeiten gedanklich erprobt werden, die eigene Praxis daran auszurichten. Hierüber modelliert sich die Herausforderung, Arrangements zu gestalten – auch im „normalen" pädagogischen Alltag –, die den Kindern helfen, die kulturellen und sozialen Unterschiede in ihrer Differenziertheit und jeweiligen Spezifität erkennen zu lernen. Eine entsprechend aufgeklärte und reflexive pädagogische Praxis hätte die im Interview artikulierten Zuschreibungen – die Kinder mit den anderen Gewohnheiten sind *Ausländer*, die sich dadurch von den Deutschen absetzen – als Zuschreibungen zu benennen, um so ihre Wirkmächtigkeit zu brechen. Das Fatale an nationalen Zuschreibungen ist, dass sie eigentlich soziale und individuelle Differenzen an eine bestimmte Nationalität binden und damit übersehen, dass „die Konstitution von Gruppen (…) ein sozialer Prozess ist" (Richter 1996, S. 122). Wird von diesem Konstitutionsprozess abgesehen und werden lediglich die Ergebnisse von diesem thematisiert, realisiert sich ein Prozess der „Stereotypisierung des Unvertrauten" (Richter 1996, S. 123), der – möglicherweise – die Entwicklung von Feindbildern nach sich zieht (vgl. Eppenstein und Kiesel 2008). Nur über die alltägliche Initiierung derartig komplexer und anspruchsvoller Bildungserfahrungen kann der Gefahr entgegen gewirkt werden, dass „die Fremden (...) nicht als Individuen, sondern als die Fremden eines bestimmten Typus überhaupt empfunden" (Simmel 1992, S. 770) und etikettiert werden.

Die Pädagoginnen entwerfen in den Interviewsequenzen durchaus eine migrationspädagogisch sensible Praxis, die in dem vorliegenden Material des Forschungsprojektes auch in anderen Einrichtungen zu erkennen ist. Sie wie auch die pädagogischen MitarbeiterInnen in anderen Kindertageseinrichtungen artikulieren durchaus ein Gefühl für die in ihrer Einrichtung ihnen begegnende soziale und kulturelle Heterogenität. Im Kern jedoch wird diese nur selten migrationsreflexiv beschrieben, also nicht nur als eine multikulturelle, sondern im eigentlichen Sinn auch als eine interkulturelle Praxis thematisiert und realisiert. So ist zumindest zu argumentieren, wenn geteilt wird, dass der Begriff der Interkulturalität die Notwendigkeit der Vermittlung – also die Initiierung von Bildungsprozessen – beinhaltet und zudem und darüber hinaus, um der Pluralität von Heterogenität auch nur annähernd reflexiv entsprechen zu können, einer gesellschaftstheoretisch aufgeschlossenen Rahmung bedarf. Mit interkultureller Praxis ist eine Kommunikation, eine Vermittlung zwischen den Kulturen gemeint und Kultur keineswegs als ein ausschließliches Gut von Angehörigen bestimmter Nationen gedacht (vgl. Düttmann 1997). Erst wenn Kultur als etwas grundsätzlich Veränderliches konzipiert wird, gewinnt die Rede von Interkulturalität, interkultureller Praxis oder interkultureller Pädagogik Substanz. Wenn diese komplexe pädagogische Intention Möglichkeiten einer Verwirklichung findet, dann präsentiert sich der pädagogische Alltag auch als ein Ort, wo sich ein „Zwischen" den Kulturen herausbilden kann und sich Prozesse der Vermittlung statt reinen Übernehmens etablieren können. Die beiden Pädagoginnen konzipieren in dem Interview gewissermaßen ein Nebeneinander der Kulturen, ohne den feinen kulturellen Differenzen Raum zur Anerkennung zu geben. Ignoriert wird, dass Kinder andere Lebensgewohnheiten durchaus als Differenz wahrnehmen und über die Konfrontation mit anderen kulturellen Werten, Normen und Gewohnheiten durchaus irritiert und verunsichert sein können. Obwohl die Pädagoginnen nicht darüber sprechen, geschieht dieses „Zwischen" der Interkulturalität immer schon in ihrer Praxis. Die Entwicklung einer Kompetenz, die diese Praxis reflektiert, ist unentbehrlich, um bei Kindern aus den ersten Begegnungen mit Menschen aus anderen Ländern und mit anderen kulturellen Hintergründen nicht feste Vorstellungen davon erwachsen zu lassen, wie „die Moslems nun mal so sind", also trotz guter Absichten Vorstellungen von den Anderen zu verfestigen als unveränderbar Fremde.

Literatur

Ahnert, L., und Harwardt, E. 2008. Beziehungserfahrungen der Vorschulzeit und ihre Bedeutung für den Schuleintritt. *Empirische Pädagogik, 22,* S. 145-159. Landau/Pfalz: Verl. Empirische Pädagogik.

Alt, C., Berngruber, A., und Riedel, B. 2012. Kinderbetreuung. Auf einem guten Weg zu Bildungsgerechtigkeit und Vereinbarkeit. In *Aufwachsen in Deutschland. AID:A.* Der neue DJI-Survey, hrsg. T. Rauschenbach und W. Bien, 86-99. Weinheim: Beltz Juventa.

Autorengruppe Bildungsberichterstattung. 2012. *Bildung in Deutschland 2012.* Bielefeld: W. Bertelsmann Verlag.

Becker, R., und Tremel, P. 2011. Bildungseffekte vorschulischer Betreuung, Erziehung und Bildung für Migranten im deutschen Schulsystem. In *Integration durch Bildung,* hrsg. R. Becker, 57-70. Wiesbaden: VS-Verlag.

Bien, W. 2007. *Wer betreut Deutschlands Kinder?* DJI- Kinderbetreuungsstudie. Berlin: Cornelsen.

Blaschke, G. 2006. *Interkulturelle Erziehung in der frühen Kindheit.* Berlin: Logos Verlag.

Blömeke, S., Kaiser, G., und Lehmann, R. 2008. *Professionelle Kompetenz angehender Lehrerinnen und Lehrer. Wissen, Überzeugungen und Lerngelegenheiten deutscher Mathematikstudierender und -referendare – Erste Ergebnisse zur Wirksamkeit der Lehrerausbildung.* Münster: Waxmann.

Borke, J. 2013. Der interkulturelle Aspekt in den Bildungs- und Orientierungsplänen. In *Interkulturelle Praxis in der Kita. Wissen – Haltung – Können,* hrsg. H. Keller und nifbe, 54-64. Freiburg: Herder Verlag.

Cloos, P. 2008. *Die Inszenierung von Gemeinsamkeit. Eine vergleichende Studie zu Biografie, Organisationskultur und beruflichem Habitus von Teams in der Kinder- und Jugendhilfe.* Weinheim u. a.: Juventa.

Düttmann, A. G. 1997. *Zwischen den Kulturen. Spannungen im Kampf um Anerkennung.* Frankfurt am Main: Suhrkamp.

Eppenstein, T., und Kiesel, D. 2008. *Soziale Arbeit interkulturell.* Stuttgart: Kohlhammer.

Gaitanides, S. 2007. *„Man müsste mehr voneinander wissen!" Umgang mit kultureller Vielfalt im Kindergarten.* Frankfurt am Main: Fachhochschulverlag.

Grunert, C., und Krüger, H.-H. 2006. *Kindheit und Kindheitsforschung in Deutschland. Forschungszugänge und Lebenslagen.* Opladen: Barbara Budrich.

Hattie, J. A. C. 2009. *Visible Learning. A synthesis of meta-analyses relating to achievement.* London u. a.: Routledge.

Hessisches Sozialministerium. 2007. *Bildung von Anfang an. Bildungs- und Erziehungsplan für Kinder von 0 bis 10 Jahren in Hessen.* Wiesbaden: MuhrDW.

Honig, M.-S. 1988. Kindheitsforschung – Abkehr von der Pädagogisierung. *Soziologische Revue,* 11. Jg., 169-178. München: Oldenbourg Wissenschaftsverlag.

Honig, M.-S. 1999. *Aus der Perspektive von Kindern? Zur Methodologie der Kindheitsforschung.* Weinheim u. a.: Juventa.

Honig, M.-S., Joos, M., und Schreiber, N. 2004. *Was ist ein guter Kindergarten? Theoretische und empirische Analysen zum Qualitätsbegriff in der Pädagogik.* Weinheim u. a.: Juventa.

Hörter, K. 2011. *Die Frage der Kultur. Interkulturalität in Theorie und Praxis der Psychoanalyse.* Wiesbaden: VS-Verlag.

Karakasoglu, J., und Lüddecke, J. 2004. *Migrationsforschung und interkulturelle Pädagogik. Aktuelle Entwicklung in Theorie, Empirie und Praxis.* Münster: Waxmann.

Keller, H., und nifbe. 2013. *Interkulturelle Praxis in der Kita. Wissen – Haltung – Können.* Freiburg: Herder Verlag.

Key, E. 1902 [1992]. *Das Jahrhundert des Kindes*. Weinheim und Basel: Beltz Verlag.
Krenz, A. 2004. *Der Situationsorientierte Ansatz auf einen Blick*. Freiburg: Herder Verlag.
Koch, K., und Jüttner, A.-K. 2012. Sprachförderprogramme in der Kita. In *Kindergarten heute*, 10/2012, S. 26-31. Freiburg: Herder Verlag.
Mecheril, P. 2004. *Einführung in die Migrationspädagogik*. Weinheim und Basel: Beltz Verlag.
Nieke, W. 1993. *Interkulturelle Arbeit mit Kindern und Jugendlichen*. Unna: LKD-Verlag.
Nieke, W. 1993a. Interkulturelle Soziale Arbeit. In *Handbuch Soziale Arbeit*, hrsg. H.-U. Otto und H. Thiersch, 4. Aufl., 650-657. München: Reinhardt.
Otyakmaz, B. Ö., und Westphal, M. 2013. Außerfamiliäre Betreuung von Kindern mit Migrationshintergrund. Der wissenschaftliche Diskurs um institutionelle Kindertagesbetreuung im Kontext von Migration. In *Child Care. Kulturen, Konzepte und Politiken der Fremdbetreuung von Kindern*, hrsg. M. A. Wolf, E. Dietrich-Daum, E. Fleischer und M. Heidegger, 98-116. Weinheim und Basel: Beltz Juventa.
Peucker, C., Gragert, N., Pluto, L. et al. 2010. *Kindertagesbetreuung unter der Lupe. Befunde zu Ansprüchen an eine Förderung von Kindern*. Reihe: DJI- Fachforum Bildung und Erziehung, Bd. 9. München: Verlag Deutsches Jugendinstitut.
Preissing, C., und Wagner, P. 2003 *Kleine Kinder, keine Vorurteile? Interkulturelle und vorurteilsbewusste Arbeit in Kindertageseinrichtungen*. Freiburg: Herder Verlag.
Richter, D. 1996. *Nation als Form*. Opladen: Westdeutscher Verlag.
Schröder, L., und Döge, P. 2013. Sprachbildung und Sprachförderung – Zentrale Themen und Herausforderungen in der interkulturellen Praxis. In *Interkulturelle Praxis in der Kita. Wissen – Haltung – Können*, hrsg. H. Keller und nifbe, 92-100. Freiburg: Herder Verlag.
Schweitzer, F., Biesinger, A., und Edelrock, A. 2008. *Mein Gott – Dein Gott: Interkulturelle und interreligiöse Bildung in Kindertagesstätten*. Weinheim und Basel: Beltz Verlag.
Schweitzer, F., Edelbrock, A., und Biesinger, A. 2011. *Interreligiöse und interkulturelle Bildung in der Kita*. Münster: Waxmann.
Simmel, G. 1992. *Soziologie. Untersuchungen über die Formen der Vergesellschaftung*. Frankfurt am Main: Suhrkamp.
Statistisches Bundesamt. 2011. *Bevölkerung mit Migrationshintergrund – Ergebnisse des Mikrozensus*. Fachserie 1, Reihe 2 2. Wiesbaden: Destatis.
Thole, W., Cloos, P., und Rietzke, T. 2006. Bildungsbremse Herkunft. Zur Reproduktion sozialer Ungleichheit im Vorschulalter. In *Zeitgemäße Bildung. Herausforderung für Erziehungswissenschaft und Bildungspolitik*, hrsg. H.-U. Otto und J. Oelkers, 287-315. München: Reinhard Verlag.
Tietze, W. et al. 2012. NUBBEK. *Nationale Untersuchung zur Bildung, Betreuung und Erziehung in der frühen Kindheit. Fragestellungen und Ergebnisse im Überblick*. Berlin: Online verfügbar unter: http://www.nubbek.de/media/pdf/NUBBEK%20Broschuere.pdf. Zugegriffen: 7.1.2013.
Ulich, M., Oberheumer, P., und Soltendieck, M. 2005. *Die Welt trifft sich im Kindergarten. Interkulturelle Arbeit und Sprachförderung in Kindertageseinrichtungen*. 2. Aufl., Weinheim und Basel: Cornelsen.
Uslucan, H.-H. 2013. Religiöse Werteerziehung in islamischen Familien. In *Interkulturelle Praxis in der Kita. Wissen – Haltung – Können*, hrsg. H. Keller und nifbe, 24-36. Freiburg: Herder Verlag.
Westphal, M., und Grunheid, I. 2013. Kulturelle Werte und Erziehung in Migrantenfamilien aus den Nachfolgestaaten der ehemaligen Sowjetunion. In *Interkulturelle Praxis in der Kita. Wissen – Haltung – Können*, hrsg. H. Keller und nifbe, 37-53. Freiburg: Herder Verlag.
Youniss, J. 1994. *Soziale Konstruktion und psychische Entwicklung*. Frankfurt am Main: Suhrkamp.

Kommt die Interkulturelle Pädagogik in der Diversity Education erst zu sich selbst?

Ingrid Gogolin / Marianne Krüger-Potratz

Über die Frage, welcher Stellenwert, welcher Sinn – oder auch: welche Wirkung – Bezeichnungen und Begriffen als Zusätze zu dem der Pädagogik zukomme, hat Wolfgang Nieke vielfach nachgedacht und publiziert. Schon in den späten 1980er Jahren, als er zunächst als Wissenschaftlicher Mitarbeiter, später (bis zu seiner Berufung nach Rostock) als Geschäftsführer am fachbereichsübergreifenden Institut für Migrationsforschung, Ausländerpädagogik und Zweitsprachendidaktik der Universität-Gesamthochschule Essen tätig war, arbeitete er an diesen Fragen – konzentriert auf das Beispiel der Interkulturellen Pädagogik. Er hat die Herausbildung und Entwicklung dieses Arbeits- und Forschungsgebietes aus nächster Nähe erlebt und mitgestaltet. Viel gelesen und zitiert worden ist sein 1986 erschienener Aufsatz „Multikulturelle Gesellschaft und interkulturelle Erziehung. Zur Theoriebildung in der Ausländerpädagogik", in dem er eine historische Linie „von der Ausländerpädagogik zur Interkulturellen Pädagogik" gezogen hat. Dieser Beitrag hat verschiedene Autorinnen und Autoren zu weiteren, unterschiedlich angelegten Versuchen angeregt, die Geschichte der Interkulturellen Pädagogik von den 1960er Jahren bis in die jeweilige Gegenwart nachzuvollziehen – verbunden mit dem Impetus, die politischen wie konzeptionellen Defizite des jeweils gerade vorherrschenden Verständnisses herauszuarbeiten. In seinem 2010 publizierten Beitrag „Von der Interkulturellen Pädagogik zu einer Diversity Education? Abschied von der Interkulturellen Pädagogik" (Nieke, 2010) hat er diese Linie konsequent weiterverfolgt, verbunden mit dem Aufruf, „die bisherige Interkulturelle Pädagogik als Teilbereich einer entsprechend zu gestaltenden, bildenden und erziehenden Vorbereitung auf die Akzeptanz von Vielfalt neu zu konzipieren" – ein Vorhaben, dessen Erfolg nicht zuletzt auch davon abhänge, ob es gelingt, ihm „einen semantisch gehaltvollen deutschen Terminus zu geben" (ebd., S. 123). In diesem Sinne hält er zwar die Bezeichnung *diversity* bzw. Diversity Education nicht für geeignet, aber er schließt seinen Beitrag mit der „Vermutung (...) dass der Diskurs über *diversity* wertvolle Anregungen für die notwendige Weiterentwicklung der Interkulturellen Pädagogik geben wird, dass aber die Interkulturelle Pädagogik nicht ganz in einer *diversity education* aufgehen kann und will (ebd., S. 125; Hervorh. i. O.). – Wir möchten diesen Beitrag zu Ehren Wolfgang Niekes für einige Überlegungen zu dem gemeinsamen Interesse an historisch-begrifflicher Klärung nutzen und zugleich auf einen kleinen Unterschied zu sprechen zu kommen.

1. Wörterwechsel

Die ersten Ansätze zur Darstellung der Geschichte der Interkulturellen Pädagogik folgten dem Muster ‚Von der Ausländerpädagogik zur…'. Sie suggerierten somit die Idee einer Stunde Null, so als hätten Bildungspolitik und Pädagogik sich zuvor niemals mit den Folgen von Migration befassen müssen. In den 1990er Jahren, verbunden mit der Entwicklung des DFG-Schwerpunktprogramms „Folgen der Arbeitsmigration für Bildung und Erziehung (FABER)", wurde dies erstmals kritisch aufgenommen und darauf aufmerksam gemacht, dass ein Perspektivenwechsel erforderlich sei. Notwendig sei, die Geschichte der Interkulturellen Pädagogik als Element der ‚allgemeinen' Geschichte von Bildung und Erziehung im Nationalstaat zu erforschen und dabei die Frage zu verfolgen, welche Konzepte und bildungspolitischen Maßnahmen der jüngeren Einwanderungsgesellschaft noch in dieser Vergangenheit verhaftet sind – entweder ausdrücklich oder ohne Bewusstheit über ihre Tradition.

Zum seinerzeit begründeten und in der FABER-Forschung realisierten Perspektivenwechsel gehört auch, dass sich die Interkulturelle Pädagogik weitgehend aus der alleinigen Fixierung auf die Gruppe der Zugewanderten gelöst und sich disziplinär wie konzeptionell geöffnet hat (Gogolin und Nauck 2000). Sie bearbeitet Fragen, die eng mit den Entwicklungen der Internationalisierung bzw. Globalisierung zusammenhängen, und gewinnt die normative Rahmung der Bearbeitung aus Diskursen über systematische Bildungsbenachteiligung (oder Bevorzugung), die durch ‚Anderssein' ausgelöst ist. Dabei bezieht sie sich nicht nur auf die Differenzlinien, die sich aus unterschiedlicher nationaler oder ethnischer oder sprachlicher Herkunft und Lebenspraxis ergeben, sondern auch auf weitere, sich vielfach überkreuzende bzw. überlagernde Differenzlinien – wie sie sich etwa aus Geschlecht, Sozialstatus, Gesundheit, Weltanschauung oder sexueller Orientierung ergeben. Ziel ist, die sich daraus ergebenden Folgen für Bildung und Erziehung freizulegen (vgl. u. a. Lutz 2010; Krüger-Potratz 2011; Hormel und Emmerich 2012).

Diese Öffnung geht einher mit Vorschlägen für neue Bezeichnungen, die je nach bevorzugter Betrachtungsweise eingebracht worden sind: „Pädagogik der

Vielfalt", „Migrationspädagogik" oder „Antirassistische Pädagogik" – um nur drei zu nennen. "Pädagogik der Vielfalt" soll, in Zusammenführung der Ansätze in den Fachrichtungen bzw. Teildisziplinen interkulturelle Pädagogik, Geschlechterforschung und Sonderpädagogik, auf eine „Pädagogik der intersubjektiven Anerkennung zwischen gleichberechtigten Individuen" (Prengel 2006, S. 62) verweisen. „Migrationspädagogik" soll den „Blick auf Zugehörigkeitsordnungen in der Migrationsgesellschaft" lenken, „auf die Macht der Unterscheidung, die sie bewirken und die Bildungsprozesse, die in diesen machtvollen Ordnungen ermöglicht und verhindert sind" (Mecheril o. D.). Für die „antirassistische Pädagogik" steht das Zusammenspiel von individueller und struktureller Diskriminierung im Zentrum (vgl. u. a. Leiprecht und Sharathow 2009). Zu den jüngeren Varianten der Anregungen für einen Bezeichnungswechsels gehört der Vorschlag „Diversity Education" bzw. „Diversity Pädagogik"[1].

Hier wurde ein Begriff importiert, der zunächst im Kontext wirtschafts- oder personalpolitischer Konzepte auftauchte: Diversity Management. Die Grundidee dieser Ansätze ist die Mehrung des Gewinns für die Gemeinschaft (bzw. das Unternehmen) durch eine möglichst gute Nutzung individueller, einander ergänzender Fähigkeiten, die ihrerseits abhängig davon ist, dass die Beteiligten einen Gewinn für sich selbst erfahren. Dieser Grundgedanke übersetzt sich im Diversity Management in die Wertschätzung von Verschiedenheit und die Förderung von damit verbundenen individuellen Fähigkeiten. Ein Beispiel ist die Unternehmensinitiative „Charta der Vielfalt"[2]. Die „Charta der Vielfalt", die von vielen kleinen und großen Unternehmen unterzeichnet wurde, „will die Anerkennung, Wertschätzung und Einbeziehung von Vielfalt in der Unternehmenskultur in Deutschland voranbringen. Organisationen sollen ein Arbeitsumfeld schaffen, das frei von Vorurteilen ist. Alle Mitarbeiterinnen und Mitarbeiter sollen Wertschätzung erfahren – unabhängig von Geschlecht, Nationalität, ethnischer Herkunft, Religion oder Weltanschauung, Behinderung, Alter, sexueller Orientierung und Identität"[3]. Zu finden ist dieser Grundgedanke in vielen Praxisanregungen, die nicht nur im ökonomischen, sondern inzwischen auch im sozialen und kulturellen Sektor verankert sind.

---

1 Siehe z. B. http://www.beruflichekompetenz.rw.uni-erlangen.de/forschung/diversity-paedagogik-und-diversity-management.shtml. (Zugegriffen: 30.6.2013).
2 Träger ist in Deutschland ein Verein gleichen Namens. Die „Charta der Vielfalt" ist eine europaweite Initiative, derzeit sind zwölf europäische Länder in einem Netzwerk zusammengeschlossen. Doch jedes Land ist unabhängig; siehe: http://www.charta-der-vielfalt.de (Zugegriffen 24.6.2013).
3 URL: http://www.charta-der-vielfalt.de/charta-der-vielfalt/ueber-die-charta.html. (Zugegriffen: 24.6.2013).

Ist dieser Wechsel der Begriffe mit einem Gewinn für theoretische Erkenntnis oder praktisches Handeln in der Pädagogik verbunden? Dies ist die Frage, über die sich vielleicht ein fruchtbarer Dissens zwischen Wolfgang Niekes Überlegungen und unseren eigenen ergeben kann. Wir sind der Meinung, dass es nicht darum geht, unter einer neuen Überschrift eine neue Pädagogik bzw. erziehungswissenschaftliche Teildisziplin für die Akzeptanz von Verschiedenheit zu entwickeln. Diversität als Kategorie leitet nach unserem Verständnis längst die theoretische Verankerung, die empirischen Beobachtungen und Analysen in der Interkulturellen Pädagogik. Die daran anschließenden Konzeptualisierungen von Praxis richten sich darauf, dass unter Diversitätsbedingungen ohne systematische Bevorzugung oder Benachteiligung nach Herkunft gehandelt werden kann. Zu leisten ist, dass sich die Erziehungswissenschaft insgesamt ihres Umgangs mit Verschiedenheit bewusst wird. Diese hat – eingebunden in Zeitströmungen und Machtstrukturen – zur Normalisierung des Verständnisses von Regel und Ausnahme, von fremd und eigen, beigetragen. Ungeachtet von Veränderungen und Grenzverschiebungen, die sich im Verlauf der Geschichte ergeben haben (z.B. die Öffnung des Bildungssystems für ‚Gruppen': Mädchen, sozial Benachteiligte, Behinderte, Nicht-Staatsangehörige), sind tradierte Muster der Unterscheidung von ‚normal' und ‚nicht normal', von ‚eigen' und ‚fremd' nicht völlig aufgegeben worden. Dieses Grundproblem wird durch Etablierung neuer Subdisziplinen unter neuen Bezeichnungen nicht gelöst. In unserer ‚kleinen Geschichte der Pädagogik', die wir nachfolgend noch einmal kurz zusammenfassen, möchten wir dies sichtbar werden zu lassen[4].

2. Das Allgemeine und das Besondere: Eine kleine Geschichte der Pädagogik aus interkultureller Sicht

Die Autoren der Darstellungen zur Geschichte der Interkulturellen Pädagogik seit den 1960er Jahren gehen mehrheitlich der Frage nach, wie Kinder und Jugendliche fremder Staatsangehörigkeit gegenwärtig in das ‚eigene' nationale Bildungssystem eingegliedert worden sind bzw. einzugliedern seien oder, genereller, wie in den verschiedenen pädagogischen Arbeitsfeldern auf die temporäre oder auch dauerhafte Anwesenheit fremder Staatsangehöriger reagiert wurde, und welche Konsequenzen sich für zukünftige Entwicklungen ergeben. Nicht beachtet wurde, dass diese Fragen seit mehr als zweihundert Jahren, seit dem Auf- und Ausbau des Bildungssystems und anderer pädagogischer Angebote in öffentlicher

---

4 Das folgende Kapitel nimmt den Text von Kapitel 3.1. unserer „Einführung in die Interkulturelle Pädagogik" auf (Gogolin und Krüger-Potratz 2010).

Verantwortung, stets mit im Spiel waren. Das Grundmuster der Beschäftigung mit diesen Fragen war das von Regel und Ausnahme: Etabliert wurde eine ‚Normalität' – entlang politischer und gesellschaftlicher Machtstrukturen – zu der Ausnahmeregelungen geschaffen wurden, mit denen auf ‚besondere' Bedürfnisse oder Anforderungen reagiert werden konnte. Dieses Prinzip wurde nicht nur für ‚Pass-Fremde' in Kraft gesetzt, aber man kann an ihrem Beispiel ausgezeichnet zeigen, dass dieses Prinzip als Grundmuster existiert, wie es legitimiert und wie es angewendet wurde.

Sprachliche, sozio-kulturelle, ethnische und nationale Heterogenität spielte vor dem systematischen Auf- und Ausbau des Bildungssystems in öffentlicher Verantwortung keine Rolle, da zunächst nur kleine, sozial-kulturell weitgehend homogene Teile der Bevölkerung überhaupt in den Genuss von Bildung kamen. Erst ab dem 19. Jahrhundert, mit dem Auf- und Ausbau der öffentlichen, staatlichen Schule, die zur Ausbildung einer nationalen Identität beitragen sollte, kam das Verschiedenheitsproblem nachdrücklich zur Geltung. Die Etablierung von Bildung in öffentlicher Verantwortung ging mit tiefgreifenden wirtschaftlichen und politischen Veränderungen einher, in deren Folge sich in großen Teilen Europas der Nationalstaat als neue politische Form der sozialen und kulturellen Integration durchgesetzt hat. Die staatliche Schule wurde zu der Institution, die aus Kindern – ungeachtet ihrer familialen, religiösen oder sozialen Herkunft und Bindungen – Staatsbürger formen sollte: die ‚Kinder der Nation' Die Schule war der Ort, in dem sie in ‚ihren' Staat hineinsozialisiert wurden und eine nationale Identität ‚angearbeitet' bekamen.

Dies war in Deutschland – wie auch in anderen europäischen Staaten – ein Jahrhundertprozess, begleitet von einem Diskurs, der die ‚eigene Nation' in Opposition zu anderen, als ‚fremd' Definierten, setzte. Jede der ‚klassischen' Nationen wurde als eine sprachlich, sozio-kulturell und ethnisch in sich homogene Einheit behauptet: mit idealerweise nur einer (der ‚eigenen') Sprache und einer (der ‚eigenen') Geschichte und Kultur. Damit verbunden war die Idee des Anrechts auf ein bestimmtes Territorium, zugleich die Bestreitung des unbedingten Existenzrechts ‚Fremder' auf demselben. Dies alles zusammen, so die Idee, habe den Volks- bzw. National-Charakter hervorgebracht, der – wenn auch in unterschiedlicher Ausprägung – das ‚Wesen' der Angehörigen des jeweiligen (Staats-)Volkes bestimme. Zusammenfassen lässt sich dies in der Formel: ein Mensch – ein Volk – eine Geschichte – eine Sprache – eine Kultur – ein Territorium – ein Staat.

In Konsequenz dieses, insbesondere ab dem letzten Viertel des 19. Jahrhunderts politisch forcierten Vereinheitlichungsprozesses wurde die faktisch existierende sprachlich-kulturelle und ethnische Heterogenität als Störfaktor angesehen, den es zu beseitigen galt, so er nicht einverleibt werden konnte. Andere (nicht deutsche) Sprachen wurden marginalisiert oder unterdrückt; andere, nicht mehr als mehrheitskonform angesehene Bindungen und Identitätsmuster – etwa regionale oder religiöse – wurden in Nischen gedrängt. Dabei wurden die Formen der Verschiedenheit jedoch nicht gänzlich ausgelöscht. Viele dieser Formen wurden und werden weiterhin erfahren und gelebt, kultiviert oder folklorisiert, und zwar vielfach im Privaten, also in der nichtöffentlichen Sphäre.

Angesichts der politischen und wirtschaftlichen Veränderungen, die die Epoche der Nationalstaatsbildung kennzeichnen, war sprachliche und kulturelle Vereinheitlichung funktional (vgl. Gogolin 1994, Kap. 2). Sie bildete einen wichtigen Beitrag zur Modernisierung und – zumindest der Idee nach – zur Demokratisierung. Das Erlernen der zur amtlichen Sprache erhobenen Variante des Deutschen war gleichzeitig ein erster Schritt zur Teilhabe im politischen Feld, und die gemeinsame Sprache erleichterte die räumliche wie soziale Mobilität: etwa die Abwanderung aus den ländlichen und strukturschwachen Gebieten in die Industriezentren, in denen Arbeitskräfte benötigt wurden, oder die Möglichkeit, bessere Bildungsangebote wahrnehmen zu können. Insofern ist die Geschichte der Durchsetzung einer gemeinsamen Sprache und Kultur gleichzeitig eine Geschichte des Einschlusses wie des Ausschlusses, der Modernisierung und Demokratisierung wie der Unterdrückung und Diskriminierung. Sie ist der – bisher wenig bekannte[5] – Teil der Geschichte der Pädagogik und Schule und zugleich die (Vor-)Geschichte der Interkulturellen Pädagogik.

Die Pädagogik als akademische Disziplin, deren Anfänge ebenfalls in den letzten Jahrzehnten des 18. Jahrhunderts liegen[6], begleitete und legitimierte diese Prozesse der Vereinheitlichung. Tatsächlich existierende Verschiedenheit war sozusagen die verschwiegene Seite der verschiedenen Konzepte zur Nationalerziehung, die auf die Begründung einer „bestimmte[n] Art der Gemeinschaftserziehung" ausgerichtet waren, d. h. auf eine Erziehung, die „die Liebe zu Vaterland und Volkstum entwickelt" (Schwartz 1930, Sp. 823). Die andere Seite der Medaille der ‚Liebe zum Eigenen' bildete die ‚Ausgrenzung des Fremden'. Als sprachlich-kulturell ‚fremd' galten sowohl die auf dem Staatsterritorium ansässigen sprachlichen und ethnischen Minderheiten, ungeachtet der Tatsache, dass sie Staatsbürger eines der deutschen Staaten waren, als auch Personen fremder

---

5   Dies lässt sich z. B. anhand der Standardwerke der Historischen Bildungsforschung belegen.
6   Von der Etablierung einer wissenschaftlichen Pädagogik im strengen Sinne kann erst seit dem Anfang des 20. Jahrhunderts gesprochen werden; vgl. zur komplexen Disziplingeschichte Horn (2003).

Staatsangehörigkeit, die in Deutschland lebten[7]. Das Ausland war schon *per definitionem* fremd – und dies im doppelten Sinne[8].

3. Zur Illustration: Die Arbeitsteilung zwischen ‚Allgemeiner' und ‚Vergleichender Erziehungswissenschaft'

Die Entwicklung einer wissenschaftlichen Pädagogik nach heutigem Verständnis (bzw. der Erziehungswissenschaft) ist Teil der Entstehung der modernen Wissenschaftsdisziplinen. Diese vollzog sich in einem dichten internationalen Diskussions- und Handlungszusammenhang, in dem der Vergleich als Methode eine wichtige Rolle spielte (vgl. Schriewer 1994, S. 8). Im Unterschied zu den naturwissenschaftlichen Disziplinen ist in der Pädagogik der Vergleich nicht als ein generelles Verfahren zur Identifizierung von Gesetzmäßigkeiten eingesetzt worden. Vielmehr entwickelte sich eine Spezialität mit der Zuständigkeit für die vergleichende Betrachtung von bildungspolitischen, rechtlichen und pädagogischen Entwicklungen in verschiedenen Staaten, zumeist mit dem Ziel, die Entwicklungen im eigenen Land voranzubringen. Es etablierte sich eine Art von Arbeitsteilung zwischen einer ‚Allgemeinen' Pädagogik, die sich im Kern auf die Entwicklung von Bildung und Erziehung im nationalen Kontext und damit auf das ‚Eigene' konzentrierte, das sie vielfach mit dem Anspruch auf universelle Geltung präsentierte. Daneben bildeten sich die Auslandspädagogik bzw. Vergleichende Erziehungswissenschaft mit Zuständigkeit für das ‚Fremde', also für das außerhalb der eigenen Nation Befindliche heraus. Dieser Zuschnitt der Disziplin bildet das Nation- und Kulturverständnis ab, in dem das ‚Eigene' wie das ‚Fremde' als jeweils in sich homogen und zueinander in Opposition stehend gedacht sind (vgl. ausführlich Krüger 1975, S. 38f.).

Nicht im Blick war, dass die Vorstellung vom ‚Eigenen' empirisch-historisch nicht mit den nationalstaatlichen Grenzen identisch war und auch nicht sein konnte. Auch war die Tatsache nicht bedacht, dass Homogenisierung des ‚Innenraums' in diesem stets neue Heterogenität und Hierarchisierungen schafft, wie z. B. im Fall der Nationalsprachen-Politik. Denn erst dadurch, dass eine Sprachvariante zur gemeinsamen und einzig ‚richtigen' Sprache erhoben wurde, wurden andere

---
7 Zu beachten ist, dass bis zum ersten Deutschen Reich (Kaiserreich) die deutschen Staaten einander Ausland waren.
8 Elend war zunächst das Wort mit der Bedeutung ‚Ausland'. Elend verlor jedoch mit der Zeit diese Bedeutung und wurde ein Synonym für (starke) Not. Ausland bekommt die Bedeutung des Landes jenseits der Grenzen. in der Rede über (unerwünschte, weil auch als defizitär und sozial belastend wahrgenommene) ‚Ausländer' schwingt nicht selten die Idee vom ‚Elend' noch mit, siehe hierzu Krüger-Potratz 2005, Kap. 6.2; 6.4.

Varianten des Deutschen zu ‚minderwertigen Idiomen' degradiert, und mit dem Konzept einer Nationalsprache wurden andere auf demselben Territorium ansässige Sprachen zu Minderheitensprachen (vgl. Bourdieu, 1990).

Eine weitere Folge der disziplinären Arbeitsteilung zwischen ‚Allgemeiner' und ‚Vergleichender Erziehungswissenschaft' sowie der Reduktion des dialektischen Verhältnisses von ‚eigen' und ‚fremd' auf ein oppositionelles war, dass das generalisierte ‚Eigene' den unaufgedeckten Maßstab für die Beurteilung des ‚Fremden' bildete. Ein Beispiel hierfür stammt von einem Pädagogen, der sich in Auswertung seiner pädagogischen Auslandsreisen bemühte, national *und* europäisch zu denken: Friedrich Wilhelm Thiersch (1784-1860). Er schrieb, dass es aus seiner Sicht Ziel sein müsse, „durch vergleichende Darstellung unserer und fremder Schulen bestimmte Einsichten in das uns Eigene oder Fehlende zu gewinnen" (Thiersch 1834, zit. nach Hilker 1962, S. 29), zugleich aber müsse man beachten, dass „hinter der nationalen Farbe und dem einheimischen Charakter, welche die Erziehung tragen muß, damit sie deutsch und bayerisch[9] bei uns, und französisch in Frankreich, englisch in England werde, sich ein allgemeiner Geist, ein Inbegriff allgemeiner Grundsätze, Bedingungen und Kräfte verbirgt, aus welchen wie aus der allgemeinen Wurzel der Saft in die einzelnen Zweige des Unterrichts eintritt, in welche die europäische Menschheit den großen allgemeinen Stamm ihrer Bildung ausgebildet hat" (Thiersch 1838, Bd. 2, S. 386). In dieser Perspektive – so Thiersch weiter – sei die Opposition von ‚fremd' und ‚eigen' in der europäischen ‚Einheit in der Vielfalt' zwar aufgehoben, aber immer nur, wenn ‚Eigenes' und ‚Fremdes' sich ihrer ‚besonderen Natur' bewusst blieben und diese weiter entfalteten: „Wir wollen allerdings, dass sich auf dem Gebiete der Bildung die europäischen Nationen im tiefsten Wesen als Eine erkennen; aber damit sie dieses können, müssen sie sich vor allem ihrer besonderen Natur, ihrer Sitten, ihrer eigenen Gestalt bewusst werden. Erst wenn dieses geschehen, werden sie im Stande seyn, sich und ihr Wesen von dem Zufälligen zu trennen und sich in einer höheren Einheit als Glieder eines Ganzen zu erkennen, dessen Größe eben in der Mannichfaltigkeit der zur Einheit vermittelten Charaktere besteht" (Thiersch 1838, Bd. 2, S. 387; Hervorh. i. O.). Unstrittig war für Thiersch, dass die nationale Bildung in ihre Entwicklung auch ‚fremde' Einflüsse aufgenommen hat und dass man vom Ausland lernen könne. Nicht denkbar hingegen war jedoch auch für ihn, dass die einzelne Nation in sich mannigfaltig sein oder dass Mannigfaltigkeit ein Merkmal ihres 'einheimischen Charakters' sein könnte.

In dieser Tradition hat die Vergleichende Erziehungswissenschaft mit der Konzentration auf die Erforschung, Dokumentation und Darstellung *ausländi-*

---

9 Thierschs pädagogische Reisen erfolgten u. a. im Auftrag des bayerischen Königs.

scher Bildungssysteme und pädagogischer Ideen als ‚fremde' ihren Beitrag zur Formierung einer *nationalen* Pädagogik geleistet. Sie hat in der Beschreibung und Analyse des ‚Fremden' die Besonderheit der eigenen nationalen Entwicklung wie auch die Geschlossenheit des ‚Eigenen' klarer hervortreten lassen, so dass die innere Pluralität und Heterogenität bedeutungslos erschien und daher nicht Gegenstand der Forschung und Debatte war.

4. Kontinuitäten und Diskontinuitäten

Wir machen nun einen zeitlichen Sprung und gehen abschließend auf die Entwicklungen nach dem Zweiten Weltkrieg ein – ohne auf die Differenzierungen Rücksicht zu nehmen, die hier eigentlich nötig wären (vgl. aber dazu Gogolin und Krüger-Potratz 2010, Kap. 3). Als die universitäre Pädagogik sich nach 1949 an den bundesdeutschen Hochschulen wieder etablierte, haben die Integrationsprobleme ‚fremder' Kinder kaum eine Rolle gespielt. Nur eine ‚fremde Gruppe' erregte kurzfristig Aufmerksamkeit: die ca. 40.000 Kinder von deutschen (‚weißen') Müttern und US-amerikanischen (‚schwarzen') Vätern, die nach Kriegsende als Soldaten in der amerikanischen Zone bzw. im amerikanischen Sektor stationiert waren[10]. Als Anfang der 1950er Jahre die ersten dieser Kinder eingeschult wurden, entzündete sich eine Debatte über ihre ‚rassische Differenz', in der die bekannten Argumente gegenüber ‚Fremden' erneut bemüht wurden – einschließlich der Einkleidung dieser Ablehnung in Argumente pädagogischer Fürsorge: Zu ihrem eigenen Besten, so die Argumentation, sollte man diese ‚Mischlingskinder' in die Heimatländer ihrer Väter zurückschicken, da sie sich in ihrer ‚seelischen Struktur' von den deutsch-einheimischen Kindern unterschieden und möglicherweise aufgrund ihrer physischen Konstitution das Klima in Deutschland nicht vertrügen (vgl. Lemke Muniz de Faria 2002).

Die sich in den 1950er Jahren an den Universitäten wieder etablierende Vergleichende Erziehungswissenschaft hat sich außer mit den Entwicklungen ausländischer Bildungssysteme intensiv mit internationaler Pädagogik und bis in die 1960er Jahre, infolge der jüngsten historischen Erfahrungen, speziell mit Europaerziehung und Friedenserziehung (vgl. Schneider 1959; Hilker 1957) befasst. Dass der Blick weiterhin ausschließlich auf das Ausland gerichtet blieb, schien selbstverständlich, denn eine Studie zu Fragen der sprachlich-kulturellen, ethnischen und nationalen Heterogenität im Innern eines Landes, so Schneider (1961,

---

10 Zu den rechtlichen Fragen siehe auch: „Wie nach 1945 die US-Gesetze Kinder ignorierten, die es nicht geben durfte", in: NRZ 3/2003 URL: http://www.vaeternotruf.de/besatzungskinder. htm (Zugegriffen: 29.6.2013).

S. 88), sei nur dann sinnvoll, „wenn sich in ihm wesentliche regionale kulturelle, sprachliche und pädagogische Unterschiede finden", wie zum Beispiel in Kanada oder „in der französischen West- und der deutschsprachigen Ostschweiz"[11].

In der Allgemeinen Pädagogik, der Schulpädagogik oder der Sozialpädagogik wurde seit den 1960er Jahren über den Umgang mit Heterogenität in zwei voneinander unabhängigen Diskussionssträngen nachgedacht: zum einen in Debatten über Bildung als Bürgerrecht, über Chancengleichheit im Bildungswesen und die Notwendigkeit der Ausschöpfung von Begabungsreserven, vgl. Roth und Friedrich 1975); hier ging es ausschließlich um die Benachteiligung ‚einheimischer' Kinder, speziell um Mädchen, um Kinder in strukturschwachen, ländlichen und katholisch geprägten Regionen. In dem anderen, davon getrennt verlaufenden Diskussionsstrang standen die schwierigen Bedingungen, unter denen die ‚fremden' Kinder und Jugendlichen aus Arbeitsmigrantenfamilien lebten und in den Schulen unterrichtet wurden, im Zentrum. Auernheimer merkt zu Recht an, dass die im „Strukturplan des Deutschen Bildungsrats anvisierten strukturellen Innovationen [...] auch in Bezug auf die Migrationsfolgen zukunftsweisend [...] gewesen wären und dass es sich hätte aufdrängen müssen, dass „das Ziel der sozialen Integration" wie auch die Kritik an der „einseitigen Mittelschicht-Orientierung der Schule, die Sprachbarrieren für Arbeiterkinder" auch für die neue Zielgruppe ‚ausländische Kinder und Jugendliche' relevant gewesen wären (Auernheimer 2003, S. 36f.). Doch auch hier wirkte offensichtlich die historische Trennung von ‚fremd' und ‚eigen' nach; erst seit den 1990er Jahren sind beide Diskussionsstränge zusammengeführt worden.

Die ersten Beiträge zur ‚Ausländerproblematik' thematisierten vor allem Probleme aus der täglichen Praxis in Klassenzimmern oder sozialpädagogischen Einrichtungen. Sie boten Lösungen an und formulierten Forderungen nach Hilfen und Fortbildung. Sie skandalisierten die schwierigen Umstände, unter denen die ‚Gastarbeiterkinder' bzw. ihre Familien lebten, und setzten sich für die Verbesserung ihrer Lage ein. Die mehrheitlich geteilte Sichtweise aber war traditionell: Als Hauptursache von Problemen wurde die (sprachliche oder kulturelle) ‚Fremdheit' identifiziert, vielfach mit Verweis auf die ganz ‚besondere Fremdheit' der türkischen Migrantinnen und Migranten – letzteres schon lange, bevor diese die größte Gruppe von Zugewanderten darstellten. In Folge dieser Diskussion etablierte sich in der schulbezogenen Erziehungswissenschaft die ‚Ausländerpädagogik' als neue Spezialisierung für ‚das Fremde'. Im außerschulischen Feld etablierten sich Maßnahmen unter der Überschrift ‚Ausländerarbeit' mit Bezug

---

11 Ein Umdenken hat erst in den 1980er/1990er Jahre eingesetzt, vgl. Adick (2012).

zur Sozialpädagogik. In der Germanistik entstand neben dem Gebiet ‚Deutsch als Fremdsprache' der Bereich ‚Deutsch als Zweitsprache' (vgl. Reich 2003).

In den 1970er Jahren setzen verstärkt Forschungsaktivitäten in Form von Begleitforschung und Evaluationsprojekten ein. Anzeichen dafür sind die steigende Zahl von Dissertationen und anderen Publikationen sowie deren Dokumentation in speziellen Bibliographien, das Erscheinen spezieller Fachzeitschriften, die Einrichtung von Zusatzstudiengängen oder die Gründung spezieller Arbeitsstellen oder Institute. Von diesem Zeitpunkt an kann man von der Interkulturellen Pädagogik als einer eigenständigen Fachrichtung sprechen, deren Herausbildung und Etablierung freilich auch durch die skizzierte Geschichte der Ausgrenzung markiert war.

Diese Spuren sind nach und nach aufgedeckt und thematisiert worden; dies hat zur Weiterentwicklung der Interkulturellen Pädagogik und zu ihrer inneren Differenzierung beigetragen. Relativ schnell setzte die Kritik an der Ausrichtung als ‚Zielgruppenpädagogik' ein. Diskutiert wurde die Frage, ob die Anwesenheit von ‚Ausländern' als ein historisch neues ‚Sonderproblem' zu definieren sei, ob also das ‚Ausländer-Sein' ein pädagogisches Problem darstelle. Hinterfragt wurde die ursprünglich naive Zugriffsweise auf den Begriff ‚Kultur' in der Interkulturellen Pädagogik. Dieser war zunächst unexpliziert im Verständnis von ‚Nationalkultur' gebraucht worden, also statisch gefasst, verstanden als ein festgefügtes Ensemble von Sitten, Gebräuchen, Einstellungen..., die ein jeder aus der Nation seiner Herkunft gleichsam natürlicherweise in sich trage.

Aufgrund solcher Diskurse, ihrer theoretischen Einbettung und empirischen Erdung – etwa im Zusammenhang mit dem schon erwähnten DFG-Schwerpunktprogramm FABER – wurde die Interkulturelle Pädagogik des Zuschnitts entwickelt, wie wir sie hier vertreten. Den Ausgangspunkt liefern ihr die politischen und gesellschaftlichen Bedingungen, unter denen alle Menschen in der Einwanderungsgesellschaft leben und lernen. Die Verschiedenheit der Menschen in dieser Gesellschaft ist eine Grundtatsache, die es in den Institutionen und Prozessen der Erziehung und Bildung zu berücksichtigen gilt. Aufzudecken sind die historisch herausgebildeten Normalitätsverständnisse, die Einfluss auf Erziehung und Bildung haben, und zu hinterfragen ist ihre Angemessenheit und Funktionalität in der (nicht nur durch Migration) ausdifferenzierten Gesellschaft. Zu untersuchen ist, welche ‚besonderen' Merkmale und Eigenschaften von Individuen – also welche Differenzlinien – im Erziehungs- und Bildungskontext bevorzugt oder ignoriert werden und welche zum Nachteil gereichen. Was wird also demgegenüber gewonnen durch eine neue Bezeichnung?

Eines der Argumente für die Etablierung eines neuen Namens ist es, dass der alte zu oft missverstanden oder gar missbraucht worden sei. Interkulturelle Pädagogik sei gleichsam zur ‚Folklorepädagogik' verkommen. Dem Missverstanden- oder Umgedeutet-Werden aber, davon sind wir überzeugt, entgeht man nicht durch Umbenennung bzw. Neuschöpfung. Wenn ein Begriff erst in die ‚Freiheit' entlassen worden ist, dann entwickelt er ein ‚Eigenleben', er wird genutzt werden – im Sinne der Erfinder oder auch abweichend davon, und ohne ihre Billigung. Dagegen ist – jedenfalls im geistes- und sozialwissenschaftlichen Feld – kein Kraut gewachsen. Was bleibt, und notwendig ist, ist der Versuch, sich an der Klärung und Schärfung immer wieder zu beteiligen und dabei den Erkenntnisgewinn zu nutzen, den es in wissenschaftlichem Diskurs und in der Forschung gibt.

Die Folgen von Verschiedenheit für Bildung und Erziehung sind noch längst nicht genügend ausgelotet, und ebenso wenig ist befriedigend geklärt, wie unter Verschiedenheitsbedingungen adäquat pädagogisch gehandelt werden kann. Beides weiter zu erhellen und theoretisch zu durchdringen, bleibt Hauptgeschäft einer Interkulturellen Pädagogik.

Literatur

Adick, C. 2012. Vergleichende Erziehungswissenschaft. In *Klinkhardt Lexikon Erziehungswissenschaft*, hrsg. K.-P. Horn, H. Kemnitz, W. Marotzki et al., 367-369. Bad Heilbrunn: Klinkhardt.
Auernheimer, G. 2003. *Einführung in die Interkulturelle Pädagogik*. Darmstadt: Wissenschaftliche Buchgesellschaft.
Bourdieu, P. 1990. *Was heißt sprechen? Die Ökonomie des sprachlichen Tausches.* Wien: Braumüller.
Gogolin, I., und Krüger-Potratz, M. 2010. *Interkulturelle Pädagogik – eine Einführung*. Opladen u. a.: Barbara Budrich UTB (Einführungstexte Erziehungswissenschaft, 9).
Hilker, F. 1962. *Vergleichende Pädagogik. Eine Einführung in ihre Geschichte, Theorie und Praxis.* München: Hueber.
Hormel, U., und Emmerich, M. 2012. *Heterogenität – Diversity – Intersektionalität. Zur Logik sozialer Unterscheidungen in pädagogischen Semantiken der Differenz*. Wiesbaden: Springer VS.
Horn, K.-P. 2003. *Erziehungswissenschaft in Deutschland im 20. Jahrhundert. Zur Entwicklung der sozialen und fachlichen Struktur der Disziplin von der Erstinstitutionalisierung bis zur Expansion*. Bad Heilbrunn: Klinkhardt.
Gogolin, I. 1994: *Der monolinguale Habitus der multilingualen Schule*. Münster: Waxmann.
Gogolin, I. 2000. Minderheiten, Migration und Forschung: Ergebnisse des DFG-Schwerpunktprogramms FABER. In *Migration, gesellschaftliche Differenzierung und Bildung*, hrsg. I. Gogolin und B. Nauck, 15-35. Opladen: Leske + Budrich.

Gogolin, I., und Nauck, B. 2000. *Migration, gesellschaftliche Differenzierung und Bildung.* Opladen: Leske + Budrich.

Krüger, B. 1975. *Bildungswesen und Pädagogik im Prozess ihrer Internationalisierung. Ein gegenstandstheoretisches Modell der Geschichte der Vergleichenden Erziehungswissenschaft.* Münster (Diss, PH Westfalen-Lippe, Abt. Münster).

Krüger-Potratz, M. 2000. Schulpolitik für fremde Kinder. In *Migration, gesellschaftliche Differenzierung und Bildung*, hrsg. I. Gogolin und B. Nauck, 365-384. Opladen: Leske + Budrich.

Krüger-Potratz, M. 2005. *Interkulturelle Bildung. Eine Einführung.* Münster: Waxmann (Lernen für Europa, Bd. 10).

Krüger-Potratz, M. 2010. Intersektionalität. In *Umgang mit Heterogenität und Differenz*, hrsg. H. Faulstich-Wieland, 183-200. Baltmannsweiler/Zürich: Scheider Verlag Hohengehren und Pestalozzianum.

Leiprecht, R., und Sharathow, W. 2009. *Rassismuskritik: Rassismuskritische Bildungsarbeit.* Bd. 2. Schwalbach/Ts: Wochenschau Verlag.

Lemke Muniz de Faria, Y. C. 2002. *Zwischen Fürsorge und Ausgrenzung. Afrodeutsche „Besatzungskinder" im Nachkriegsdeutschland.* Berlin: Metropol (Dokumente, Texte, Materialien, Bd. 43).

Lutz, H. 2010. *Fokus Intersektionalität. Bewegungen und Verortungen eines vielschichtigen Konzeptes.* Wiesbaden: Springer VS.

Mecheril, P. (o. D.): *Was ist Migrationspädagogik?* http://www.bildung-interkulturell.de/cweb/cgi-bin-noauth/cache/VAL_BLOB/9518/9518/6372/Was%20ist%20 Migrationsp%E4dagogik_ MOZAIK_Mecheril.pdf. Zugegriffen: 24.6.2013.

Nieke, W. 1986. Multikulturelle Gesellschaft und interkulturelle Erziehung. Zur Theoriebildung in der Ausländerpädagogik. *Die Deutsche Schule*, Heft 4: 462-473.

Nieke, W. 2010. Von der Interkulturellen Pädagogik zu einer Diversity Education? Abschied von der Interkulturellen Pädagogik? In *Bei Vielfalt Chancengleichheit*, hrsg. M. Krüger-Potratz, U. Neumann und H.-H. Reich, 117-126. Münster: Waxmann.

Prengel, A. 2006. *Pädagogik der Vielfalt. Verschiedenheit und Gleichberechtigung in Interkultureller, Feministischer und Integrativer Pädagogik.* Wiesbaden: VS-Verlag.

Reich, H.-H. 2003. Sprachstandsanalyse und Bildungsreform. In *Pluralismus unausweichlich*, hrsg. I. Gogolin, J. Helmchen, H. Lutz et al., 145-155. Münster: Waxmann.

Roth, H., und Friedrich, D. 1975. Einleitung. In *Bildungsforschung – Probleme, Perspektiven, Prioritäten*, hrsg. Der Bildungsrat, 19-53. Stuttgart: Ernst Klett Verlag.

Schneider, F. 1959. *Europäische Erziehung. Pédagogie Européenne. European Education. Die Europa-Idee und die theoretische und praktische Pädagogik.* Freiburg: Herder.

Schneider, F. 1961. *Vergleichende Pädagogik.* Heidelberg: Quelle und Meyer.

Schriewer, J. 1994. *Welt-System und Interrelations-Gefüges. Die Internationalisierung als Problem Vergleichender Erziehungswissenschaft.* Berlin: Humboldt Universität zu Berlin (Öffentliche Vorlesungen, Bd. 34).

Schwartz, H. 1930. Nationale Erziehung. In *Pädagogisches Lexikon in Verbindung mit der Gesellschaft für evangelische Pädagogik und unter Mitwirkung zahlreicher Fachmänner*, Bd. 3, hrsg. ders., 823-839. Bielefeld/Leipzig: Velhagen & Klasing.

Thiersch, F. W. 1883. *Ueber den gegenwärtigen Zustand des öffentlichen Unterrichts in den westlichen Staaten von Deutschland, in Holland, Frankreich und Belgien.* Bd. 2. Stuttgart: Cotta.

Zur Bedeutung von Politischer Bildung, Menschenrechtsbildung und Europabildung für Interkulturelle Bildung

Sigrid Luchtenberg

1. Einleitung

In der Bundesrepublik Deutschland lassen sich vielfältige Veränderungen und Entwicklungen beschreiben, zu denen seit den sechziger Jahren vor allem auch Migration zählt, die seit dem Anfang der Gastarbeiterzulassung mehrfache Veränderungen erfahren hat und inzwischen offiziell unter dem Begriff der „Zuwanderung" Anerkennung als Einwanderungsland gibt. Dies hat auch zu einem neuen Verständnis für Heterogenität in der Gesellschaft geführt, das inzwischen mehr als Einwanderung betrifft. Fast ein Fünftel der Bevölkerung gehört zu Menschen mit Migrationshintergrund, was bei Kindern noch höher ist (Statistisches Bundesamt 2013). Insofern ist es naheliegend, dass Interkulturelle Bildung längst als ein Fächer und Schulleben umfassender Bereich verstanden wird, der der schulischen wie gesellschaftlichen Vielfalt entspricht, was in den Beiträgen von W. Nieke (1995, 2000, 2008) grundlegend erarbeitet worden ist.

Zu den Veränderungen und Entwicklungen gehört auch die Europäisierung, die sich seit Beginn der Nachkriegszeit intensiv entwickelt hat und inzwischen zu EU, Eurogruppe und vor allem zu einem neuen Verständnis von Zugehörigkeit geführt hat. Dies drückte Präsident Gauck in seiner Rede am 22.2.2013 so aus: *"Mehr Europa heißt in Deutschland nicht: deutsches Europa. Mehr Europa heißt für uns: europäisches Deutschland!"* (Gauck 2013). Seit der Existenz der Bundesrepublik Deutschland 1948 bedeuteten auch die Menschenrechte wesentliche Entwicklungen und Änderungen, zumal sie bereits im Grundgesetz enthalten sind. Zu den wesentlichen Änderungen und Entwicklungen gehören zweifellos zu einem hohen Grad auch politische Änderungen, wozu vor allem die Entstehung von BRD und DDR bis hin zur Wiedervereinigung zu zählen sind.

Alle diese Entwicklungen spielen nicht nur für Gesellschaft und Staat eine herausragende Bedeutung, sondern selbstverständlich in hohem Maße auch für Bildung und Bildungswissenschaft. Hier stellt sich nun auch die Frage, wie diese unterschiedlichen Entwicklungen sich auf Interkulturelle Bildung ausgewirkt haben und noch auswirken wie auch vor allem die Frage, ob und wie die entsprechenden Bildungswissenschaften aufeinander wirken. Zweifellos ist Politische Bildung eine wesentliche Reaktion auf die politische Entwicklung, zu der auch die Europäisierung gehört, deren pädagogische Bedeutung jedoch zu einer eigenständischen Bildungsaufgabe geführt hat, so dass Europabildung insbesondere seit den 1980er Jahren pädagogisch sehr relevant geworden ist. Eine wesentliche Frage ist die nach der Einbindung und Umsetzung in Schule und Unterricht, wo Menschenrechtsbildung bis heute längst nicht die Bedeutung hat, die ihr zuzuschreiben ist. In Menschenrechtsbildung und Europabildung geht es wie in Politischer Bildung auch um politische Themen, allerdings in unterschiedlichen Richtungen.

Im Folgenden wird die Frage im Mittelpunkt stehen, wie die drei Bereiche der Menschenrechtsbildung, der Europabildung und der Politischen Bildung in Verbindung zur Interkulturellen Bildung aufgenommen und umgesetzt werden. Im ersten Abschnitt wird kurz auf die Entwicklung bis zum aktuellen Stand Interkultureller Bildung eingegangen, um dann in den folgenden Abschnitten näher auf die drei anderen Themen und ihre Verbindung zur Interkulturellen Bildung einzugehen. Im fünften, abschließenden Abschnitt soll dann nach möglicher Weiterentwicklung gefragt werden.

2. Interkulturelle Bildung

Wie Nieke (1995, S. 9) formuliert, kann Interkulturelle Bildung – Erziehung und Bildung – als *„Vorbereitung auf ein vernünftiges Zusammenleben in dauerhaft multikulturellen Gesellschaften"* verstanden werden. Interkulturelle Bildung wurde damit nach vielen Jahren der Entwicklung als notwendige Reaktion auf die multikulturelle Gesellschaft in Deutschland anerkannt. Es brauchte zu Beginn der Arbeitsmigration einige Zeit, bis Schulen, Wissenschaft und Bildungspolitik Programme zu entwickeln begannen, um mit der zunehmenden Zahl von „Gastarbeiterkindern" umgehen zu können. Die weitgehend fehlenden Deutschkenntnisse erforderten die Entwicklung von Deutsch als Zweitsprache, aber zugleich wurden auch Maßnahmen eines vorbereitenden Unterrichts gesucht, zumal auch oft davon ausgegangen wurde, dass die Kinder in ihre Herkunftsländer zurückkehren würden, worauf sie auch vorbereitet werden sollten. Die so entstandene Ausländerpädagogik erhielt schnell Kritik aus verschiedenen Gründen wie der fehlenden Gleichberechtigung, Defizitgrundlagen und Stigmatisierung (vgl. Nieke 1995 für eine ausführliche Darstellung). Nicht zuletzt auch durch europäische Untersuchungen (Europarat) entwickelte sich seit den 1980er Jahren eine

Interkulturelle Bildung, die bis heute ständige Weiterentwicklung erfahren hat (vgl. Hohmann 1989). Auch Interkulturelle Bildung unterliegt durchaus vielfältiger Kritik, die durch Entwicklungen und Änderungen weiter besteht (vgl. Nieke 1995, S. 32ff.; 2000, S. 33f.; 2008, S. 32ff.). Die Bedeutung von Kultur in dem Begriff ist ein zentrales Problem, das in unterschiedlicher Art und Weise Kritik erzeugt hat: So wird die hohe Bedeutung von Kultur auch als unterschiedliche Beschreibung von Einwanderergruppen und Einheimischen als Verschleierung der sozial-ökonomischen Unterschiede gesehen, denn Armut und geringe berufliche Aufstiegschancen werden demnach durch die kulturelle Zuordnung überschrieben (vgl. etwa Hamburger 2009). Der Begriff der Interkulturellen Bildung steht auch in Gefahr einer statischen Kulturvorstellung und vor allem auch der Vorstellung einer eindeutigen kulturellen Zugehörigkeit aller Personen. So widerspricht Sen (2006) der Annahme, dass die zunehmende – oder zunehmend wahrgenommene – Diversität in Staaten und Gesellschaften nur durch Migration entsteht. Man kann demnach eher davon ausgehen, dass Menschen nicht nur einer Gruppe ("Kultur") angehören, sondern multiple Zugehörigkeiten und Identitäten haben. Interkultureller Bildung wird jedoch die Notwendigkeit zugeschrieben, neben der Ich-Identität auch die Wir-Identität zu berücksichtigen (z. B. Nieke 1994). Ein weiterer wesentlicher Aspekt ist die Frage, wie Multiperspektivität als Lehr- und Lernaufgabe umgesetzt werden kann, so dass Fragestellungen von unterschiedlichen Seiten aus wahrgenommen werden.

Zu Interkultureller Bildung gehört neben der Vielfalt von Individuen wie Gruppen auch die Frage nach der zeitlichen Einschätzung von Migrationshintergrund, also die Frage, wie lange Menschen als Menschen mit Migrationshintergrund verstanden werden sollten. Die Frage, ob Menschen der dritten oder vierten Generation noch hierzu zu zählen sind, verliert jedoch an Relevanz, wenn ohnehin die individuelle Vielfalt jedes einzelnen Menschen als ausschlaggebend angesehen wird. Hier kann das Interkulturelle Lernprojekt für Kinder und Jugendliche „Das sind wir!" (2000) als Beispiel der Umsetzung angeführt werden mit Vorstellungen der Bedeutung von *"Komplexität und Einmaligkeit von Individuen"* und der Anregung, *„Gemeinsamkeiten zwischen Kindern zu betonen, ohne Unterschiede zu ignorieren"*. Individualisierung ist im 21. Jahrhundert zu einem wichtigen Ansatz der Bildung geworden, so dass die Rolle von Kultur auch in Interkultureller Bildung zunehmend zu Diskussionen geführt hat (vgl. auch Nieke 2000, S. 37ff.). Dies hat in starkem Maße auch die Überlegungen zu einer Umbenennung und Umgestaltung von Interkultureller Bildung zur *Diversity Education* bzw. einem *Diversity Ansatz* bestimmt (vgl. z. B. Prengel 2007; vgl. hierzu auch Nieke 2010). Heterogenität oder Vielfalt sind als Bezeichnung auf Deutsch wohl verständlicher, wobei die Annahme wichtig ist, dass Menschen auf vielen Gebieten durch Vielfalt geprägt sind, was sich etwa in Schulklassen zeigt.

Weitere neuere Überlegungen zur Interkulturellen Bildung betreffen moderne Formen der Migration wie etwa europäische Migration und ihre Auswirkungen auf Interkulturelle Bildung: EU-Bürger können für einige Jahre in ein anderes Land zum Arbeiten ziehen, was sie aber nicht an einer späteren Rückkehr oder ein Leben in einem weiteren Land hindert. Solche transnationale Migration, die auch außerhalb Europas existiert, wirft die Frage nach Integration wie vor allem auch nach Unterricht für Kinder und Auswirkungen auf Interkulturelle Bildung auf (vgl. Pries 2004).

Es gibt zudem pädagogische Aufgaben, die als Teil Interkultureller Bildung aufgefasst werden können, aber vielfach als eigenständig angesehen werden wie etwa Antirassismus.

Interkulturelle Bildung als die Reaktion auf eine multikulturelle oder multiple Gesellschaft ist demnach einer Vielfalt von neuen Entwicklungen wie auch Überlegungen oder Einsichten ausgesetzt, kann aber zugleich als grundlegende Umsetzung der Vielfalt durch Migration gelten, auch wenn gerade die neueren Überlegungen zur Heterogenität im weiteren Sinne ebenso wie Einsichten in eine multiple Identität von Individuen zu Erweiterungen führen. Individuelle Vielfalt kann also auch unterschiedliche kulturelle Zugehörigkeiten umfassen.

Interkulturelle Bildung gilt als eine Entwicklung, die die gesamte Bildung betrifft, so dass auch die Überlegung naheliegt, ob nicht Bildung grundsätzlich interkulturelle Inhalte enthalten soll, so dass auf Dauer Interkulturelle Bildung quasi als Bildung weiterentwickelt werden könnte (vgl. auch Nieke 2008, S. 69f.).

Im Folgenden sollen Politische Bildung, Menschenrechtsbildung und Europabildung kurz dargestellt und in ihrer Bedeutung für Allgemeine Bildung, die Interkulturelle Bildung enthält oder auch noch für Interkulturelle Bildung untersucht werden.

3. Zur Rolle von Politischer Bildung und ihrer Beziehung zu Interkultureller Bildung

Politische Bildung hat in Deutschland längere Tradition, die jedoch nur in der Weimarer Republik in Bezug auf Demokratie ausgerichtet war. Erst nach 1945 entwickelte sich Politische Bildung – zunächst unter Vorgabe der Besatzungsmächte – grundlegend in Richtung Demokratie (vgl. Sander 1999). Entsprechend gilt die Vermittlung von Informationen über das demokratische System und für demokratisches Handeln als wesentliche Aufgabe Politischer Bildung. Ein wesentliches Ziel sind mündige Staatsbürger, wobei jedoch der Begriff der Staatsbürgerkunde keine Rolle spielt, da er in der DDR für Politische Bildung verwandt wurde. Nicht zuletzt durch internationale Organisationen und Untersuchungen sind auch in Deutschland Begriffe wie *Citizenship Education* oder *Civic Education* für Politische Bildung gebräuchlich geworden. Die KMK unterstützt den Begriff der Demokratieerziehung, die als Aufgabe aller Fächer in Schulen verstanden wird (KMK 2009). Wie Politische Bildung, so ist Demokratievermittlung nicht nur auf Schule bezogen, sondern wesentlich für alle in einer Demokratie lebenden Menschen, d. h. Demokratie hat Bedeutung für (Neu)Migranten ebenso wie für die Gesamtbevölkerung.

Wichtig sind hier inzwischen auch die kritischen Einstellungen zu Politik und Politikern wie auch problematische Entwicklungen von Demokratie wie etwa Plutokratie in den USA oder Telekratie in Italien. Habermas (2012, S. 3) spricht über „Fassadendemokratie", was die kritische Situation umschreibt. Nur in wenigen Ländern – wie der Schweiz – gibt es noch Teile direkter Demokratie, die in modernen größeren Ländern durch eine repräsentative Demokratie ersetzt wurde. Solche Themen sind schon wesentliche Grundlagen einer modernen Politischen Bildung als Demokratie-Bildung.

Die hohe Bedeutung Politischer Bildung zeigt Demokratiebildung zum Teil als Aufgabe aller Fächer, zum anderen finden sich unterschiedliche Fächerkombinationen wie etwa in Sozialkunde, Gesellschaftslehre oder Gemeinschaftskunde, wozu oft auch Geschichte zählt. Politische Bildung ist also ein grundlegender Bereich in schulischer Bildung (KMK 2009). Es gilt demnach auch, sowohl Wissen über Demokratieentwicklung oder Bildung von Regierungen durch Wahlen zu vermitteln wie auch demokratisches Handeln und Erleben zu ermöglichen (KMK 2009).

Es stellt sich nun die Frage, ob die bis jetzt entwickelte Politische Demokratische Bildung für moderne gesellschaftliche Vielfalt ausreichend ist und insofern auch zu Interkultureller Bildung passt. Zu den wesentlichen Themen gehört hier Rassismus und entsprechend Antirassismus als Gegenmaßnahme, wodurch Auernheimer (1999) Interkultureller Bildung mit antirassistischer Arbeit Politische Bildung zuschreibt (vgl. auch Nieke 2000, S. 210ff.). Wie Hufer (2006) beschreibt, ergibt sich zunehmend eine wechselseitige Aufnahme der Themen, d. h. Politische Bildung befasst sich mit interkulturellen Themen wie Interkulturelle Bildung zunehmend auch politische Fragestellungen berücksichtigt, wobei auch der Demokratiebezug relevant wird. Hierzu gehören Fremdenfeindlichkeit ebenso wie „*eingewanderter Fundamentalismus*" (ebd., S. 410). Für Politische Bildung erweist sich auch die Definition von „Bürger" und damit die politische Zugehörigkeit als relevant (vgl. Banks 2004, S. 3ff.).

Wie eine Untersuchung von Luchtenberg (2004) zeigt, dominieren in interkulturell orientierter politischer Bildung Themen, die vor allem eine Außenperspektive aufweisen wie Globalisierung. Hinzu kommen noch weitere Probleme: *„Keines der 16 Bundesländer sieht besondere Bedürfnisse von Kindern und Jugendlichen mit Migrationshintergrund im politischen Unterricht oder stellt Überlegungen dazu an, ob sie auf eine besondere Art und Weise dazu beitragen könnten. Wenn man bedenkt, dass einige dieser Schüler/innen undemokratische Regimes erlebt haben und massive Verletzungen der Menschenrechte, so liegt es aus pädagogischer Sicht nahe, dass sie beispielsweise bei der Behandlung von Demokratie oder Menschenrechten – beides relevante Themen im politischen Unterricht – sensibler Aufmerksamkeit bedürfen. Aus den politischen Vorerfahrungen kann allerdings auch die Notwendigkeit intensiverer Auseinandersetzung beispielsweise mit demokratischen Regeln erwachsen."* (ebd., S. 97).

Diese Fragestellungen gewinnen umso mehr an Relevanz, als sie lange Zeit unbeachtet geblieben sind. Die Themen werden jedoch zunehmend umfassender, so dass die ursprünglichen Fragen nach (Anti-)Rassismus, Auswirkungen von Rechtsextremismus, Friedensbildung oder Zivilcourage deutlich erweitert sind.

Zu den nunmehr relevanten Themen zählen vor allem Entwicklungen von Demokratie und ihren vielfältigen Formen, wozu auch Regierungswahlen und -bildungen gehören. Bei diesen Fragestellungen spielen auch Eliten(aus)bildung wie vor allem der Kapitalismus und soziale Gerechtigkeit eine große Rolle, was durchaus mit Fragen der Diversität in einem Land wie auch globalen Vorstellungen verknüpft ist. Viele dieser Themen sind mit Ökonomie verbunden, so dass Politische Bildung inzwischen – auch der internationalen Entwicklung und Globalisierung entsprechend – in Schulen stark mit Ökonomie verbunden ist.

Zur Politischen Bildung gehören auch Fragen der Menschenrechte, was ebenfalls in Überlegungen zur Verbindung von Politischer Bildung und Interkultureller Bildung so gesehen wird (vgl. etwa Auernheimer 1999; Fritzsche 2009; Hufer 2006; Luchtenberg 2004).

4. Zur Rolle von Menschenrechtsbildung und ihrer Beziehung zu Interkultureller Bildung

Nach Artikel 26 der Allgemeinen Erklärung der Menschenrechte von 1948 umfasst Menschenrechtsbildung zwei grundlegende Richtungen (UN 1948): Ein Recht auf Bildung für jeden Menschen, die die Achtung vor den Menschenrechten fördern soll, so dass Menschenrechtsbildung ein Menschenrecht darstellt, ohne das Menschenrechte kaum Bedeutung gewinnen würden (Fritzsche 2009, S. 173ff.). Menschenrechtsbildung wurde in der Konvention über die Rechte des Kindes noch vertieft, die 1989 von den Vereinten Nationen verabschiedet wurde und Menschenrechte für Kinder postuliert (UN 1989). Menschenrechte müssen zudem so vermittelt werden, dass sie nicht nur als eigene Rechte verstanden werden, sondern vor allem auch als Rechte aller Menschen. Hiermit verbunden ist auch die Akzeptanz von Anderssein, so dass Menschenrechtsbildung unmittelbar auch mit der Arbeit gegen Fremdenfeindlichkeit und Rassismus verbunden ist und insofern mit Interkultureller Bildung (Fritzsche 2009, S. 175ff.). Zwar gibt es bereits seit 1989 eine Empfehlung der KMK (2000), aber dennoch fehlt ein ausreichendes Menschenrechtswissen bei Kindern, Jugendlichen wie auch Erwachsenen (Fritzsche 2009, S. 174). Hierfür werden unterschiedliche Gründe angenommen wie etwa fehlende klare Zuordnungen zu Fächern oder auch nur geringe Materialien (vgl. Mihr und Rosemann 2004, S. 28ff.). Nach Lenhart (2003, S. 109ff.) ergibt sich zudem die Notwendigkeit einer umfassenden Ausbildung zu Menschenrechtsbildung. Auch Formen der Ungerechtigkeit, Ungleichheit und Diskriminierung sind eng mit Menschenrechten verbunden. Dies kann auf Grund weltweiter ständiger Verletzungen der Menschenrechte ein Gefühl der Ohnmacht entwickeln, was in Schulen als Problem aufgefasst werden kann. Aus Sicht Interkultureller Bildung ist auch zu berücksichtigen, dass Menschenrechtsbildung überwiegend global ausgerichtet ist, also mit weltweiten Themen, während für Interkulturelle Bildung Fragen und Aufgaben in der eigenen Umgebung besonders wichtig sind, auch wenn globale Themen relevant sind. Immerhin lässt sich feststellen, dass Menschenrechtsbildung an Bedeutung auch in Deutschland gewinnt, wozu etwa das 2001 gegründete Deutsche Institut für Menschenrechte in Berlin beiträgt, in dem Bildung eine hohe Bedeutung hat. Insbesondere auch die Deutsche UNESCO-Kommission trägt zur Menschenrechtsbildung bei, wofür die Vereinten Nationen 2005 ein Weltprogramm entwickelt hatten. Seit 2001 gibt es einen UNESCO-Lehrstuhl für Menschenrechtsbildung am Institut für Politikwissenschaft der Otto-von-Guericke-Universität Magdeburg. Bereits seit 1954 gibt es auch in der Bundesrepublik UNESCO-Projekt-Schulen. Die inzwischen ca. 200 Schulen verbinden Interkulturelle Bildung mit wichtigen Bereichen: *„Wir sind ein Netzwerk zur interkulturellen Bildung und setzen uns ein für eine Kultur des Friedens: Menschenrechte, Toleranz, Demokratie, Interkulturelles Lernen, Umwelt und Nachhaltigkeit, Globale Entwicklung."* (Deutsche UNESCO-Kommission e. V. 2013). Dieses Zusammentreffen internationaler und interkultureller Bildung wie der Menschenrechtsbildung könnte ein Weg für weitere Schulen sein.

Der Menschenrechtsgedanke geht von der Würde des einzelnen Menschen aus, nicht von der Würde eines kulturell geprägten Menschen oder gar vom Menschen als einem Vertreter einer bestimmten Kultur. Auch wenn eine kulturelle Prägung nicht zu bestreiten ist, so erlaubt es doch der Blick auf das Menschenbild in den allgemeinen Menschenrechten, die „*Selbstgestaltung des Menschen*" (Böhm 1995, S. 32) und die multiplen Zugehörigkeiten jedes einzelnen auch in ihrer Bedeutung für eine mehrsprachige und mehrkulturelle Gesellschaft neu zu bedenken. Eine grundlegende Frage in Bezug auf Menschenrechte ist die nach ihrer Universalität (vgl. z. B. Gstettner und Wakounig 1992; Nooke et al. 2008), was auch im Zusammenhang mit Interkultureller Bildung als eine relevante Fragestellung von Menschenrechtsbildung gilt (vgl. Nieke 1995, S. 116; 2000, S. 115ff.; 2008, S. 166ff.). Menschenrechte geben Menschen – also auch Kindern – das Recht auf „Anderssein", erwarten aber von allen Menschen die Akzeptanz und Berücksichtigung der Menschenrechte, was Gerhard (1995) am Beispiel der Frauenrechte erläutert.

Menschenrechte werden so auch in enger Verbindung mit Demokratie gesehen, was zugleich auch für Politische Demokratische Bildung und Menschenrechtsbildung gilt. Beide finden sich in ihren Bildungsformen auch maßgeblich geeignet, gegen Fremdenfeindlichkeit, Antisemitismus und Rassismus aktiv zu werden. Im Folgenden soll nun noch nach der Verbindung mit Europabildung gefragt werden.

5. Zur Rolle von Europabildung und ihrer Beziehung zu Interkultureller Bildung

An einer Bildung für Europa wurde seit der Nachkriegszeit im Sinne der Völkerverständigung gearbeitet. Als "Europäische Dimension" wurde dann 1988 eine EG-Entschließung (KMK 2008) vorgelegt, die eng an die Ziele der EG (jetzt EU) angebunden ist. Als wichtig für die Europabildung in Deutschland erwies sich auch der Beschluss der Kultusministerkonferenz zu "Europa im Unterricht" (1990).

Europabildung ist zweifellos mit Politischer Bildung wie auch Menschenrechtsbildung eng verbunden, da beide für Europa relevante Bereiche sind (vgl. z. B. Nieke 1995a, S. 40f.). Interkulturelle Bildung erfährt mit der Europäischen Bildung noch eine besonders deutliche Öffnung nach außen, was mit Menschenrechtsbildung in Richtung Globalisierung noch erweitert werden kann, aber nicht so deutlich ist, während es in der Europabildung bereits im Titel selbst vorkommt. Insgesamt erweitert sich Interkulturelle Bildung von Fragen in Deutschland bzw. in der eigenen Stadt oder Region über Fragen in Europa und schließlich der gesamten Welt. Dies kann als ein Beitrag zur Überwindung von nationalstaatlicher Einstellung beschrieben werden, die als ein großes Hindernis interkultureller Normalität gilt (vgl. Boos-Nünning 2000; Gstettner und Wakounig 1992). Auch für Europa und vor allem für die Europäische Union wird die Gefahr der Nationalstaatlichkeit befürchtet (vgl. Nieke 1995, S. 218ff.), während einer Dritte-Welt-Identität Chancen dank einer globalen Wir-Identität eingeräumt werden (vgl. Nieke 2000, S. 215ff.). Es ergab sich auch die Frage, ob eine Bildung für Europa auf nationaler Ebene oder auch eine europäische Bildung in einem übernationalen Verständnis gemeint ist, eine Fragestellung, die im Konzept eines Europas der Regionen auch neue bildungspolitische Lösungen ergibt (vgl. Müller-Solger 1994). Die nationalstaatlichen Vorstellungen, die auch in schulischen Homogenitätsvorstellungen gefördert werden, könnten durch den Weg zu europäischer Identität der Vielfalt als Perspektivwechsel leichter überwunden werden als in Einzelstaaten (vgl. Hansen 1996, S. 50ff.), auch wenn Angaben zu einer gemeinsamen europäischen Bildung durchaus nationale Vielfalt nicht ausschließen (vgl. Geissler 1996, S. 10f.).

Ziele der Bildung für Europa erlauben sowohl eine Bildung über Europa wie auch eine Bildung für Europa, die wiederum Kompetenzen wie auch emotionale Bindungen umfassen. Zur Umsetzung von Europabildung in Schulen liegen zwar die KMK-Vorgaben wie auch Vorgaben der EU vor, dennoch erweist sich die Umsetzung als sehr unterschiedlich, wobei auch die Verbindung mit Politischer Bildung, Menschenrechtsbildung und Interkultureller Bildung sehr unterschiedlich ist. Zu einem wesentlichen Aspekt hat sich Sprachunterricht entwickelt mit unterschiedlichen Schwerpunkten, zu denen Zweitsprachenunterricht ebenso wie Formen bilingualen Unterrichts eine Rolle spielen (vgl. Luchtenberg 2003, S. 169ff.). Zur Europabildung zählt auch Englisch als Lingua Franca für Europa, was u. a. von Präsident Gauck (2013) unterstützt wurde. Dies erfordert natürlich einen intensiven Englischunterricht von Schulbeginn an. Eine dritte Sprache kann für zweisprachige Schüler/innen ihre Erstsprache (falls gewünscht) oder wie für alle Schüler/innen eine frei wählbare Sprache sein. Alle Schüler/innen lernen ab dem Schulbeginn mit Englisch eine bis dahin nicht oder kaum bekannte Sprache, was sich positiv auswirken kann. Eine gemeinsame Sprache in Europa unterstützt auch eine europäische Identität, die als eine Ergänzung der multiplen Identität von Menschen in modernen Gesellschaften begriffen werden kann. So kann Europabildung auch als eine erweiterte Form Interkultureller Bildung verstanden werden, die Vielfalt als Normalität für alle Schüler/innen nachvollziehbar macht, zumal die Vielfalt in Europa als selbstverständlich gilt. Diese Verbindung ist noch unzureichend, aber insbesondere durch Europa- und interkulturelle Kompetenzförderung erweiterbar (vgl. Boos-Nünning 2000).

Europabildung, die in allen EU-Ländern vorgesehen ist, kann nicht nur einen Beitrag leisten zum Verständnis für Vielfalt und multiple Identität als Normalität, sondern auch den Umgang mit innereuropäischer Migration richten, denn auch dies ist ein Beitrag zur Vielfalt, obwohl die Migration nicht notwendig dauerhaft ist. Gerade in der heutigen Zeit, in der das Ziel eines einigen Europas teilweise kritisch gesehen wird, ist auch eine pädagogische Verbindung der Europabildung mit Menschenrechtsbildung und politischer Bildung mit dem Ziel einer Interkulturellen Bildung als allgemeine Bildung wichtig.

6. Abschlussüberlegungen zur Weiterentwicklung

Politische Bildung, Menschenrechtsbildung und Europabildung sind von hoher Relevanz für Bildung, insbesondere auch in Schulen. Dass dies unmittelbar Berücksichtigung der vorhandenen Diversität bedeutet, sollte selbstverständlich sein. Auf Grund der umfangreichen Entwicklung Interkultureller Bildung und neuerer Überlegungen zu Diversität ergeben sich durchaus viele Möglichkeiten einer positiven Weiterentwicklung (vgl. auch Nieke 2000, S. 197ff.). Wie in den Abschnitten 2 bis 4 aufgezeigt, zeigen sich unterschiedliche Aufgaben, die jedoch auch miteinander in Verbindung zu bringen sind: So gibt es eine Fülle an Inhalten, die für junge Menschen zum Teil noch unbekannt, aber für ihr Leben im demokratischen Deutschland und Europa wichtig sind, denn die Beschäftigung mit Demokratie ist für alle Kinder von hoher Bedeutung. Es muss jedoch auch auf die unterschiedliche Herkunft der Familien eingegangen werden, um den Kindern und Jugendlichen den Zugang zu Demokratie zu ermöglichen. Dabei ist es durchaus auch vorstellbar, dass es bei älteren Jugendlichen oder auch Elternvorstellungen zu unterschiedlichen Ansichten kommt, die nicht unterdrückt werden dürfen, aber andererseits nicht als gleichberechtigt neben moderner Demokratie stehen gelassen werden können. Solche Probleme können sich durch Rechtsextremismus ebenso ergeben wie durch Ablehnung klarer Säkularität in modernen Demokratien. Es muss also als absolut wichtig und notwendig angesehen werden, Kindern und Jugendlichen aller Herkunft Demokratie zu vermitteln, ebenso wie auch Menschenrechte. Auch wenn Menschenrechte weltweit sehr unterschiedlich umgesetzt sind und insbesondere nachfolgende Konventionen und Erklärungen ungleichmäßig aufgenommen wurden, so ist doch die Allgemeine Erklärung der Menschenrechte weltweit zumindest anerkannt, was noch keine Aussagen über die tatsächliche Umsetzung enthält. Diese Tatsache der weitgehenden Anerkennung kann ihre Akzeptanz durch alle in Deutschland lebenden Menschen jedoch erwarten lassen, die zum Leben in Deutschland unverzichtbar ist Menschenrechte erlauben auch Lehrkräften eine leichtere Bewertung von Verhalten wie beispielsweise gegenüber Frauen und Mädchen. Eine klare Haltung ist hier gerade nicht als migrantenfeindlich zu sehen, sondern vielmehr als Umsetzung der Menschenrechte zu Rechten der Unterdrückten. Dies kann als zusätzlicher Grund für Menschenrechtsbildung angesehen werden, denn Interkulturelle Bildung braucht einen hohen Anteil an Menschenrechtsbildung.

Dies beinhaltet allerdings auch die Notwendigkeit, allen Kindern und Jugendlichen zu vermitteln, dass politische Vorgaben wie etwa das Grundgesetz und die Akzeptanz der Menschenrechte unerlässlich sind für ein angemessenes Leben in Europa. Beiträge zur Diversität und ihre Anerkennung und gleichzeitig auch die Akzeptanz anerkannter Normen der Politik (Demokratie), Menschenrechte und Europa sollten also zunächst in Verbindung mit Interkultureller Bildung gestellt werden, allerdings mit dem Ziel, dies zu Allgemeiner Bildung zu führen, denn Interkulturelle Bildung dient nicht nur der Integration von Migranten, sondern dem Umgang mit Vielfalt und sollte daher zur Allgemeinen Bildung werden (vgl. auch Nieke 2008, S. 69ff.).

Literatur

Auernheimer, G. 1999. Interkulturelle Bildung als politische Bildung. *Politisches Lernen,* 57-71. Göttingen: Ulrichs.
Banks, J.A. 2004. Democratic Citizenship Education in Multicultural Societies. In *Diversity and Citizen Education,* hrsg. J.A. Banks, 3-15. San Francisco: Jossy. Bass.
Böhm, W. 1995. Menschenrechte, multikulturelle Erziehung und Fremdenhass. In *Erziehung und Menschenrechte,* hrsg. W. Böhm, 25-36. Würzburg: Ergon-Verlag.
Boos-Nünning, U. 2000. Interkulturelle Kompetenz – Europakompetenz. Konzepte für Erziehung und Bildung. *Essener Unikate* 14, 80-89. Essen, Ruhr: Universität Duisburg – Essen FET.
„Das sind wir!" 2000. *Interkulturelles Lernprojekt für Kinder und Jugendliche in Schule und Jugendarbeit. Tagung Multikulti ade? Neue Ansätze Interkultureller Bildung in Schule und Jugendarbeit.* Eine Kooperationsveranstaltung von IDA-NRW und RAA Bochum. 14. September 2000 Bochum. IDA-NRW Tagungsbericht Nr. 4, 16-18. http://www.forum-interkultur.net/uploads/tx_textdb/17.pdf. Zugegriffen: 15.3.2013.
Deutsche UNESCO-Kommission e. V. 2013. UNESCO-Projekt-Schulen. http://www.ups-schulen.de/ueber_uns_ziele.php. Zugegriffen: 23.3.2013.
Fritzsche, K.P. 2009. *Menschenrechte.* 2. Aufl. Paderborn u. a.: F. Schöningh.

Gauck, J. 2013. *Europa-Rede*. http://www.spiegel.de/politik/deutschland/im-wortlaut-gaucks-europa-rede-a-885029.html. Zugegriffen: 12.3.2013.

Geissler, E.E. 1996. Über multikulturelle Gesellschaft und interkulturelle Erziehung. In *Bildung im sich einigenden Europa*, hrsg. E. E. Geissler und S. Huber, 9-32. Frankfurt am Main: Peter Lang.

Gerhard, U. 1995. Anerkennung der Menschenwürde und kulturelle Differenz – ein Rechtsproblem? In *Anderssein, ein Menschenrecht. Über die Vereinbarkeit universaler Normen mit kultureller und ethnischer Vielfalt*, hrsg. H. Hoffmann und D. Kramer, 47-64. Weinheim: Beltz.

Gstettner, P., und Wakounig, V.1992. Interkulturelles Lernen als ein Mittel demokratischen Zusammenlebens auf der Grundlage von Menschenrechten. In *Interkulturelle Erziehung und Menschenrechte. Strategien gegen Rassismus und Ausländerfeindlichkeit*, hrsg. V. Wakounig und B. Busch, 41-58. Klagenfurt: Drava.

Habermas, J. 2012. „Wollen die europäischen Bürger Suizid begehen?". *Der Standard*, 3. Wien u. a.: Brandstätter.

Hamburger, F. 2009. *Abschied von der interkulturellen Bildung. Plädoyer für einen Wandel sozialpädagogischer Konzepte*. Weinheim/München: Juventa.

Hansen, G. 1996. *Perspektivwechsel. Eine Einführung*. Münster: Waxmann

Hohmann, M. 1989. Interkulturelle Erziehung – eine Chance für Europa? In *Ein Europa für Mehrheiten und Minderheiten. Diskussionen um interkulturelle Erziehung*, hrsg. M. Hohmann, H.-H. Reich, 1-32. Münster: Waxmann.

Hufer, K-P. 2006. Welche politische Bildung braucht die Einwanderungsgesellschaft In *Politische Bildung in der Einwanderungsgesellschaft*, hrsg. H. Behrens und J. Motte, 408-415. Schwalbach/Ts: Wochenschau Verlag.

KMK. 1990. *Europa im Unterricht* (Beschluss der Kultusministerkonferenz vom 08.06.1978 i. d. F. vom 07.12.1990). Bonn.

KMK. 2000. *Empfehlung der Kultusministerkonferenz zur Förderung der Menschenrechtserziehung in der Schule* (Beschluss der Kultusministerkonferenz vom 04.12.1980 i. d. F. vom 14.12.2000). http://www.kmk.org/fileadmin/veroeffentlichungen_ beschluesse/1980/1980_12_04_Menschenrechtserziehung.pdf. Zugegriffen: 18.3.2013.

KMK. 2008. *Europabildung in der Schule. Empfehlung der Ständigen Konferenz der Kultusminister der Länder in der Bundesrepublik Deutschland*. (Beschluss der Kultusministerkonferenz vom 08.06.1978 i. d. F. vom 05.05.2008). http://www.kmk. org/fileadmin/veroeffentlichungen_beschluesse/1978/1978_06_08_Europabildung.pdf. Zugegriffen: 13.3.2013.

KMK. 2009. *Stärkung der Demokratieerziehung*. (Beschluss der Kultusministerkonferenz vom 06.03.2009). http://www.kmk.org/fileadmin/ veroeffentlichungen_beschluesse/2009 /2009_03_06-Staerkung_Demokratieerziehung.pdf. Zugegriffen: 18.3.2013.

Lenhart, V. 2003. *Bildung der Menschenrechte*. Opladen: Leske + Budrich.

Luchtenberg, S. 2003. Vielfalt und Öffnung in der Bildung: Europäische Dimension, Menschenrechtserziehung und interkulturelle Erziehung. In *Schulwege in die Vielfalt. Handreichung zur Interkulturellen und Antirassistischen Bildung in der Schule*, hrsg. U. Kloeters, J. Lüddecke und T. Quehl, 161-193. Frankfurt/Main: IKO.

Luchtenberg, S. 2004. Citizenship Education: Eine neue Aufgabe interkultureller Erziehung? In *Migrationsforschung und Interkulturelle Bildung. Aktuelle Entwicklungen in Theorie, Empirie und Praxis*, hrsg. Y. Karakaşoğlu und J. Lüddecke, 91-101. Münster: Waxmann.

Mihr, A., und N. Rosemann. 2004. *Bildungsziel: Menschenrechte. Standards und Perspektiven für Deutschland*. Schwalbach/Ts.: Wochenschau Verlag.

Müller-Solger, H. 1994. Europa der Regionen – Herausforderung für Bildungspolitik und Bildungsforschung. In *Europa der Regionen. Herausforderung für Bildungspolitik und Bildungsforschung,* hrsg. G. Brinkmann, 101-109. Köln: Böhlau.

Nieke, W. 1994. Interkulturelle Bildung als unerläßlicher Bestandteil von Allgemeinbildung. Notwendigkeit eines vernünftigen Umgangs mit den Wir-Identitäten. In *Interkulturelle Bildung und Europäische Dimension. Herausforderungen für Bildungssystem und Erziehungswissenschaft. Festschrift für Manfred Hohmann,* hrsg. S. Luchtenberg und W. Nieke, 39-47. Münster: Waxmann.

Nieke, W. 1995a. Die Vorbereitung des Lebens in Europa als Aufgabe der Schule. In *Schulen mit europäischem Profil. Bericht von einer Fachtagung im April 1994 in Berlin.* hrsg. Berliner Institut für Lehrerfort- und -weiterbildung und Schulentwicklung, 31-50. Berlin: BIL.

Nieke, W. 1995. *Interkulturelle Erziehung und Bildung. Wertorientierungen im Alltag.* Opladen: Leske + Budrich.

Nieke, W. 2000. *Interkulturelle Erziehung und Bildung. Wertorientierungen im Alltag.,* 2. Aufl., Opladen: Leske + Budrich.

Nieke, W. 2008. *Interkulturelle Erziehung und Bildung. Wertorientierungen im Alltag,* 3. Aufl., Wiesbaden: VS-Verlag.

Nieke, W. 2010. Von der Interkulturellen Bildung zu einer Diversity Education? Abschied von der Interkulturellen Bildung? In *Bei Vielfalt Chancengleichheit. Interkulturelle Bildung und Durchgängige Sprachbildung,* hrsg. M. Krüger-Potratz, U. Neumann und H. Reich, 117-126. Münster: Waxmann.

Nooke, G., Lohmann, G., und Wahlers. G. 2008. *Gelten Menschenrechte universal?* Freiburg: Herder.

Prengel, A. 2007. Diversity Education – Grundlagen und Probleme der Bildung der Vielfalt. In *Diversity Studies. Grundlagen und disziplinäre Ansätze,* hrsg. G. Krell, 49-67. Frankfurt am Main: Campus.

Pries, L. 2004. Transnationalism and migration: new challenges for the social sciences and education. In *Migration, Education and Change,* hrsg. S. Luchtenberg, 15-39. London/New York: Routledge.

Sander, W. 1999. Geschichte der schulischen politischen Bildung. In *Lexikon der politischen Bildung. Band 1: Didaktik und Schule,* hrsg. D. Richter und G. Weißeno, 85-87. Schwalbach/Ts: Wochenschau Verlag.

Sen, A. 2006. *Identity and Violence: The Illusion of Destiny.* New York: W.W. Norton.

Statistisches Bundesamt. 2013. Bevölkerung. https://www.destatis.de/DE/ZahlenFakten/ GesellschaftStaat/Bevoelkerung/Bevoelkerung.html. Zugegriffen: 13.3.2013.

UN. 1948. *Allgemeine Erklärung der Menschenrechte.* http://www.un.org/depts/german/grunddok/ar217a3.html. Zugegriffen: 23.3.2013.

UN. 1989. *Kinderrechtskonvention.* http://www.unicef.de/fileadmin/content_media/Aktionen/Kinderrechte18/ UN-Kinderrechtskonvention.pdf. Zugegriffen: 23.3.2013.

Vom Nutzen des internationalen Vergleichs in der Erziehungswissenschaft

Wolfgang Hörner

1. Fragestellung

Es scheint auf den ersten Blick paradox zu sein, den Nutzen des internationalen Vergleiches in einer Zeit hervorheben zu wollen, in der das Schlagwort von der Globalisierung von Wirtschaft, Kultur und Wissenschaft täglich real erfahrbar ist. Trotzdem, nimmt man beispielsweise die Wiederbesetzung von Professuren Vergleichender Erziehungswissenschaft/Vergleichender Pädagogik als Indikator, so stellt man in den letzten Jahrzehnten einen deutlichen Schrumpfungsprozess fest. Wie ist das zu erklären?

2. Die konzeptionelle Struktur Vergleichenden Erziehungswissenschaft

Eine Wurzel des Problems liegt in der konzeptionellen Struktur der Disziplin, die sich seit den Anfängen aus zwei unterschiedlichen Erkenntnisinteressen speist (vgl. zum Folgenden auch Hörner 1999, S. 108ff.).

Die eine Wurzel ist ein politisches, praktisch akzentuiertes Interesse. Mit der Entstehung von Nationalstaaten seit dem Ende des 18. Jahrhunderts entstanden auch nationalspezifische Bildungssysteme, die ihrerseits Mittel zur Schaffung und Festigung nationaler Identität werden sollten. Zugleich aber zeigte sich, dass funktionierende Bildungssysteme auch zur wirtschaftlichen und politischen Macht eines Staates beitrugen. Aus diesem Grund wurde die Tendenz zur nationalen Abgrenzung durch das eher paradox erscheinende Interesse an der Kenntnis dieser andersartigen Bildungsstrukturen ergänzt. Dieses praktisch-politische Interesse hat seit dem 19. Jahrhundert bis heute bildungspolitisch interessierte Vertreter der Schule und der Schulverwaltung motiviert, Informationen darüber zu sammeln, wie Schule und Bildung anderswo (oft beim politischen Konkurrenten) vor sich geht, um daraus Anregungen für den Ausbau des eigenen Schulwesens zu gewinnen.

Die zweite Wurzel ist das systematisch-wissenschaftliche Interesse. Im ausgehenden 18. Jahrhundert, dem Höhepunkt der Aufklärung, entsteht die Idee, den Vergleich von zunächst unterschiedlich erscheinenden Phänomenen systematisch als Mittel der Erkenntnis einzusetzen. Es entstanden eine Reihe von „vergleichenden" neuen Disziplinen, sowohl im naturwissenschaftlichen wie im kulturwissenschaftlichen Bereich: Vergleichende Anatomie, Vergleichende Sprachwissenschaft, Vergleichende Literaturwissenschaft. In diese Epoche fällt auch die Entstehung der Vergleichenden Erziehungswissenschaft (éducation comparée, comparative education). Als Ahnherr gilt der (ehemalige) französische Jakobiner *Marc-Antoine Jullien*, der den internationalen Vergleich von Bildungsphänomenen als Mittel des systematischen wissenschaftlichen Erkenntnisgewinns entdeckt (Jullien 1817). Julliens Idee spiegelt so ganz deutlich den aufklärerisch-enzyklopädistischen Zeitgeist mit seinen wichtigen Impulsen für die Ausdifferenzierung des Wissenschaftssystems überhaupt. In der Tat ist dabei wichtig zu bemerken, dass Julliens Leitidee letztlich auf die Konstituierung einer *allgemeinen Erziehungswissenschaft* (*science de l'éducation*) abzielt, d.h. dass der Vergleich dazu dienen soll, eine empirisch gesicherte Wissenschaft von der Erziehung zu schaffen, die sich auf Fakten stützt. Das geht über die Konstitution einer Subdisziplin „vergleichende Erziehungswissenschaft" weit hinaus. Der Vergleich wird im Geist der Zeit zum Mittel der systematischen Erkenntnis für die gesamte wissenschaftliche Disziplin schlechthin (vgl. dazu auch Schriewer 1994, S. 8 ff.).

Die beiden unterschiedlichen Erkenntnisinteressen sind die scheinbar gegensätzlichen Pole, zwischen denen sich die Vergleichende Erziehungswissenschaft bewegt. Sie haben sich in unterschiedliche Funktionen ausdifferenziert, die der Vergleich annehmen kann. Diese praxis- bzw. theorieorientierten Funktionen lassen sich in einer Vierer-Matrix zusammenfassen, die ich in anderen Zusammenhängen ausführlich beschrieben und nach ihren Stärken und Schwächen analysiert habe (z.B. Hörner 1993, S. 5ff., Hörner 1997, S. 70f., zuletzt Hörner 2012). Kurz zusammengefasst sind die *praxisorientierten* Funktionen, die sog. *melioristische* Funktion (was kann ich von anderen lernen, um mein eigenes System zu verbessern?) und die sog. *evolutionistische* Funktion (was ist der erfolgreiche Trend, dem die Bildungspolitik nacheifern sollte?). Die *theorieorientierten* Funktionen sind die *idiographische* Funktion (was macht die ureigenste Besonderheit des Untersuchungsobjekts aus?) und die *experimentelle* Funktion (wie kann der Vergleich die Funktion eines indirekten Experiments annehmen, in dem die zu vergleichenden Objekte – Bildungssysteme/Sozialsysteme – die Aufgaben von Variablen haben?).

Was in der Folge am häufigsten anzutreffen war, waren indes idiographische (Länder-) Studien, d. h. die Darstellung einzelner fremder Bildungssysteme, mehr oder weniger differenziert, problemorientiert oder ins Detail gehend. Sie konnten an die Reiseberichte der reisenden Schulmänner des 19. Jahrhunderts anknüpfen, hatten aber jetzt eine andere methodische Qualität.

Die Überführung vorwissenschaftlicher Reiseberichte in idiographische Studien war möglich geworden, weil die sich entwickelnde Comparative Education mit ihrem Ahnherrn *Michael Sadler* neue Standards für vergleichende Studien definiert hatte. Darunter war die wichtigste Forderung die, dass die Untersuchung von Bildungsphänomenen immer deren gesellschaftlichen Kontext mit berücksichtigen müsse, in dem diese Phänomene auftauchten. In der Sprache Michael Sadlers hieß das: Das, was außerhalb der Schule geschieht, ist für die Vergleichende Erziehungswissenschaft mindestens ebenso wichtig wie das, was innerhalb der Schule geschieht (zit. nach Higginson 1961, S. 290). Die neue Qualität dieser idiographischen Studien bestand darin, dass sie über die bloße Deskription der Phänomene hinausgehen und deren Verankerung im gesellschaftlichen Umfeld darzustellen und zu erklären versuchen. Auffällig ist, dass genau wie für Jullien das wissenschaftliche Erkenntnisinteresse nicht im Widerspruch zu den pragmatischen politischen Zielen stand, das eigene Bildungssystem zu verbessern, da auch die vielen idiographischen Studien explizit oder implizit das melioristische Ziel hatten, durch die genaue Kenntnis des anderen das eigene System zu verbessern.

3. Die in Fragestellung des Internationalen Vergleichs

Diese doppelte „raison d'être" der idiographischen, also analytisch-deskriptiv konzipierten Vergleiche macht einerseits ihre Stärke aus, aber sie macht sie auch leichter angreifbar. Was ist damit gemeint? Die Sinnhaftigkeit der analytisch-deskriptiven Vergleichenden Erziehungswissenschaft, wird heute aus mindestens vier Richtungen in Frage gestellt, auf die hier kurz eingegangen werden soll.

3.1 Universalisierung und Multikulturalisierung von Schule

Da gibt es einmal Stimmen, die meinen, dass angesichts der Universalisierung von Schule, die im Zusammenhang mit den Weltsystemtheorien entdeckt wurde, die Konzentration auf einzelne Länder keinen Sinn mehr mache, da die transnationalen Einflüsse und Rezeptionslinien zu stark seien. Daneben gibt es andere kritische Stimmen, die meinen, dass angesichts der zunehmenden Multikulturalisierung unserer Gesellschaften die Analyse von staatlich verfassten Bildungssystemen einfach obsolet geworden sei. Dass diese Auffassungen kurzschlüssig sind, ist relativ leicht nachweisbar: Die Phänomene der Universalisierung sind erst durch den systematischen Vergleich einzelner national verfasster Bildungssysteme sichtbar zu machen. Solvejg Jobst hat in ihrer Studie zum europäischen Bewusstsein von Lehrern im Länderdreieck zwischen Sachsen, Polen und Tschechien deutlich herausarbeiten können, dass die Nation auch in einem Internationalisierungsprozess nicht an Bedeutung verliert (Jobst 2010a, bes. S. 224). Zum andern werden Probleme der multikulturellen Gesellschaft in den einzelnen Bildungssystemen, wie wir wissen und wie noch an einem Fallbeispiel gezeigt werden wird, höchst unterschiedlich gelöst. Wir werden auf diese Frage noch zurückkommen.

3.2 Die Internationalisierung der Erziehungswissenschaft und komparatistische Methodenkompetenz

Hartnäckiger hält sich eine dritte Position: Angesichts der Internationalisierung der Erziehungswissenschaft als Gesamtdisziplin sind sozusagen alle Erziehungswissenschaftler auch Komparatisten. Es genügen ein paar Kontakte ins Ausland und einige basale Englischkenntnisse (Kenntnisse in der Landessprache sind absolut überflüssig), um sich als Vergleichender Erziehungswissenschaftler fühlen zu können. Daraus folgt: Angesichts der Internationalisierung der Erziehungswissenschaft könnte sich die Subdisziplin International Vergleichende Erziehungswissenschaft ganz auflösen, alle Erziehungswissenschaftler haben ja internationale Kompetenz.

Wenn man sich die reale Wissenschaftspolitik der letzten Jahre anschaut, die insbesondere von einem strukturellen Kahlschlag von Einrichtungen der vergleichenden Bildungsforschung und der Streichung von Professuren in diesem Bereich gekennzeichnet ist, dann kann man den Eindruck gewinnen, dass diese Meinung auch bei den politischen Entscheidungsträgern sehr verbreitet sein muss.

Nun ist diese Art der Thematisierung der internationalen Dimension von Bildung und Erziehung durch die Forschungskooperation mit ausländischen Partnern möglicherweise ja durchaus geeignet, um Ziele wie internationale Verständigung und Erweiterung des Wahrnehmungshorizontes zu erreichen. Problematischer erscheint die Sache dort, wo die Kollegen und Kolleginnen aus den anderen erziehungswissenschaftlichen Teildisziplinen auch explizit den Anspruch erheben, vergleichende Untersuchungen durchzuführen. Man kann das am besten an einem Beispiel aus der internationalen Forschungspraxis deutlich machen (vgl. zum Folgenden auch Hörner 1999, S. 114ff.). Auf einem Kongress präsentierte vor nicht allzu langer Zeit eine Arbeitsgruppe ein Forschungsprojekt, das sozusagen auf einer vergleichenden Meta-Ebene die Vermittlung von „International Education" in der Lehrerbildung verschiedener Länder aus der Sicht der betroffenen Studenten evaluieren sollte. Von besonderem Interesse war nun die Auswahl der Länder, deren Daten in die Untersuchung einbezogen wurden. Es waren: Australien, Finnland, die USA, Kamerun und Simbabwe. Warum gerade diese Länder, fragte man sich. Die Antwort war entwaffnend einfach: Die Länderauswahl kam aufgrund der zufälligen Bekanntschaften der Kooperationspartner zustande, die dieses Forschungsnetzwerk bildeten. Inhaltliche Überlegungen hinsichtlich der Länderauswahl wurden nicht angesprochen.

Diese relative Zufälligkeit der Internationalität der Akteure an sich wäre noch nicht diskriminierend. Denn man hätte sich ja vorstellen können, dass man aus der Not eine Tugend macht und aufgrund der Verfügbarkeit von Daten aus bestimmten Ländern ein adäquates Forschungsdesign entwirft. So hätte man hier mit einiger Phantasie einen quasi-experimentellen „interkontinentalen Vergleich" (Afrika, Europa, Amerika, Australien) konstruieren können, in dem man z. B. die Beziehung bestimmter Arten von Widerständen gegen die Implementierung dieses Konzepts zu bestimmten länderspezifischen Variablen zum Untersuchungsgegenstand gemacht hätte.

Da die Teilnehmer an diesem Forschungsnetzwerk indessen nicht die Gewohnheit hatten, dem Vergleich überhaupt diese quasi-experimentelle Funktion zuzubilligen, blieb eine solche Fragestellung aus und die Gruppe begnügte sich im Wesentlichen mit der vergleichsweise schlichten Feststellung, dass die Erziehung zur internationalen Verständigung in der Lehrerbildung in allen beteiligten Ländern große Fortschritte gemacht habe, dass aber noch vieles verbessert werden könnte.

Fragt man sich, was diesem Projekt gefehlt hat, um die erhobenen Befunde in einem wirklichen Vergleich nutzbar zu machen, dann kommt man quasi automatisch auf den „Mehrwert", der durch einen „professionellen" Komparatisten einzubringen gewesen wäre. Was fehlte, war in einem Begriff *komparatistische Methodenkompetenz*. Hier liegt der bleibende Wert einer systematisch verstandenen vergleichenden Erziehungswissenschaft auch und gerade in einer Zeit, in der jeder Forscher international zu denken hat.

Worin besteht diese Methodenkompetenz? Von entscheidender Bedeutung ist, wie unser Beispiel klar deutlich macht, zuallererst die Reflexion des *Erkenntnisinteresses*, nämlich die Frage, was der Vergleich eigentlich klären soll und kann. Diese Reflexion steht unter der Leitfrage: Welche neuen Erkenntnisse soll der Vergleich bringen, die ohne ihn nicht möglich gewesen wären? Von diesem Erkenntnisinteresse ist die Konzeption des Vergleichsdesigns abhängig. Das bedeutet zunächst die Auswahl der Länder/Fallstudien in Verbindung mit den Funktionen, die die einzelnen Fallstudien in der Untersuchung annehmen sollen. Dazu ist es natürlich nicht nur wichtig, geklärt zu haben, welche allgemeinen Erkenntnisse von dem Vergleich erwartet werden, sondern auch, welche Zusammenhänge der Vergleich im Einzelnen klären soll.

Die zweite Ebene ist die methodische Kontrolle der Vergleichsuntersuchung. Das betrifft zunächst die Festlegung der Vergleichsebenen, sodann die Bestimmung der einzelnen Vergleichselemente. Leitender Gesichtspunkt ist hier: was ist in Länderstudie/Fallstudie/ Datensatz A in Bezug auf welches Tertium Comparationis mit welchen Elementen in Länderstudie/Fallstudie/ Datensatz B *sinnvoll* vergleichbar? Man kann zwar im rein logischen Sinn grundsätzlich alles mit allem vergleichen – also entgegen der landläufigen Meinung auch Äpfel mit Birnen – aber nur dann, wenn man ein sinnvolles Vergleichskriterium hat.

3.3 Die Internationalen Leistungsvergleiche und die analytisch-deskriptive Vergleichende Erziehungswissenschaft

Auf dem Hintergrund der möglichen Funktionen des Vergleichs soll aber hier noch eine vierte Herausforderung für den systematischen Ländervergleich zur Sprache kommen, nämlich die internationalen large-scale-assessments (PISA, IGLU).

Diese internationalen Schülerleistungsmessungen scheinen auf den ersten Blick dem internationalen Vergleich Auftrieb zu geben, zumindest was seine Präsenz in den Medien angeht. Allerdings erscheinen sie etwas abgehoben von unserem analytisch-deskriptiven Modell mit seinen vier Funktionen. Tatsächlich werden die beteiligten Akteure seit den frühen IEA-Untersuchungen der 1960er Jahre ja nicht müde zu betonen, dass es ihnen nicht um Bildungsolympiaden, also von Wertungen des Erfolgs, sondern nur um das Sammeln von Daten zur Erforschung der Bedingungen für gute Schülerleistungen geht. Man könnte das als experimentelle Funktion des Vergleichs deuten. Allerdings muss man auch feststellen, dass spätestens in dem Augenblick, wo die OECD mit ihren impliziten ökonomischen Ansprüchen als Initiator und Träger der Assessments auftritt, eine krypto-evolutionistische (Neben-) Absicht deutlich wird. Die Untersuchungen sind so aufgebaut, dass alle Schüler an einem fiktiven Maßstab der Lebenstüchtigkeit in einer globalisierten Welt gemessen werden – unabhängig vom nationalen Curriculum. Es gilt, für die einzelnen Teilnehmerländer den Abstand zu dieser Norm „Fähigkeit zur Lebensbewältigung" zu messen, deren Ausprägung als Richtschnur der Entwicklung definiert wird (wir erkennen also ziemlich deutlich die evolutionistische Funktion): Damit verbunden ist aber mehr oder weniger offen doch eine melioristische Absicht: Es gilt, einfach gesagt, von den Siegern zu lernen.

Die Grenzen der quantitativ empirischen Vorgehensweise zeigen sich allerdings spätestens in den Fragen: *Warum* sind die „anderen" besser und *in was* sollte man ihnen nacheifern? Diese Frage ist durch anekdotische Erfahrungen von Kultusministern bei fact-finding-Besuchen in Finnland nicht zu beantworten. Wilfried Bos und Knut Schwippert, profilierte Akteure des empirisch-quantitativen Schulleistungsvergleichs, betonen: „Der Vergleich von Bildungssystemen erfordert *im Vorwege einer geplanten Leistungsmessung gesicherte Kenntnisse über das entsprechende Bildungssystem"* (Bos und Schwippert 2002, S. 9).

Mit dieser Erkenntnis stehen sie nicht allein. Eckard Klieme und Petra Stanat, weitere international renommierte Akteure der internationalen large-scale-assessments in Deutschland, präzisieren diesen Gedanken noch, und fordern als Bedingung für „*eine systematische Aufklärung der Qualität von Bildungssystemen (...) im internationalen Vergleich"* „*(a) breite Hintergrundinformationen aus der deskriptiv-vergleichenden Erziehungswissenschaft verfügbar zu machen, (b) kulturelle Rahmenbedingungen und Wertstrukturen einzubeziehen und dafür auch quantitative Indikatoren zu entwickeln"* (Klieme und Stanat 2002, S. 42). Das heißt nichts anderes, als die Empfehlung einer Verbindung der quantitativen Befunde aus Schulleistungsstudien mit Ergebnissen der (klassischen) analytisch-deskriptiv vergleichenden Erziehungswissenschaft.

Allerdings, so ist aus der Sicht der Komparatistik hinzuzufügen, ist eine einseitige idiographische Kompetenz (Kenntnis eines Landes, wobei man sich oft mit der Innensicht eines Vertreters dieses Landes begnügt) noch nicht ausreichend. Sie muss durch systematisch-vergleichende Kompetenz, d.h. durch den Überblick über mehrere Länder ergänzt werden, wenn man z.B. die Falle von bedingten Variationen vermeiden möchte.

Diese Verbindung der quantitativ-vergleichenden mit der analytisch-deskriptiv vergleichenden Erziehungswissenschaft ist umso wichtiger, als ein großer Teil der quantitativ-vergleichenden internationalen Untersuchungen ein verkürztes Bildungsverständnis zeigen. In den vergleichenden internationalen Large-Scale-Leistungsmessungen wird Bildung verkürzt wahrgenommen als standardisierte, institutionalisierte Bildung, die man instrumentell einsetzen und messen kann. Die Komplexität von Bildungsprozessen, die beispielsweise für die Erklärung von Bildungsungleichheiten relevant sind oder der subjektive Sinnzusammenhang von Bildung bleiben unberücksichtigt (vgl. zum Folgenden auch Jobst 2010b). Bildung wird primär verstanden als ökonomische Ressource, als Humankapital (zum Begriff Hörner 2010a, S. 43ff. sowie Hörner 2011), d.h. auf der

Mikroebene als Investition des Einzelnen in seine berufliche Karriere oder auf der Makroebene, staatliche bzw. gesellschaftliche Investition in die Infrastruktur von Bildung. Dieser verkürzte, auf ökonomisch relevante Outcomes orientierte Bildungsbegriff wird ganz deutlich in den PISA-Untersuchungen, die von der OECD, einer supra-nationalen Wirtschaftsorganisation, initiiert wurde. Die zwangsläufig einem gewissen Behaviorismus verpflichtete Denkweise der internationalen large-scale-assessments kann kaum anders als im Untersuchungsprozess selbst Bildung zu dekontextualisieren und zu entsubjektivieren, wie Jobst (2010b) formuliert. Gerade aus diesem Grund gilt es, die quantitativen empirischen Analysen durch reflektierende Mehrebenen-Vergleiche unter Einbeziehung einer Normen, Werte und Selbstverständnisse reflektierenden Bildungsforschung zu ergänzen. Unter Mehrebenen-Vergleichen versteht Jobst (2010a, S. 117) die Relationierung der erhobenen Daten z. B. auf der Handlungsebene zur institutionellen Meso-Ebene und zur gesellschaftlichen Makro-Ebene. Auf diese Weise werden die Daten re-kontextualisiert und können dadurch Bedeutung erlangen. Auch die Spiegelung der quantitativen Befunde an einem ganzheitlichen, die klassische emanzipatorische Funktion im Sinne Humboldts einschließenden Bildungsbegriff sollte aus gesamtgesellschaftlicher, und eben nicht nur ökonomischer Perspektive zur Untersuchungsroutine eines internationalen Vergleichs im eigentlichen Sinne gehören. Es sei daran erinnert, dass Bildung bei Humboldt – als Bildung des Menschen und nicht des Funktionsträgers – zur Überwindung der gesellschaftlichen Entfremdung dienen soll, damit der „Gebildete" als kritisches Korrektiv zur Weiterentwicklung der Gesellschaft beitragen kann (Hörner 2010a, S. 17ff. und 2010b, S. 107) – auch dies sollte eigentlich aus gesamtgesellschaftlicher Perspektive zu dem universellen Kompetenzprofil der Lebensbewältigung gehören, das PISA aufgestellt hat.

4. Politische Rezeption von Vergleichsergebnissen

Bei der Menge der parallel in den verschiedenen Ländern erhobenen Daten böte sich eigentlich eine Fülle von Möglichkeiten, diese Daten als Basis für indirekte Experimente zu nutzen (die oben angesprochene experimentelle Funktion des Vergleichs). Das geschieht tatsächlich auch schon für einige Bereiche, wie z. B. die Bedingungen für den Schulerfolg von Migrantenkindern (z. B. „Where Immigrant children succeed" – Stanat/Christensen 2006a und – in deutscher Übersetzung – 2006b) oder bezüglich der Beziehung von Schulerfolg und sozialer Selektion. Allerdings muss man damit rechnen, bei der Auswertung der Ergebnisse eines solchen Quasi-Experiments als vergleichender Bildungsforscher bei manchen Bildungspolitikern in Ungnade zu fallen, insofern diese nicht unbedingt auf die Verbesserung des eigenen Systems bedacht sind, weil sie es für nicht reformbedürftig halten.

Dieses Schicksal ereilte auch Bildungs-Experten der EU-Kommission mit einem sog. Grünbuch, das auf der Grundlage von PISA-Daten Vorschläge zur besseren Integration von Migrantenkindern, besonders der Zweiten Generation, machen wollte (vgl. Grünbuch 2008). Der Umgang mit diesen Folgerungen der Bildungsexperten, die wissenschaftlich seriös aus einer Reihe von internationalen Vergleichsuntersuchungen, insbesondere PISA, gewonnen wurden, erscheint leider symptomatisch für die politische Rezeption international vergleichender Arbeiten. Deshalb soll dieses Fallbeispiel aus dem Bereich der Vergleichenden Migrationspädagogik hier kurz skizziert werden.

Worum ging es dabei? Die EU-Experten stellten fest, dass die Migrantenkinder der Zweiten Generation auffälligerweise gerade in Deutschland, Österreich und den Niederlanden schlechtere Ergebnisse aufwiesen als die direkt Zugewanderten (Grünbuch 2008, S. 8). Besonders auffällig dabei ist, dass alle drei Länder Schulsysteme mit einer frühen Selektion haben.

Daraus folgern die Autoren dieses Dokuments:

„In zahlreichen Systemen ist eine starke Tendenz zur Segregation zu beobachten. Migrantenschüler konzentrieren sich häufig auf Schulen, die de facto vom Mainstream abgegrenzt sind und sich in einer nach unten gerichteten Qualitätsspirale befinden. Nach der PISA-Studie sind die Schülerleistungen an Schulen mit einer hohen Konzentration von Migrantenschülern niedriger. (...)

Alle Formen der schulischen Segregation schwächen die Fähigkeit des Bildungssystems, eine seiner Hauptaufgaben zu erfüllen, nämlich soziale Eingliederung, Freundschaften und gesellschaftliche Bindungen zwischen Migrantenkindern und ihren Altersgenossen zu fördern. Je stärker die Schulen gegen alle Formen der De-facto-Segregation von Migrantenschülern vorgehen, desto positiver wird in der Regel die Bildungserfahrung sein" (ebd., S. 11).

Soweit die Experten der EU-Kommission. Diese europäische Expertise sollte Anfang Dezember 2008 auf einer Fachtagung in Berlin diskutiert werden. Doch bevor noch diese wissenschaftliche Auseinandersetzung überhaupt stattfand, wusste die deutsche Politik in Gestalt der Mehrheit der Länderregierungen bereits, dass dies alles falsch sein musste. Bereits am 7. November fasste nämlich der Deutsche Bundesrat in Bezug auf das vorliegende europäische Dokument einen Beschluss, in dem zu lesen war:

„Der im Grünbuch behauptete Zusammenhang zwischen gegliedertem Schulsystem und schlechten Leistungen der Kinder mit Zuwanderungsgeschichte ist aus Sicht des Bundesrats empirisch nicht haltbar. In der EU-Gesamtsicht schneiden auch Mitgliedsstaaten mit komplett integriertem Schulsystem schlecht bei den Leistungen der Kinder mit Zuwanderungsgeschichte ab. Ein entscheidender Faktor ist aus Sicht des Bundesrats die Durchlässigkeit des Systems und nicht die Struktur..." (Bundesrat 2008, S. 3).

Zwei Dinge verblüffen vor allem in dieser Stellungnahme:

- Zum Ersten: Es ist der Bundesrat, d. h. die allgemein-politische Vertretung der Länderregierungen, der hier so vehement Stellung nimmt, nicht einmal die „Fachvertretung" in Form der KMK.

- Zum Zweiten: Diese Stellungnahme eines hochrangigen allgemein-politischen Verfassungsorgans behauptet mangelnde empirische Evidenzen, bevor noch überhaupt die wissenschaftliche Erörterung erfolgt ist. Die in Fragestellung des segregativen („gegliederten") Schulsystems scheint in Deutschland, zumindest unter den damaligen Mehrheitsverhältnissen im Bundesrat, ein Tabubruch, den sich gerade eine supra-nationale (europäische) Instanz nicht erlauben darf. In einem anderen Teil des Beschlusses kommt in der Tat die deutsche Irritation zum Ausdruck, dass die EU hier ihre Kompetenzen überschreitet und sich ohne Mandat in Angelegenheiten der deutschen Bundesländer einmischt (vgl. Bundesrat 2008, Punkt 9, S. 3).

Man fühlt sich an Christian Morgensterns Palmström erinnert: „Weil, so schließt er messerscharf, nicht sein kann, was nicht sein darf."

Auf die Hauptargumentationslinie des Grünbuchs (der Leistungsabfall gerade der Zweiten Generation, die das deutsche Schulwesen schon in Gänze durchlaufen hat) geht der Bundesrat bedauerlicherweise überhaupt nicht ein. Hier wäre es auch schwierig, die eindeutig in Zahlen gefasste Empirie in Frage zu stellen (vgl. die Tabellen im Grünbuch 2008, S. 6f.).

Wie könnte man diese Art von politischer Betriebsblindheit kurieren? Im optimistischen Fall durch differenzierte idiographische Kontextanalysen, die nötig sind, um die statistischen Befunde zu interpretieren, indem sie, um im Beispiel zu bleiben, die Gemeinsamkeiten der drei Schulsysteme herausarbeiten, in denen die Zweite Generation der Migrantenkinder schwächere Schulleistungen bringt als die direkt eingewanderten Kinder. Ohne eine solche Interpretationshilfe bleiben die Zahlenreihen steril und politisch beliebig interpretierbar.

Doch, auch diese Frage sei hier noch erlaubt: Wie ist es möglich, der im zitierten Fallbeispiel (Reaktion des Bundesrats) anklingenden Indienstnahme wissenschaftlicher Erkenntnisse zur impliziten Reproduktion von gesellschaftlichen Ordnungen und der damit verbundenen Legitimierung politischer Entscheidungen durch scheinbar „objektive" wissenschaftliche Erkenntnisse entgegenzutreten? Solvejg Jobst (2010b) sieht auch hier die Alternativen in expliziten Vergleichen, die den eigenen Standort aufzeigen, reflektieren und relativieren.

5. Internationaler Vergleich und Kontingenzerfahrung

Eine letzte wichtige Aufgabe des internationalen Vergleichs, gerade für das Studium, soll hier schließlich nicht übergangen werden: die Kontingenzerfahrung. Was ist damit gemeint und warum soll das wichtig sein? Was der abstrakte philosophische Begriff Kontingenzerfahrung bedeutet, kann man am besten in einer Karikatur erkennen, die uns der Kabarettist und Satiriker Rüdiger Hoffmann in seinem Sketch von einem Frankreichbesuch vor Augen führt. Das Denken eines Menschen, der noch keine Kontingenzerfahrung gemacht hat, hört sich ungefähr so an:

> „... Mit den Milchhörnchen haben se [die Franzosen] noch en bisschen Probleme, die zerbröckeln einem immer gleich in der Hand. Ich hab auch zu dem Bäcker gesagt, ich sage, für en Milchhörnchen da dürfen se auch keinen Blätterteig benutzen, is doch klar, dass das gleich auseinanderfällt. Da müssen se richtig mit Milch arbeiten. Da sagt er was von Croissant, da sage ich, bei uns in Deutschland heißen die Dinger Milchhörnchen und fallen nicht auseinander. Ich glaube, da war er mir richtig dankbar für den Hinweis, hat er mir auch gleich die Tür aufgehalten und noch irgendwas auf Französisch hinterhergerufen. Ich habs aber nicht mehr verstanden.
>
> Abends beim Abendessen hab ich Frau Lekreuks dann mal gezeigt, wie man das Gemüse, die Kartoffeln und das Fleisch auf einem einzigen Teller unterbringen kann, anstatt das immer so zerstückelt nacheinander zu servieren. Is doch auch viel ökonomischer. Sie hat dann sogar noch versucht, den Nachtisch auch noch mit draufzubekommen, dieses Mousse au Chocolat, und da muss ich sagen, also für en Schokoladenpudding war mir das viel zu fest, also von der Konsistenz her. Ich hab dann en Auge zugedrückt, habs trotzdem gegessen, hab ihr allerdings versprochen, ihr das Originalrezept umgehend zukommen zu lassen.
>
> Nee aber ansonsten muss ich wirklich sagen, geben se sich alle Mühe, die Franzosen, und vielleicht haben wir mit unserem Besuch ja auch ein bisschen dazu beigetragen, dass Ihnen die Integration in Europa in Zukunft en bisschen leichter fällt" (zitiert nach Hoffmann 1995, S. 59f.).

Worin liegt das Groteske dieser Szene, das uns zum Lachen bringt? Es ist die entwaffnende Naivität, mit der der Protagonist in falschen Analogien Croissants als Milchhörnchen identifiziert (nach der Form) und Mousse au Chocolat als Schokoladenpudding (nach der Farbe) und meint, dass hier einfach Produktionsfehler vorliegen müssen, auf die er die „Hersteller" aufmerksam machen muss. Dass es auch andere Gebäckarten oder Desserts geben kann, die einfach ganz anders sind, auch wenn sie teilweise wie Bekanntes aussehen, auf diesen Gedanken kommt er gar nicht, eben weil ihm die *Kontingenzerfahrung* fehlt: nämlich das Bewusstsein, dass alles, was ist, auch anders sein könnte und kann. Die Folge daraus ist in der geschilderten Szene eine nahezu grenzenlose nationale Überheblichkeit, die schon fast peinlich berührt, gipfelnd in der Feststellung, dass die europäische Integration Angleichung an die deutschen Lebensformen bedeutet. Echte Kontingenzerfahrung dagegen, das zeigt dieser Sketch in der Negativfolie, führt zu Offenheit und Bereitschaft, das Gewohnte im Licht der vielen anderen Möglichkeiten in Frage zu stellen. Genau das ist ein wichtiges Ziel der Vergleichenden Erziehungswissenschaft, insbesondere in der Lehre.

Dass die Begegnung mit anderen Schulsystemen die Folge haben kann, die Einmaligkeit des eigenen Systems zu relativieren, wusste offensichtlich auch die Schulaufsicht gerade in den peripheren Gebieten des frühen Kaiserreichs. In ihrem Eifer, die neu gefundene nationale Identität nicht zu gefährden, untersagte sie z. B. per Regierungsverordnung im schlesischen Karlsruhe, dass Lehrer, die im Ausland gewesen waren, über ihre Erfahrungen berichteten (vgl. Joachimsthaler 2008, S. 60, FN 36).

6. Die Rolle des EWFT

Nun kann man sich aber die Frage stellen, hat das alles etwas mit *Wolfgang Nieke* zu tun? Er verstand sich ja nicht als Vergleichender Erziehungswissenschaftler, sondern eher als Allgemeiner Pädagoge mit einem zeitweiligen Schwerpunkt in Interkultureller Bildung und Erziehung. Trotzdem lag ihm in seiner Zeit als Vorsitzender des EWFT die Erhaltung der International Vergleichenden Erziehungswissenschaft sehr am Herzen. Er sah sie durch einseitige Stellenstreichungen massiv bedroht, obgleich die Komparatistik für ihn ein bewahrenswertes Ergebnis, gerade der deutschen pädagogischen Disziplingeschichte, darstellte. So war eine seiner letzten Amtshandlungen vor seinem Ausscheiden aus dem EWFT die Konstituierung einer Arbeitsgruppe „Zur Zukunft der International Vergleichenden Erziehungswissenschaft". Zur Arbeitsgruppe gehörten außer ihm selbst der Verfasser dieses Beitrags und Solvejg Jobst (als Vertreterin der jüngeren Generation von Komparatisten) an. Die Arbeitsgruppe erarbeitete in Zusammenarbeit mit der Sektion für International und Interkulturell Vergleichende Erziehungswissenschaft der DGfE (SIIVE) und unterstützt von Fragebogen und Internet-Recherchen über den Stellenwert des Internationalen Vergleichs an deutschen Mitgliedshochschulen des EWFT den Text einer Stellungnahme, in dem viele der hier formulierten Gedankengänge auftauchten und der in einen Beschlussvorschlag für die Mitgliederversammlung des EWFT vom 15.6.2012 einmündete. Er lautet:

„Das neue Präsidium wird beauftragt, im Zusammenwirken mit der SIIVE der DGfE auf der Grundlage der vorliegenden Daten einen ersten Strukturplan über das erforderliche Ausmaß sowie die sprachlich-kulturelle Orientierung der erziehungswissenschaftlichen Komparatistik als Entscheidungsgrundlage für Hochschulleitungen, Bundesländer und Bundesregierung zu erstellen."

Vielleicht gibt das neue Hoffnung für die deutsche Komparatistik.

Literatur

Bos, W, Schwippert, K. 2002. TIMSS, PISA, IGLU & Co. Vom Sinn und Unsinn internationaler Schulleistungsuntersuchungen. *Bildung und Erziehung* 55 (1): 5-23. Köln: Pahl-Rugenstein.

Bundesrat 2008. Beschluss des Bundesrats vom 07.11.2008. *Drucksache 505/08 (Beschluss)*.

Grünbuch Migration und Mobilität: Chancen und Herausforderungen für die EU-Bildungssysteme. 2008. Hrsg. Kommission der Europäischen Gemeinschaften. Kom (2008) 423 endgültig. Brüssel.

Higginson, J. H. 1961. The Centenary of an English Pioneer in Comparative Education. Sir Michael Sadler (1861-1943). *International Review of Education* 3: 286-297. Hamburg u. a.: Springer.

Hoffmann, R. 1995. *Ja hallo erstmal*. Köln: Kiepenheuer und Witsch.

Hörner, W. *1993. Technische Bildung und Schule. Eine Problemanalyse im internationalen Vergleich.* Studien und Dokumentationen zur vergleichenden Bildungsforschung, Bd. 52. Köln: Böhlau.

Hörner, W. 1997. „Europa" als Herausforderung für die Vergleichende Erziehungswissenschaft – Reflexionen über die politische Funktion einer pädagogischen Disziplin. In *Vergleichende Erziehungswissenschaft. Herausforderung – Vermittlung – Praxis. Festschrift für Wolfgang Mitter zum 70. Geburtstag*, hrsg. C. Kodron et al., 65-80. Köln: Böhlau.

Hörner, W. 1999. Historische und gegenwartsbezogene Vergleichsstudien – Konzeptionelle Probleme und politischen Nutzen angesichts der Internationalisierung der Erziehungswissenschaft. *Tertium Comparationis. Journal für Internationale Bildungsforschung* 5 (2): 107-117. Münster u. a.: Waxmann.

Hörner, W. 2010a. Bildung. In *Bildung, Erziehung, Sozialisation,* hrsg. W. Hörner, B. Drinck und S. Jobst, 11-71. Opladen: Verlag Barbara Budrich.

Hörner, W. 2010b. Bologna und die Idee der deutschen Universität. In *Wissenschaft und Akademische Bildung. Ist Theodor Litt für die gegenwärtige Hochschulpolitik aktuell?,* hrsg. P. Gutjahr-Löser, D. Schulz und H.-W. Wollersheim, 97-109. Leipzig: Leipziger Universitätsverlag (Theodor-Litt-Jahrbuch 2010/7).

Hörner, W. 2011. Zur Kapitalisierung des Bildungsbegriffs. In *Ökonomisierung der Wissensgesellschaft. Wie viel Ökonomie braucht und wie viel Ökonomie verträgt die Wissensgesellschaft?,* hrsg. R. Diedrich und U. Heilemann, 125-138. Berlin: Duncker und Humblot.

Hörner, W. 2012. Vergleich. In *Klinkhardts Lexikon Erziehungswissenschaft,* hrsg. von K.-P. Horn, H. Kemnitz, W. Marotzki und L. Sandfuchs, Bd. 3, 365-367. Bad Heilbrunn: Klinkhardt (UTB 8468).

Joachimsthaler, J. 2008. Der Kulturinnenraum. In *Kulturwissenschaft(en) in der Diskussion,* hrsg. J. Joachimsthaler und E. Kotte, 47-71. München: Meidenbauer.
Jobst, S. 2010a. *Profession und Europäisierung. Zum Zusammenhang zwischen Lehrerhandeln, Institution und gesellschaftlichem Wandel.* Münster: Waxmann.
Jobst, S. 2010b. *Wozu international vergleichende Bildungsforschung.* Unpublizierte Antrittsvorlesung. Magdeburg.
Jullien, M. A. 1817. *Esquisse et vues préliminaires d'un ouvrage sur l'éducation comparée.* Paris.
Klieme, E. und Stanat, P. 2002. Zur Aussagekraft internationaler Schulleistungsvergleiche – Befunde und Erklärungsansätze am Beispiel von PISA. *Bildung und Erziehung* 55 (1): 25-44. Köln: Pahl-Rugenstein.
Schriewer, J. 1994. *Welt-System und Interrelations-Gefüge. Die Internationalisierung der Pädagogik als Problem Vergleichender Erziehungswissenschaft.* Berlin: Humboldt-Universität (Reprint, Öffentliche Vorlesungen, 34).
Stanat, P., und Christensen, G. 2006a. *Where Immigrant Students Succeed. A comparative Review of Performance and Engagement in PISA 2003.* Paris: OECD.
Stanat, P., und Christensen, G. 2006b. *Schulerfolg von Jugendlichen mit Migrationshintergrund im internationalen Vergleich.* Bonn/Berlin: BMBF.

Globales Lernen –
Überlegungen zur Beförderung raumbezogener Orientierungs- und Handlungskompetenz im Kontext der Weltgesellschaft[1]

Constanze Berndt

1. Problemaufriss: Pädagogische Herausforderungen im Kontext weltgesellschaftlicher Perspektiven

In diesem Artikel soll vor dem Hintergrund der Annahme, dass die Globalisierung die gegenwärtigen und zukünftigen Lebensbedingungen aller Menschen in starkem Maße beeinflusst, der Frage nachgegangen werden, welche pädagogischen Artikulationen an diese gesellschaftlichen Perspektiven anschließen und welche Bedeutung der Konzeptualisierung des Raumes im Hinblick auf die Herausbildung von als maßgeblich erachteten Kompetenzen zukommt.

Auf die Frage nach der Existenz einer Weltgesellschaft sind verschiedene Positionierungen auszumachen.

In der Systemtheorie wird der Terminus Weltgesellschaft weniger als Ausdruck realer Systemoperationen, sondern eher als Möglichkeitshorizont im Rahmen globaler Systemstrukturen verstanden. Durch die prinzipielle Möglichkeit der Kommunikation ist und war die Weltgesellschaft demnach seit jeher existent: „Einerseits heißt dies, daß es auf dem Erdball und sogar in der gesamten kommunikativ erreichbaren Welt nur eine Gesellschaft geben kann. Das ist die strukturelle und die operative Seite des Begriffs. Zugleich soll der Ausdruck Weltgesellschaft aber auch sagen, daß jede Gesellschaft (und im Rückblick gesehen: auch die Gesellschaften der Tradition) eine Welt konstruiert und das Paradox des Weltbeobachters dadurch auflöst" (Luhmann 1997, S. 156). Rudolf Stichweh verweist, ebenfalls aus der systemtheoretischen Perspektive, auf die Weltgesellschaft, auf den Verlust von Fremdheit, da das „soziale Außen" nicht mehr existiere und man nicht mehr von „Fremden der Gesellschaft" sprechen könne (vgl. Stichweh 2010, S. 174). Dieser Kernthese der Singularität von Weltgesellschaft und mit dieser verbundener universaler, weltgesellschaftlicher Inklusion werden diverse Kon-

---
[1] Ich danke Thomas Häcker für zahlreiche Gespräche und Impulse, die Schule konsequent vom Standpunkt der Subjekte aus zu denken.

zeptualisierungen gegenübergestellt, die davon ausgehen, dass sich gegenwärtig eine Weltgesellschaft formiert, jedoch nationalstaatlich orientierte Gesellschaften weiterhin von Relevanz sind. Demnach sei von der Parallelität verschiedener Fassungen von Gesellschaften auszugehen (vgl. Wittmann 2012, S. 241). Demgegenüber versteht Hannah Arendt die Vorstellung der Weltgesellschaft als Utopie: Die Globalisierung, gekennzeichnet durch den Bedeutungsverslust europäischer Nationalstaaten und die Schrumpfung der Erde in geographischer und ökonomischer Hinsicht, führe nicht zu einer auf universaler Menschenwürde basierenden Menschheit, sondern zur „Ausbreitung der modernen Gesellschaft über den ganzen Erdball, und damit die Verschleppung der modernen gesellschaftlichen Phänomene, der Entwurzeltheit und Verlassenheit des Massenmenschen und der Massenbewegungen, in alle Länder der Welt" (Arendt 2008 [1967], S. 329). Ein paradoxer Ausdruck dieser Tendenz sei eine zunehmende Weltentfremdung (vgl. ebd., S. 328).

Projekte zur universalen Bildung bzw. zur Erschließung eines Welthorizontes mittels weltbürgerlicher Erziehung sind seit der Neuzeit identifizierbar. Bis in die Aufklärung hinein verfolgten sie, je nach Ausrichtung, die Erfüllung eins göttlichen Schöpfungsplanes oder die Evolution der Gattung Mensch (vgl. Seitz 2012, S. 237f.). Ungeachtet der Antwort auf die Frage nach der Existenz einer Weltgesellschaft gehen neuere pädagogische Positionierungen davon aus, dass die Menschheit in weltgesellschaftlichen Zusammenhängen lebt, die der pädagogischen Aufmerksamkeit und Konzeptualisierung bedürfen. An die Stelle der erhebenden Idee der globalen Brüder- und Schwesterlichkeit oder eines elitären Kosmopolitismus sind jedoch nun die Herausforderungen der Bewältigung einer konfliktreichen Realität und einer offenen Zukunft getreten, die es mittels diverser Kompetenzen zu gestalten gilt. Gleichzeitig wird ein kollektiv wie individueller Möglichkeitshorizont über die Erschließung von Alternativprämissen in Aussicht gestellt. Kritisiert werden in diesem Zusammenhang „jene Theorietraditionen, die noch immer Pädagogik und Erziehungswissenschaft in nationalstaatlich organisierten Gesellschaftsmodellen getrennt von weltgesellschaftlichen Zusammenhängen analysieren" (Wittmann 2012, S. 242), da sie den sozialen Realitäten der Gegenwart nicht gerecht würden.

Bildungsinstitutionell scheint vor allem die allgemeinbildende Schule, bedingt durch den ihr immanenten Zwangscharakter, den Zugriff des Staates und die mit diesem verbundene Machtposition im Hinblick auf Erziehungs-, Bildungs- und Sozialisationsprozesse, Ausgangspunkt der Kritik sowie Adressatin für die Forderung nach vielfältigen Reformen zu sein (vgl. Klemm 2009, S. 42ff.). Schul- und bildungstheoretisch lassen sich verschiedene schulkritische Perspektiven vor der Folie der (sich entwickelnden) Weltgesellschaft identifizieren, die auf die Notwendigkeit der Überwindung eines national orientierten Habitus verweisen. Zwei Positionen sollen hierzu exemplarisch skizziert werden.

So begründet Gregor Lang-Wojtasik in seinen Überlegungen zu einer Schultheorie in der globalisierten Welt (2009) vor dem Hintergrund der Herausforderungen des 21. Jahrhunderts die Notwendigkeit eines schultheoretischen Paradigmenwechsels: Kultur und Gesellschaft könnten vor dem Hintergrund der Globalisierung[2] und der mit ihr verbundenen Transnationalisierung nicht mehr als semantisch deckungsgleich eingeschätzt werden. Folglich könne der gegenwärtig nach wie vor national konnotierte Referenzrahmen bisheriger Schultheorien eine Anschlussfähigkeit an durch Komplexität und Kontingenz gekennzeichnete, weltgesellschaftliche Kommunikation nicht gewährleisten (vgl. Lang-Wojtasik 2009, S. 34f.).

Eine bildungstheoretische, gesellschaftsparadigmatisch jedoch ähnliche Argumentation entwickelt Wolfgang Nieke in seiner Begründung der Weltorientierung als Bestandteil von Allgemeinbildung (vgl. Nieke 2012). Nieke führt aus, dass es in einer sich als pluralistisch verstehenden Kultur und Gesellschaft „keinen universal oder konsensuell begründbaren Kanon von Allgemeinbildung mehr gibt und [...] auch nicht geben kann" (ebd., S. 148). In diesem Sinne sei der bislang an Schulen dominierende, tradierte Bildungskanon, der sich seit dem 19. Jahrhundert unhinterfragt über als notwendig erachtete Unterrichtsfächer artikuliert, obsolet und „hat offensichtlich *nicht* das Ziel, die nachwachsende Generation für ihre Aufgaben im Alltag tüchtig zu machen [...]. Vielmehr steht dahinter die Vorstellung der Prägung eines Bürgers, der sich mit dem Nationalstaat identifiziert" (ebd., S. 149, Hervorhebung im Original). Für das Fach der Religionslehre legt Nieke erziehungswissenschaftliche Argumente vor, die begründen, dass die Vermittlung eines alternativlosen und dogmatisch-geschlossenen (in diesem Fall katholischen oder protestantischen) Weltbildes einer wesentlichen pädagogischen Aufgabe der Schule, der Hilfe bei der Orientierung in einer pluralistischen Welt, nicht (mehr) hilfreich ist. Eine Einmündung dieses Faches in den Horizont einer reflexiven Weltorientierung, die verschiedene (welt-) religiöse sowie das naturwissenschaftliche Weltbild gleichberechtigt thematisiert, wäre demgegenüber ein Ansatz, der eine begründete Wahlfreiheit erlaube und die plurale Realität angemessener abbilde (vgl. ebd., S. 160ff.).

---

2 Die Globalisierung ist nach Lang-Wojtasik der Oberbegriff für Phänomene, zu denen „sozioökonomische Zuspitzungen für das Verhältnis von Armut und Reichtum, die Bedeutung der neuen Medien für Kommunikation, Veränderungen in der Arbeitswelt oder zunehmende Migrationsbewegungen" (Lang-Wojtasik 2009, S. 34) zählen.

Grundsätzlich scheint es in beiden Theorieentwürfen auch um die Frage zu gehen, inwiefern die Ziele und Funktionen der Schule wie auch die als relevant erachteten Bildungsinhalte vor dem Hintergrund des Lebens in weltgesellschaftlichen Zusammenhängen subjektiv welteröffnend oder weltverschließend sind. Die dualistische Figur der Eröffnung bzw. Verschließung von Welt wurde bereits erkenntnisphilosophisch von Otto-Friedrich Bollnow (vgl. Schüz 2001, S. 53) modelliert und kann, in übertragener Form, auch lerntheoretisch im Kontext des expansiven und defensiven Lernens (Holzkamp 1995) nachgezeichnet werden. Für die Frage nach Möglichkeiten der Beförderung raumbezogener Orientierungs- und Handlungskompetenz im Kontext der Weltgesellschaft scheint sie von zentraler Relevanz zu sein. Bevor dieser Gedanke begründet wird, ist jedoch zunächst das Konzept des Globalen Lernens als weltgesellschaftlich orientiertes, pädagogisches Konzept, in ausgewählten Grundzügen darzustellen.

2. Globales Lernen als orientierungs- und handlungsleitendes pädagogisches Konzept

Die Annahme eines Lebens in weltgesellschaftlichen Zusammenhängen findet im Konzept des Globalen Lernens eine didaktische Entsprechung. In dessen theoretisch-konzeptionellem Diskurs wird ebenfalls auf die Antiquiertheit eines pädagogischen Denkens in nationalstaatlichen und territorialen Dimensionen verwiesen, da sie „Engführungen pädagogischer Aufmerksamkeit [mit sich brächten], die den Blick auf die Herausforderungen unserer Zeit verstellen" (Seitz 2002, S. 365). Auch hier ist somit die oben benannte, dualistische Figur der Welterschließung und -eröffnung wiederzufinden.

Globales Lernen ist weltgesellschaftlich orientiert und nimmt seinen Ausgangspunkt in der Globalisierung (vgl. u. a. Scheunpflug und Schröck 2002; Asbrand 2009; Lang-Wojtasik 2010). Im deutschsprachigen Raum wurde das Konzept der *Global Education* des US-Amerikanischen Erziehungswissenschaftlers Robert G. Hanvey zunächst vom Schweizer Forum adaptiert und als „die Vermittlung einer globalen Perspektive und die Hinführung zum persönlichen Urteilen und Handeln in globaler Perspektive auf allen Stufen der Bildungsarbeit" (Forum Schule für Eine Welt 1996, S. 19) definiert.

Verbunden mit der Annahme, „dass Bildung und Erziehung eine entscheidende Bedeutung bei der Entwicklung einer nachhaltigen Gesellschaft und Politik zukommt" (Scheunpflug 2012, S. 91), wird Globales Lernen als Querschnittsaufgabe für alle Bildungsprozesse verstanden. Mithin bezeichnet das Globale Lernen aktuell nicht ein homogenes Lernfeld, sondern verschiedene Konzepte, deren

Grundannahme „ein holistisches Weltbild [ist], das von Verflechtungen globaler und lokaler Bezüge ausgeht" (Asbrand und Wettstädt 2012, S. 94). Allgemein werden zwei verschiedene Paradigmen innerhalb der Konzepte identifiziert: (1) Handlungstheoretische Ansätze zielen auf das Einüben von Perspektivenwechseln, die Schulung im ganzheitlichen Denken sowie das Erlernen von Solidarität, Empathie und Selbstbestimmung ab. Das Globale Lernen wird als Teil einer gesellschaftstransformierenden Pädagogik verstanden. Diese Ansätze sind intentional und gehen von einer direkten Kausalität zwischen dem Lernenden und der Weltgesellschaft aus (vgl. Asbrand und Wettstädt 2012, S. 95; Scheunpflug 2012, S. 91). (2) Demgegenüber sind die evolutions- und systemtheoretischen Ansätze durch das Bereitstellen anregender Perspektiven und die Annahme einer indirekten Kausalität gekennzeichnet. Sie zielen auf die Überwindung der Beschränkung menschlicher Wahrnehmung und Interaktion in den Bereichen des Mikro- und Mesokosmos ab und wollen über den Erwerb von Kompetenzen im Umgang mit Komplexität auf ein Leben in einer zukunftsoffenen Weltgesellschaft vorbereiten (vgl. Asbrand und Wettstädt 2012, S. 95; Scheunpflug 2012, S. 91). Im Verständnis einiger Akteure und praktisch gehen beide Ansätze jedoch häufig ineinander über, da sowohl individuell-orientierungsbezogene als auch auf kollektive Verantwortung ausgerichtete Perspektiven eingenommen werden, wie die Begriffsfassung des Verbandes Entwicklungspolitik Deutscher Nichtregierungsorganisationen (VENRO e. V.) nahelegt: „Globales Lernen unterstützt den Erwerb von Kompetenzen, die wir brauchen, um uns in der Weltgesellschaft – heute und in Zukunft – zu orientieren und verantwortlich zu leben" (VENRO 2007, S. 8) Wie dies zu erfolgen habe und welchen Paradigmen der pädagogisch zu unterstützende Kompetenzerwerb unterliegt, bleibt jedoch theoretisch unklar.

Nach wie vor werden Desiderate in der wissenschaftlichen bzw. empirischen Begründung der als maßgeblich erachteten Kompetenzen und didaktischen Implikationen des Globalen Lernens benannt (vgl. Scheunpflug 2012, S. 105), da vor allem normative Kompetenzziele im Kontext handlungsorientierter Ansätze formuliert werden. Insbesondere die Gestaltungskompetenz im Rahmen einer Bildung für nachhaltige Entwicklung (de Haan und Harenberg 1999) dient als Folie für die Ableitung von Kompetenzen des Globalen Lernens. Das Kompetenzmodell des Orientierungsrahmens Globale Entwicklung, herausgegeben von der Ständigen Konferenz der Kultusminister und vom Bundesministerium für wirtschaftliche Entwicklung und Zusammenarbeit (KMK und BMZ 2007), ist ein prominentes Beispiel hierfür. Unter die didaktische Trias „Erkennen – Bewerten – Handeln" werden Teilkompetenzen subsumiert, die normativ nachvollziehbar, jedoch wissenschaftlich nicht begründet scheinen. Kritik an der Kompetenzzielen des Orientierungsrahmens scheint auch in Anlehnung an Wolfgang Niekes Analyse des allgemeinen Kompetenzdiskurses angebracht: Weder wird eine Rechenschaft über die Konstruktionsprinzipien des Modells abgelegt, wodurch ein Verlust des Bedeutungsgehaltes des Kompetenzbegriffes zu konstatieren ist, noch erfolgt eine eigenständige Begründung der Teilkompetenzen (vgl. Nieke 2012, S. 3), etwa der Analyse des globalen Wandels und der Unterscheidung gesellschaftlicher Handlungsebenen (subsumiert unter „Erkennen"), des Perspektivwechsels und der Empathie (subsumiert unter „Bewerten") oder der Solidarität und Mitverantwortung sowie der Partizipation und Mitgestaltung (subsumiert unter „Handeln") (vgl. KMK und BMZ 2007, S. 77f.).

Die Gefahr einer Rhetorisierung und De-Kontextualisierung von als maßgeblich erachteten Kompetenzen innerhalb eines Lebens in weltgesellschaftlichen Zusammenhängen scheint vor diesem Hintergrund groß. Eine Möglichkeit, den Kompetenzdiskurs zum Globalen Lernen und mit ihm die Didaktisierung dieses Lernfeldes theoretisch zu untersetzen, ist die Auseinandersetzung mit der Frage nach dem grundlegenden Verständnis vom Raum. Dieses wird, wie folgend ausgeführt werden soll, nur unzureichend expliziert, hat jedoch weitreichende Folgen für die Gestaltung von Lehr-Lernarrangements. Spezifische, im- oder explizite Raumbilder haben, so die Annahme, einen maßgeblichen Einfluss darauf, ob Lernsituationen eher welteröffnend oder -verschließend sind, eher auf die Aneignung und Gestaltungsfähigkeit von Welt abzielen (und damit einer vermeintlichen Weltentfremdung entgegenwirken) oder dies verhindern. In einem Exkurs soll folgend der Raumdiskurs in der Erziehungswissenschaft und den Sozialwissenschaften exemplarisch dargestellt werden.

3. Exkurs: Zum Raumdiskurs in den Sozialwissenschaften und der Erziehungswissenschaft

In den Sozialwissenschaften hat die Thematisierung des Raumes eine disponierte Stellung. Beispielhaft sei hier die Gouvernementalitätsdebatte Michel Foucaults und, daran anschließend, der Diskurs zum *spatial turn* skizziert.

Michel Foucault betrachtet im Rahmen seiner Diskursanalyse gesellschaftliche Verhältnisse vor dem Hintergrund von Formationsregeln, die aus seiner Sicht nicht als zwangsläufiger Effekt einer gegebenen Realität, sondern als soziale Konstruktion zu begreifen sind (Füller und Marquardt 2009, S. 83). Diese Formationsregeln werden durch Mittel des Regierens, ein Begriff, den Foucault auf „die Gesamtheit der Institutionen und Praktiken [bezieht], mittels deren man die Menschen lenkt, von der Verwaltung bis zur Erziehung" (Foucault nach Füller und Marquardt 2009, S. 83), bestimmt. Demnach seien die Strukturen in Schulen, beim Militär wie auch in Gefängnissen Ausdruck permanenter, wiederkehrender und in alle weiteren Lebensbereiche hinein wirkende Zurichtungen (vgl. Füller und Marquardt 2009, S. 85). Raum konstituiert sich demnach stets über das Handeln durch Führung und Selbstführung von Individuen, die sich „durch verinnerlichte Normen oder Wertvorstellungen häufig widerstandslos in das Gefüge der Kräfteverhältnisse einpassen" (ebd., S. 89). Anschlüsse der Humangeographie an das Konzept der Gouvernementalität Foucaults gehen u. a. davon aus, dass diese Formen des Regierens den physischen Raum konstituieren und in räumliche Einheiten gliedern, sei es über die Vergabe von Hausnummern, Lenkungsfunktionen der baulichen Anordnung meist städtischer Räume, die Zuweisung oder Verweigerung von Staatsangehörigkeiten oder nationalstaatliche Grenzziehungen. Diese Perspektive eröffne somit Möglichkeiten, Formen der Machtausübung in ihren Wechselverhältnissen und unter einer Schärfung auf Aspekte des Regiert-werdens zu analysieren (vgl. ebd., S. 91f.).

Der *spatial turn*, ursprünglich ein Terminus der Humangeographie, bezeichnet die sogenannte raumkritische Wende der Sozialwissenschaft als Reaktion auf eine unterstellte Raumblindheit oder Raumvergessenheit. In ihm finden sich Aspekte der Gouvernementalität Foucaults wieder. Vertreter/innen dieser auch als Raumvoluntarismus bezeichneten Perspektive verstehen den Raum als relationale Konstruktion, die „die kreativen Möglichkeiten und die Chancen der Akteure bei der Konstituierung, dem Aufbau und der Gestaltung von Räumen betont" (Schroer 2006, S. 175) bzw. von einem grundsätzlichen sozialen Gemacht-sein von Räumen ausgeht (vgl. Döring und Thielmann 2008, S. 25).

Demgegenüber wird innerhalb der absoluten, raumdeterministischen Vorstellung davon ausgegangen, dass der Raum auf alle körperlichen Objekte wirke, diese jedoch umgekehrt den Raum nicht beeinflussen (vgl. Einstein 1960, XIV). Grundlegend hierfür sind Perspektiven der euklidischen Geometrie, nach der der Raum als Apriori der Anschauung verstanden wird (vgl. Günzel 2010, S. 78). In dieser Vorstellung existiert der Raum als Container vor den Subjekten und Praxen, die ihn befüllen (vgl. Döring 2010, S. 91).

Der unterschiedlich diskutierten Frage nach dem Verhältnis beider Raumperspektiven zueinander soll an dieser Stelle nicht nachgegangen werden. In jedem Fall ist eine in den vergangenen Jahren zunehmend handlungstheoretische Ausrichtung zahlreicher raumtheoretischer Arbeiten (vgl. u. a. Läpple 1991; Löw 2001; Schroer 2006) zu konstatieren.

Benno Werlen merkt in diesem Zusammenhang an, dass die Annahme stabiler, geographisch-kultureller Einheiten, „Raumgestalten" hervorbringt, die jedoch grundsätzlich ebenso sozial erzeugt bzw. konstruiert sind: „'Natur', 'Kultur' und 'Gesellschaft' sind zu einer Einheit zusammengewachsen. Mit anderen Worten: Raumgestalten wie der Nationalstaat, der 'Kulturkreis' oder auch der Kontinent leben davon, dass sie 'Nichträumliches' (z. B. Soziales) als räumlich-materiell Fixierbares, Verankertes, Bedingtes, Verursachtes, Steuerbares, ja als weitgehend bis ganz und gar Räumliches oder Physisch-Materielles erscheinen [...] lassen" (Werlen in Lippuner und Lossau 2004, S. 51).

Nach Roland Lippuner und Julia Lossau bedeutet das dynamische Raumverständnis insbesondere auch, kulturelle Räume dynamisch zu denken und damit der „Raumfalle", der Vorstellung von stabilen, geographisch-kulturellen Einheiten, zu entgehen (Lippuner und Lossau 2004, S. 51). Sie radikalisieren den *spatial turn*, in dem sie am Beispiel der Raumbezüge Bourdieus darlegen, dass sich in alltagsweltlichen Denk- und Handlungsweisen zwar vielfache Überlappungen und Verschmelzungen von sozialem und physischen Raum ergeben, diese jedoch nicht dazu verleiten sollten, „physisch objektivierte Strukturen als gegeben hinzunehmen und die räumliche Verteilung von Objekten oder Akteuren als Erklärung der damit verbundenen sozialen Praktiken heranzuziehen" (ebd., S. 55). Ein dynamisches Raumverständnis biete somit die Möglichkeit, die „Konstruktion von Raum (auch die wissenschaftliche) als eine politisch machvolle Praxis zu entlarven" (ebd., S. 48). Der Raum als politische Kategorie denke den Raum somit konsequent als Element sozialer Praktiken, der die Verortung von Objekten und Identitäten systematisch reflektiere: „In einer solchen Forschungsperspektive, in der Räume nicht als natürliche Entitäten, sondern als Resultate von Praktiken der Zuweisung betrachtet werden, würde das Bild eines vermeintlich vorgängigen, unschuldigen Raums im Sinne einer materialistisch-physikalischen Entität korrigiert und die Konstruktion von Raum als machtvolle politische Praxis entlarvt" (ebd., S. 58). Demgegenüber fördere ein absolutes und als gegeben angesehenes Verständnis vom Raum beispielsweise die Vorstellung von der Existenz territorial-national-kultureller Einheiten, die an identifizierbare Orte gehören, an anderen jedoch 'fremd' sind. Diese auch als eurozentrisch beschriebene Perspektive fundamentiert sich hartnäckig über die Konstruktion des 'Raum-Anderen' in Abgrenzung zum 'Raum-Eigenen'. Eine derartige Vorstellung von Welt konstituiert sich über die Wirkmacht nationaler wie kontinentaler Grenzen und erzeugt spezifische und scheinbar unveränderbare Dimensionen von Nähe und Distanz (vgl. ebd., S. 50f.).

In der Erziehungswissenschaft ist der Raumdiskurs weniger vordergründig als in den Sozialwissenschaften nachzuzeichnen. Dennoch hat es immer wieder eine Auseinandersetzung über die Bedeutung von Raum vor dem Hintergrund

(a) pädagogischer Interaktionspraxis, (b) der pädagogischen Umwelt und (c) der Erschließung von Welt im Handeln stattgefunden (vgl. Reutlinger 2009, S. 93f.). Insofern, als dass Handeln hier als maßgeblich betrachtet wird, scheint das Raumverständnis ein dynamisches zu sein, wenngleich dies nicht expliziert wird. Es wird jedoch konstatiert, dass die Frage nach der Sichtbarkeit und Anschlussfähigkeit aktueller Bewältigungsformen klassischer Adressaten pädagogischer Interaktionen an den gesellschaftlichen Handlungsraum unbeantwortet bliebe und es pädagogischen Raumdebatten somit nicht gelänge, „die verschiedenen auseinandergehenden Ebenen (global vs. lokal, Struktur vs. Handlung, Institution vs. Alltag) erneut zusammenzubringen bzw. Möglichkeitsräume [...] aufzuzeigen" (ebd., S. 103).

Eine Betrachtung des schulischen Raumes über soziale Handlungen scheint insbesondere in schulkritischen Perspektiven vorgenommen zu werden. So fasst Ulrich Klemm zusammen: „Die Schule begleitet den sozio-kulturellen Wandel von einer segmentären zu einer stratifikatorischen Gesellschaft und erhält eine wichtige Funktion bei der Entwicklung hierarchischer Hochkulturen. Schule ist ein pädagogischer und ein politischer Raum. Sie ist, historisch und evolutionstheoretisch betrachtet, gekoppelt mit der Ausbildung geschichteter und hierarchischer Gesellschaften und unterliegt gesellschaftlichen Machtverhältnissen" (Klemm 2009, S. 42).

Zwischen dem breiten Raumdiskurs in den Sozialwissenschaften und dem offenbar eher marginal geführten Raumdiskurs in der Erziehungswissenschaft lassen sich, trotz der jeweiligen Ex- bzw. Implizitheit, Parallelen zeigen: Beiderseits wird davon ausgegangen, dass sich Raum über soziale Interaktionen konstituiert. So sind pädagogische Interaktionen, wie z. B. in der Schule, als auch gesellschaftliche Bedingungen als grundsätzlich veränderbar anzusehen. Demgegenüber scheint der euklidisch-statische bzw. absolute Raum, wie dargestellt wurde, nicht veränderbar, er wirkt statisch und wird durch soziale Praxen maximal ausgefüllt. Als besonders interessant erscheinen vor diesem Hintergrund die Perspektiven, die den Raum als absolut ansehen und dahinterliegende soziale Praktiken, die ihn eigentlich dynamisch hervorbringen, übersehen. Vor diesem Hintergrund können auch Verortungspraxen von Objekten und Identitäten, inner- wie außerhalb der Schule, de-konstruiert und hinterfragt werden. Unbewusste oder unreflektierte Raumverständnisse, so kann geschlussfolgert werden, vergeben nicht nur vielfältige Handlungs-, Gestaltungs- und Veränderungspotenziale, sondern begrenzen auch individuelle Entscheidungs- und Freiheitsräume.

4. Raumbezüge im Globalen Lernen

Im Globalen Lernen wird, wie in kaum einem anderen pädagogischen Konzept, mit zentralen räumlichen Kategorien gearbeitet: Weltgesellschaft, Weltbilder, weltbürgerliche Erziehung, das Globale, aber auch Termini wie 'Orientierung' und 'Handeln' können raumtheoretischen Betrachtungen unterzogen werden, denn die Frage, ob Lernangebote des Globalen Lernens handlungseröffnend oder handlungsverhindernd, orientierungsleitend oder desorientierend sind, wird aus der hier eingenommenen Perspektive maßgeblich von dem dahinterliegenden Raumverständnis bestimmt. Trotzdem scheint bisher eine systematische Analyse von impliziten Raumverständnissen in Theorien, Konzeptionen, Kompetenzmodellen und Arbeitsmaterialien noch auszustehen. Eine exemplarische Auswertung zeigt, dass Raumverständnisse innerhalb der verschieden Abstraktionsebenen weitgehend unreflektiert transportiert werden (Berndt und Kalisch 2013). Während sich theoretische Auseinandersetzungen und, soweit vorhanden, empirische Studien, jedoch implizit an einer dynamischen, also veränder- und gestaltbaren Vorstellung vom Raum orientieren bzw. dergleichen Perspektiven im Hinblick auf ihre handlungsorientierende Lernwirksamkeit präferieren (vgl. u. a. Asbrand 2009), weist der Orientierungsrahmen für den Lernbereich Globale Entwicklung (KMK und BMZ 2007), die bislang einzige bildungspolitisch verantwortete Rahmung des Globalen Lernens, eine unreflektierte Gleichzeitigkeit statisch-geschlossener und dynamisch-offener Raumperspektiven und somit eine raumtheoretische Inkohärenz auf. Insbesondere in der konzeptionellen Grundlegung werden über paternalistische Entwicklungsperspektiven (vgl. ebd., S. 41), nationalstaatlich orientierte Termini wie „Völkerverständigung" und „ausländische Kinder" sowie die Konstruktion von Fremdheit in Verbindung mit der Ferne („fremde Lebensverhältnisse", „fremde Länder und Kulturen", „Respektierung des Fremden"; ebd., S. 58ff.) statische Raumperspektiven und festlegende Verortungspraxen (Personen aus Entwicklungsländern können „eine realitätsnahe und lebendige Wahrnehmung ihrer eigenen Lebensbedingungen vermitteln"; ebd., S. 58) unreflektiert reproduziert. Weder sind in diesem Teil des Orientierungsrahmens transkulturelle, dynamische Perspektiven auf Identitäten noch eine kritische Benennung sozialer und ökonomischer Ursachen für die globale Ungerechtigkeit vor der Folie des sozial gestalteten Raumes auszumachen.

Auch das mittlerweile unüberschaubare Volumen an Lern- und Arbeitsmaterialien weist eine bisher nicht ausreichend benannte, weitgehend unreflektierte Koexistenz verschiedener Perspektiven auf den Raum auf. Eine bemerkenswerte, exemplarische rassismuskritische Analyse von Arbeitsmaterialien wurde von Christian Geißler-Jagodzinski (2007) vorgenommen. Er kommt zu dem Schluss,

Globales Lernen – Beförderung von Kompetenzen im Kontext der Weltgesellschaft

„dass es notwendig ist, die Materialien des Globalen Lernens immer wieder daraufhin zu überprüfen, ob sie rassistische Stereotype reproduzieren, anstatt zu ihrer Erschütterung beizutragen, ob sie aus hegemonialer Perspektive die 'Anderen' betrachten und einordnen, anstatt den Blick auch auf sich und die eigene Verwobenheit in die globalen Ungleichheitsstrukturen zu lenken und ob sie ein Thema essentialistisch oder kulturalistisch aufladen" (ebd., S. 48f.). Ein unhinterfragter Lernmitteleinsatz liefe somit den Zielen Globalen Lernens im Sinne der Annahme einer sozialen Gestalt- und Veränderbarkeit des globalen, dynamischen Raumes zuwider.

Der vermeintlich Andere wird in zahlreichen Veröffentlichungen zum Globalen Lernen, wie die Ausführungen zeigen, zu einer quasi natürlichen Chiffre für das Außen. Gleichzeitig wird mit dieser Perspektive suggeriert, dass das kollektive „Innen" – sei es das nationalstaatliche, das christlich-jüdische, das europäische oder das regionale – homogen, widerspruchsfrei und konsistent sei. Innen- bzw. Wir-Perspektiven erscheinen so ebenfalls als natürlich gegeben, als zeit- und alternativlos und nicht etwa auf einer Vielzahl an zufälligen und zielgerichteten Ereignissen beruhend. Darauf, dass diese Perspektiven Gefahr laufen können, nicht die eigentlich intendierten pädagogischen Ziele zu erreichen, verweisen Analysen aus der interkulturellen Pädagogik und der Migrationspädagogik (vgl. u. a. Nieke 2008; Mecheril 2010; Hamburger 2012).

Konzepthistorisch muss vor diesem Hintergrund die Unüberwundenheit von Perspektiven der als paternalistisch zu kritisierten „Dritte-Welt-Pädagogik", raumtheoretisch ein Verharren in statischen Konzeptionen des Raumes, konstatiert werden. Es ist fraglich, ob und inwiefern vor dem Hintergrund dieser Perspektiven insbesondere die oben bereits erwähnten, vermeintlich handlungsorientierten Teilkompetenzen zu Lehr-Lernarrangements sinnvoll und unterstützend relationiert werden können.

5. Dimensionen raumbezogener Handlungskompetenz im Kontext weltgesellschaftlicher Orientierung

Der Erwerb von Handlungs- und Orientierungskompetenz kann vor dem Hintergrund der oben skizzierten Elemente des raumtheoretischen Diskurses nur unterstützt werden, wenn die Welt als gestalt- und veränderbar erlebt und das Gemachtsein von Räumen bewusst wird. Aus pädagogischer wie aus gesellschaftlicher Sicht bedarf es einer „raumsensiblen" Pädagogik, die über schulische und subjektive Raumverständnisse reflektiert und sich der Bedeutung dieser Raumverständnisse bewusst ist. Wenn wir davon ausgehen, dass die Welt ein ungerechter

Ort ist und selbst die Demokratie stets von undemokratischen Prozessen durchdrungen ist (vgl. Prengel 2011), braucht es für die Entwicklung einer welteröffnenden Orientierung sowie für die Ermöglichung eines gerechtigkeitsorientierten Handelns im globalen Raum, wie es das Globale Lernen befördern soll, ein dynamisches Raumverständnis, welches von einer grundsätzlichen 'Machbarkeit' des Raumes ausgeht.

Ein *dynamisches bzw. relationales Verständnis vom Raum* kann die Beförderung von Handlungskompetenz im Kontext weltgesellschaftlicher Orientierung insofern unterstützen, als dass hierüber eine Offenheit für die Disparitäten der sozialen Welt erzeugt wird und die Möglichkeit besteht, den Blick für vielfältige und häufig subtile Abhängigkeits- und Machtverhältnisse zu schärfen (vgl. Füller und Marquardt 2009, S. 100f.). Konstruktionen des „Raum-Anderen" und des „Raum-Eigenen" und, mit ihnen verbunden, die scheinbar unveränderbaren Dimensionen von Nähe und Distanz, können auf dieser Basis de-konstruiert und neu verhandelt werden. Die Beförderung raumbezogener Handlungskompetenz bedeutet auch, inner- und außerschulische Subjektpositionierungen und Verortungspraxen von Gruppen (etwa „Nationen" oder „Völkern") in ihrer spezifischen Wirkmacht bzw. in Bezug auf vermeintlich naturräumliche Generalisierungen zu hinterfragen. Hierzu gehört auch, Selbstverortungen auf der Basis bestimmter Differenzkonstruktionen zu thematisieren.

Kompetenzmodelle können über ein reflektiertes und expliziertes Raumbewusstsein theoretisch begründet werden. Im Hinblick auf die didaktische Anschlussfähigkeit von Kompetenzmodellen, bspw. angestrebt mit dem „Orientierungsrahmen für den Lernbereich Globale Entwicklung" (KMK und BMZ 2007), bestünde so die Möglichkeit, Lernarrangements vor dem Hintergrund der Reflexion von sozialen Beziehungen, Abhängigkeiten und Machverhältnissen zu realisieren und Einendes und Trennendes jenseits statischer Zuschreibungskategorien sichtbar zu machen. Insbesondere handlungsorientierte Teilkompetenzen könnten auf der Basis dynamischer Perspektiven auf den globalen Raum der Kritik der Normativität begegnen und darüber hinaus nach realen Möglichkeiten, aber auch Grenzen für das individuelle Handeln suchen.

Inhaltlich bzw. curricular wäre die Frage zu verfolgen, inwiefern eine weltgesellschaftliche Orientierung über die Verortung innerhalb nur eines identifizierten, zentralen schulischen Orientierungsfeldes und über die Thematisierung von Weltbildern hinaus erweitert werden kann auf eine schulische Allgemeinbildung im Kontext der Weltgesellschaft. Ausschließlich national orientierte bzw. ganz und gar entörtlichte Lernangebote könnten somit „global gewendet" werden und eine neue Qualität des Orientierungshorizontes erfahren. Eine Weltorientierung könnte in diesem erweiterten Zusammenhang die Thematisierung von Unterrichtsinhalten jedweder Fachimmanenz vor dem Hintergrund weltgesellschaftlicher Fragestellungen, zum einen im Hinblick auf Fragestellungen des lernenden Subjekts (Orientierung in der Welt) und zum anderen im Hinblick auf globale Entwicklungsfragen (Verantwortung in der Welt) beinhalten. Diese Perspektive ist nicht neu, sondern wurde bereits in den 80er Jahren von Wolfgang Klafki (2007) in seiner kategorialen Bildungstheorie und der kritisch-konstruktiven Didaktik entwickelt. Ein Bezug auf dynamische Perspektiven auf den Raum böte allerdings die Option einer prinzipiellen Raumerweiterung als Erweiterung von individuellen Lebensoptionen. Die Orientierung in einem derart eröffneten Raum ginge somit einher mit der Möglichkeit der Eröffnung von Weltdeutungs- und Handlungsalternativen und einem Zugewinn an individueller und kollektiver Freiheit, wie sie mit statischen Raumperspektiven nicht denkbar ist.

Letztlich muss *die Schule* selbst in ihren spezifischen Logiken als Ort verschiedener Praktiken der Zuweisung betrachtet werden. Legitimiert wird dies u. a. über die Allokations- und die Selektionsfunktion der Schule, dem Ziel folgend, zur „Lösung grundlegender Probleme gesellschaftlichen Lebens" (Fend 1980, S. 2) beizutragen. Aus der Perspektive pädagogischer Aufgaben der Schule im Kontext eines Lebens in weltgesellschaftlichen Zusammenhängen müssen die jedoch Funktionen neu bestimmt werden (vgl. Lang-Wojtasik 2009). Sollen pädagogische Interaktionen handlungsleitend und orientierungsstiftend sein, muss Schule selbst als dynamischer Ort des Handelns verstanden werden. Das kann in der Endkonsequenz nur bedeuten, dass ein dynamisches Raumverständnis und mit ihm eine konsequente Hinterfragung tradierter Mechanismen bezüglich des Umgangs mit Wissen und Nichtwissen, der Lehrenden- wie der Schüler/innenrolle, des Verständnisses von Lernen und Leistung, sowie des Erziehungs- und Bildungsauftrages der Schule vor dem Hintergrund weltgesellschaftlicher Perspektiven Anwendung findet. Eine raumsensible Schulpädagogik bietet vor diesem Hintergrund die Möglichkeit, die Schule selbst als einen schüler/innenorientierten Ort in einem dynamischen Spannungsverhältnis zu weltgesellschaftlich gerichteten Fragen zu denken.

Literatur

Arendt, H. 2008 (1967). *Vita activa oder vom tätigen Leben*. München: Piper.

Asbrand, B. 2009. *Wissen und Handeln in der Weltgesellschaft*. Eine qualitativ-rekonstruktive Studie zum Globalen Lernen in der Schule und in der außerschulischen Jugendarbeit. Münster u. a.: Waxmann.

Asbrand, B., und Wettstädt, L. 2012. Globales Lernen – Konzeptionen. In *Handlexikon Globales Lernen*, hrsg. G. Lang-Wojtasik und U. Klemm, 93-96. Münster und Ulm: Klemm & Oelschläger.

Berndt, C., und Kalisch, C. 2013. Globales und Regionales Lernen: Zur Bedeutung regionaler und globaler Raumbezüge in schulischen Bildungsprozessen. *Zeitschrift für internationale Bildungsforschung und Entwicklungspädagogik* 1/2013: 4-10. Gesellschaft für interkulturelle Bildungsforschung und Entwicklungspädagogik e. V. und KommtEnt. Münster: Waxmann.

Döring, J., und Thielmann, T. 2008. Was lesen wir im Raume? Der Spatial Turn und das geheime Wissen der Geographen. In *Spatial Turn. Das Raumparadigma in den Kultur- und Sozialwissenschaften*, hrsg. J. Döring und T. Thielmann, 25. Bielefeld: Tectum.

Döring, J. 2010. Spatial Turn. In *Raum. Ein interdisziplinäres Handbuch*, hrsg. S. Günzel, 90-99. Weimar: Metzler.

Einstein, A. 1960. Vorwort. In *Das Problem des Raumes: Die Entwicklung der Raumtheorien*, hrsg. M. Jammer und P. Wilpert, XII-XVII, Darmstadt: Wissenschaftliche Buchgesellschaft.

Fend, H. 1980. *Theorie der Schule*. München: Urban und Schwarzenberg.

Forum Schule für eine Welt. 1996. *Globales Lernen. Anstöße für die Bildung in einer vernetzten Welt*. Ort: Jona.

Füller, H., und Marquardt, N. 2009. Gouvernementalität in der humangeographischen Diskursforschung. In *Handbuch Diskurs und Raum. Theorien und Methoden für die Humangeographie sowie die sozial- und kulturwissenschaftliche Raumforschung*, hrsg. G. Glasze und A. Mattissek, 83-106. Bielefeld: Transcript.

Geißler-Jagodzinski, C. 2007. Der blinde Fleck des Globalen Lernens? Eine rassismuskritische Betrachtung von Konzepten und Arbeitsmaterialien. In *Von Trommlern und Helfern. Beiträge zu einer nicht-rassistischen entwicklungspolitischen Bildungs- und Projektarbeit*, hrsg. Berliner entwicklungspolitischer Ratschlag, 46-49. Verlag Berlin.

Günzel, S. 2010. Kopernikanische Wende. In Raum. *Ein interdisziplinäres Handbuch*, hrsg. S Günzel, 77-89. Stuttgart u. a.: Metzler.

Haan, G., und Harenberg, D. 1999. *Bildung für eine nachhaltige Entwicklung: Gutachten zum Programm*. Bonn: Bund-Länderkommission für Bildungsplanung und Forschungsförderung.

Hamburger, F. 2012. *Abschied von der Interkulturellen Pädagogik. Plädoyer für einen Wandel sozialpädagogischer Konzepte*. Weinheim u. a.: Juventa.

Holzkamp, K. 1995. *Lernen: subjektwissenschaftliche Grundlegung*. Frankfurt am Main: Campus.

Klafki, W. 2007. *Neue Studien zur Bildungstheorie und Didaktik: zeitgemäße Allgemeinbildung und kritisch-konstruktive Didaktik*. Weinheim: Beltz.

Klemm, U. 2009. Schulkritik. In *Handbuch Schule*, hrsg. S. Blömecke, T. Bohl, L. Haag et al., 42-50. Bad Heilbrunn: Julius Klinkhardt.

KMK (Kultusministerkonferenz) und BMZ (Bundesministerium für wirtschaftliche Entwicklung und Zusammenarbeit). 2007. *Orientierungsrahmen für den Lernbereich Globale Entwicklung*. Bonn/Berlin.

Läpple, D. 1991. Essay über den Raum. Für ein gesellschaftswissenschaftliches Raumkonzept. In *Stadt und Raum*, hrsg. H. Häußermann et al., 157-207. Pfaffenweiler: Centaurus.

Lang-Wojtasik, G. 2009. Schultheorie in der globalisierten Welt. In *Handbuch Schule*, hrsg. S. Blömecke, T. Bohl, L. Haag et al., 33-41. Bad Heilbrunn: Julius Klinkhardt.

Lang-Wojtasik, G. 2010. Zukunft des globalen Lernens. In *Zukunft der transkulturellen Bildung – Zukunft der Migration*, hrsg. A. Datta, 115-130. Frankfurt am Main: Brandes & Apsel.

Lippuner, R., und Lossau, J. 2004. In der Raumfalle. Eine Kritik des spatial turn in den Sozialwissenschaften. In *Soziale Räume und kulturelle Praktiken. Über den strategischen Gebrauch von Medien*, hrsg. G. Mein, M. Rieger-Ladich, 47-63. Bielefeld: Transcript.

Löw, M. 2001. *Raumsoziologie*. Frankfurt am Main: Suhrkamp.

Mecheril, P. 2010. *Migrationspädagogik*. Weinheim u. a.: Beltz.

Nieke, W. 2008. *Interkulturelle Erziehung und Bildung. Wertorientierungen im Alltag*. Wiesbaden: VS-Verlag.

Nieke, W. 2012. *Kompetenz und Kultur. Beiträge zur Orientierung in der Moderne*. Wiesbaden: VS-Verlag.

Prengel, A. 2011. Zwischen Heterogenität und Hierarchie in der Bildung – Studien zur Unvollendbarkeit der Demokratie. In *Bildung in der Demokratie*, hrsg. L. Ludwig et al., 83-94. Opladen: Leske + Budrich.

Reutlinger, C. 2009. Erziehungswissenschaft. In *Raumwissenschaften*, hrsg. S. Günzel, 93-108, Frankfurt am Main: Suhrkamp.

Scheunpflug, A., und Schröck, N. 2002. *Globales Lernen. Einführung in eine pädagogische Konzeption zur entwicklungsbezogenen Bildung*. Stuttgart: Aktion Brot für die Welt.

Scheunpflug, A. 2012. Globales Lernen – Theorie. In *Handlexikon Globales Lernen*, hrsg. G. Lang-Wojtasik und U. Klemm, 103-107. Münster und Ulm: Klemm & Oelschläger.

Schroer, M. 2006. *Räume, Orte, Grenzen. Auf dem Weg zu einer Soziologie des Raums*. Frankfurt am Main: Suhrkamp.

Schüz, G. 2001. *Lebensganzheit und Wesensoffenheit des Menschen. Otto Friedrich Bollnows hermeneutische Anthropologie*. Würzburg: Königshausen & Neumann.

Seitz, K. 2002. *Bildung in der Weltgesellschaft. Gesellschaftstheoretische Grundlagen globalen Lernens*. Frankfurt am Main: Brandes & Apsel.

VENRO (Verband Entwicklungspolitik Deutscher Nichtregierungsorganisationen e. V.). 2007. *Jahrbuch Globales Lernen*. Bonn.

Werlen, B. 2007. *Globalisierung, Region und Regionalisierung. Sozialgeographie alltäglicher Regionalisierungen*. Bd. 2. Stuttgart: Franz Steiner.

Wittmann, V. 2012. Weltgesellschaft. In *Handlexikon Globales Lernen*, hrsg. G. Lang-Wojtasik und U. Klemm, 241-242. Münster und Ulm: Klemm & Oelschläger.

Entwicklungsfähigkeit und Entwicklungsperspektiven der Bildung für nachhaltige Entwicklung[1]

Eckhard Festerling

1. Entwicklungsaufgaben der Bildung für nachhaltige Entwicklung

Die Verwendung der Begriffe Nachhaltigkeit, nachhaltige Entwicklung und Bildung für nachhaltige Entwicklung führt immer noch oft zu unklaren Vorstellungen und Erklärungen darüber, was nachhaltige Entwicklung und Bildung für nachhaltige Entwicklung zu leisten haben. Bildung für nachhaltige Entwicklung hat sich bisher nicht immer konsequent auf die breite Komplexität nachhaltiger Entwicklung ausgerichtet. Konzepte der Bildung für nachhaltige Entwicklung wurden oft einseitig auf ökologische, naturbezogene oder auf wirtschaftliche Entwicklungsprobleme mit globalen oder regionalen Perspektiven der nachhaltigen Entwicklung fixiert.

Die Bildung für nachhaltige Entwicklung hat sich in kritischen erziehungswissenschaftlichen Nachhaltigkeitsdiskursen mit spezifischen Zielen, Inhalten und Methoden etabliert. Den Gegenstand stellt die Befähigung der Menschen für die Umsetzung und die Optimierung der nachhaltigen Entwicklung dar. Es setzt sich ein bildungswissenschaftlich begründetes Erklärungsmodell durch, dass Bildung für nachhaltige Entwicklung übergreifend darauf zu fokussieren ist, die Befähigung und Bereitschaft der Bürger, der Akteure zur Bewältigung gesellschaftlicher Veränderungen im Sinne der Nachhaltigkeit, also der Zukunftstauglichkeit gesellschaftlicher Entwicklung, zu gewährleisten.

Die Orientierung auf einen sorgsamen Umgang mit Natur- und Sozialressourcen ist ein erstrangiges Erfordernis für eine dauerhafte Gegensteuerung zur gegenwärtig praktizierten Verschwendung (Nieke 2006). Einsicht in Verzicht auf Verschwendung kann nicht erzwungen werden, aber mit Sanktionen ausgelöst werden. Sowohl die konkretisierende Klärung als auch die vielseitige Bewältigung der Komplexität von nachhaltiger Entwicklung sind auf die Identifizierung und Präzisierung von Entwicklungsaufgaben der Bildung für nachhaltige Ent-

---

[1] Ich danke Elke Görwitz für die formale Unterstützung bei der Erstellung des Manuskripts für diesen Artikel.

wicklung angewiesen. Verschwendung und ausufernde Naturbelastung sind nicht nur eine wirtschaftliche Problemlage für die Umorientierung der Menschen sondern vor allem auch eine Herausforderung an die moralische Willensbildung der Konsumenten. Aus aktuellen Nachhaltigkeitsdiskursen lässt sich die Überzeugung ableiten, dass nachhaltige Entwicklung als gelingende Synthese von Veränderungs- und Optimierungsprozessen zukünftiger gesellschaftlicher Entwicklung unter Bedingungen einer ausgewogenen naturverträglichen Tragfähigkeit und Dauerbelastung gestaltbar wird. Damit sind Umgestaltungen und optimierende Abfolgen von Veränderungsprozessen gesellschaftlicher und naturgebundener Lebensverhältnisse der Menschen zwingend an eine situationsgebundene Parallelschaltung der Bildung zu binden.

Eine optimierende Formierung von Realprozessen der Bildung für nachhaltige Entwicklung bedarf einer didaktischen Implementierung von belastbaren Zukunfts- und Visionsorientierungen (Nieke 2001, S. 136; Künzli und Bertschy 2008, S. 46). Dazu ist „Zukunft als Gestaltungskategorie von Bildung" auf gesellschaftlicher und auf individueller Ebene differenzierter als bisher in die erziehungswissenschaftliche Theoriebildung aufzunehmen (Nieke 2001, S. 133). Einigkeit besteht darin, dass Realprozesse der Bildung für nachhaltige Entwicklung aktuelle gesellschaftliche Verhältnisse nicht direkt verändern können oder die praktizierten Lebensstile nicht fremdbestimmt in eine sozial erwünschte Richtung lenken können, aber mit übergreifenden Zielen wie die Förderung von Befähigung und Bereitschaft der Akteure für die Gestaltung gesellschaftlicher Veränderungsprozesse im Sinne der Nachhaltigkeit wirksam werden müssen (Künzli und Bertschy 2008, S. 22). Äußerungsformen reflektierter Selbstbestimmung der Bürger für eigene Handlungen und die dauerhafte Bereitschaft zur sozialen Verantwortungsübernahme in aktiv gestalteten Engagementskulturen müssen sich als erstrangige Bewältigungsfaktoren nachhaltiger Entwicklung noch durchsetzen.

Das pädagogische Arrangieren lebensbegleitender und lebenslanger Entwicklungen mit Bedürfnissen gelebter Gegenwart und ausgehandelten Zukunftsvorstellungen für künftige Generationen (Nieke 2001, S. 142) kann nur durch eine konkretisierende Auswahl und Anordnung von Inhalten und mit einer variablen Umsetzung im methodischen Vorgehen den Bezug zur Zukunftsfähigkeit der Gesellschaft gewährleistet werden. Allerdings muss bedacht werden, dass sich aus der allgemeinen Idee der Nachhaltigkeit bzw. aus dem Verständnis von Nachhaltigkeit als regulative Idee kein verbindlicher Inhalt für schulische und außerschulische Konzepte der Vermittlung herleiten lässt (Künzli und Bertschy 2008, S. 50).

Wurde die Vorstellung von Nachhaltigkeit am sorgsam kontrollierten Umgang mit Naturressourcen festgemacht, so wird gegenwärtig mehr und mehr die dauerhafte Belastbarkeit und Aufnahmefähigkeit der naturgegebenen Grundlagen der Erde zum limitierenden Moment zukunftsfähiger Entwicklung. Eine Umorientierung und Identifikation der Bürger mit einem akonsumalen Wohlstandsstreben, also auf Akzeptanz selbstbestimmter und mitverantworteter Sicherung praktizierter Lebensqualität, die sich ohne einen überdimensionalen Ressourcenverbrauch erreichen lässt, kann den Weg zu einem reflektierten Lebensstil der Nachhaltigkeit verstetigen (Nieke 2006, S. 34). Damit muss in der Bedeutungserweiterung und der Ausgestaltung einer soziokulturellen Dimension der Nachhaltigkeit eine erstrangige Entwicklungsaufgabe der Bildung für nachhaltige Entwicklung gesehen werden, die bisher deutlich vernachlässigt wurde. Bisher vernachlässigte Entwicklungsaufgaben erhalten auf der Ebene der Konkretisierung der Idee der Nachhaltigkeit in didaktischer Perspektive die Funktion eines Shuttle-Prinzips. Dieses Shuttle-Prinzip erzwingt die didaktische oszillierende Kopplung von Zukunftsvorstellungen mit Bedürfnissen gelebter Gegenwart in kritisch reflektierten Aneignungsleistungen der Bürger. Zwänge dieser Art sind in Bildungsszenarien unverzichtbar, da sonst immer wieder Akteure wirtschaftlicher Entwicklung bestimmen, was für die Umwelt und für die Entlastung globaler Folgen unternommen wird. Ursachen für die gedrosselte oder blockierte Bestimmung und für die eindimensionale Identifizierung von Entwicklungsaufgaben der Bildung für nachhaltige Entwicklung sind u.a. in Unschärfen, Ungewissheiten, Vorbehalten, Interessenkonflikten, Kommunikationsschwierigkeiten oder in Überfrachtungen von Erwartungen zu sehen, die sich in sozialen Dialogen und Entscheidungsprozessen etablieren.

Förderprogramme für die gelingende Energiequellenwende erwarten beispielsweise in Kommunen mit Konzepten der Daseinsvorsorge neue Kommunikationskulturen und eine aktive stabile Bürgerpartizipation, aber wirtschaftliche Interessenlagen, z.B. Interessen einer global bedenklich wachsenden Agrarindustrie, dominieren die Entwicklungstrends. Bildungspotentiale bleiben im Zustand einer Zweitrangigkeit.

2. Chancen und Risiken der Partizipationsentwicklung

Aktuelle Studien im Rahmen des Master-Fernstudiengangs *Umwelt und Bildung* am Zentrum für Qualitätssicherung der Universität Rostock belegen, dass vor allem in Bioenergiemodellregionen oder in Phasen der Konsolidierung der Energiequellenwende spezifische Herausforderungen und Vorsorgepflichten im Bereich einer Bildung für nachhaltige Entwicklung eine zunehmende Bedeutung erhalten. Aber dieser exemplarisch markierte Bedeutungszuwachs wird in Konzepten und Aushandlungsprozessen der partiellen Energiequellenwende mit regionaler Perspektive nur auf einer allgemeinen Ebene erfasst. In angestrebten aktiven Formen der Bürgerbeteiligung oder in Bestrebungen zur Gewährleistung der Daseinsvorsorge wird eine verbindliche Berücksichtigung situationsgebundener sozialer Kriterien der Nachhaltigkeit empirisch belegbar nur zweitrangig oder gar nicht aufgenommen und durchgesetzt (Sollner 2010; Morhaus 2011; Liebal 2013; Lilienthal 2013; Pösl 2013). Die Studien erfassen fundiert und differenziert, dass Chancen der Förderung von Befähigung und Bereitschaft zur dauerhaften Bürgerbeteiligung zumindest in Anfangssituationen von Aktivierungsprozessen eröffnet werden.

Andere Studien aus Praxisforschungen in ländlichen Sozialräumen belegen, dass Schwachstellen in der Entwicklung sowie in der Verfügbarkeit und der Nutzung von Methoden und Verfahren zu einer dauerhaften Partizipationsförderung für und mit Bürgergruppen bestehen. Damit ist erklärbar, dass kommunale Aushandlungsprozesse mit eingeforderter Optimierung der Bürgerbeteiligung oft scheitern und in der Folge die dauerhafte Stabilisierung der Partizipationsdynamik von Expertengremien übernommen wird (May 2008; Haun 2008). Aber auch der Bedeutungszuwachs für eine Bildung ist damit erklärbar.

Erfahrungsbasiert genutzte Methoden der Beförderung des partizipativen Klimas in ländlichen Räumen führen zu einer Ermöglichung von aktiver Bürgerbeteiligung auf einer Ebene der Erfahrbarkeit. Für einen ergebnisorientierten Übergang in eine anspruchsvollere Ebene der permanenten Belastbarkeit und Beanspruchung der Bürger fehlen bislang geeignete Methoden und Verfahren der Konkretisierung und Stabilisierung von Interessen und der Motivierungen der Akteure (Haun 2008, S. 81).

Wenn die Ermöglichung von Bürgerbeteiligungen als alleinige Erfahrung von Bürgern präsent bleibt, dann führt das nicht selten in ein triviales Partizipationsniveau mit einer dekorativen Alibi-Funktion. Chancen und Risiken ergeben sich bereits in der Projektierungsphase von Partizipationsformen. Individuelle und öffentliche Bewertungen des jeweiligen partizipativen Planungsprozesses erzeugen unter dem Druck der Erwartungen der Akteure entscheidende überdauernde Nachwirkungen.

Regionale Bedarfsentwicklungen für Teilhaberechte und Teilhabepflichten sollten auch Formen emotionaler Stabilität und Vertrauensbildungen sowie Reaktionen eines selbstbestimmten Abwartens und Zögerns der Akteure erfassen. Die Bewältigung von Druck in kooperativen Partizipationsszenarien kann, so die erfahrungsbasierte Annahme, die Optimierung von Beteiligungsprozessen im Kontext nachhaltiger Entwicklung impulsgebend oder blockierend beeinflussen.

Eigenständig ausgeführte Projektprüfungen und Evaluierungen in einschlägigen Arbeitsfeldern von Schüler- und Jugendwettbewerben im Raum Rostock zeigen, dass Akteure in der Umweltarbeit sehr sensibel reagieren. Sympathiekriterien wie Bekanntheit, Zuverlässigkeit, Intensität sowie Planungs- und Organisationssicherheit generieren in dominierenden Partizipationsformen eine förderliche Selbstbestimmung und ein aktives zivilgesellschaftliches Engagement der Akteure. Über Sympathiekriterien lassen sich besondere Potentiale für überdauernde Nachwirkungen von praktizierter Bürgerbeteiligung erschließen, wenn sie denn in Coachingstrategien zur Anwendung kommen.

Soziale Potentiale wie Beschäftigungsentwicklungen, Qualifikationsbedarfe, emotionale Befindlichkeiten, Befähigung und Bereitschaft zur Partizipation mit dem Ziel der Optimierung von Veränderungsprozessen werden belegbar nach einem Prinzip gelegentlicher episodischer Beachtung erschlossen.

Dagegen werden wirtschaftliche, finanzielle oder sozialräumliche Potentiale der Daseinsvorsorge, z. B. in Bioenergiemodellregionen, nach einem Prinzip der vollständigen und konsequenten Beachtung arrangiert, in der Regel ohne eine Infragestellung der globalen Folgen und Kettenreaktionen.

Belastende Kettenreaktionen regionaler Wirtschaftsprozesse mit globalen Folgen wie Konsumchaos, Armutsentwicklungen, Landumnutzungsstrategien, regionale und überregionale Transporterweiterungen, Emissionshandel oder der real praktizierte Klimaschutz sind in vielen Fällen anthropogen mit langfristigen Nachwirkungen verursacht. Die Energiequellenwende und die Nutzung erneuerbarer Energiequellen werden mit vielfältigen Veränderungen von Bürgern wahrgenommen und erlebt. In der Steuerung regionaler Wertschöpfungsprozesse favorisieren die Akteure aber auffälliger Weise vor allem begleitende Coachingleistungen und planerische Instrumente (Paech und Pfriem 2007, S. 110 ff.).

Gleichzeitig eingebrachte, eigenständige Verweise auf die notwendige zeitnahe Umsetzung einer Vorsorgepflicht der Bildung für nachhaltige Entwicklung für die vorlaufsichernde Fachkräfteentwicklung werden nur zweitrangig aufgegriffen. Die Potenziale der Erschließung von Attraktivität und Transparenz der verfügbar werdenden neuen Arbeits- und Beschäftigungsfelder bleiben für Motivierungsprozesse junger Menschen im Kontext von Bioenergiedorfentwicklungen völlig ungenutzt. Eine soziale, zukunftssichernde Stabilisierung ländlicher Räume kann, so die Annahme, ergebnissichernd erreicht werden, wenn auch die Belebung der Arbeits- und Beschäftigungsfelder konsequent programmiert und für Adressaten erlebbar wird. Es ist weiterhin zu erwarten, dass die strukturierte Erfahrbarkeit der Umgestaltung von Erwerbsarbeit in ländlichen Regionen für junge Menschen zu veränderten, aber sozial erwünschten Bindungen an Optionen zur erwartbaren Versorgung mit Erwerbsarbeit und zu beruflichen Laufbahnen im ländlichen Raum führen kann. Eine Erweiterung der Analysen von Situations- und Prognoseentwicklungen bietet Chancen, eine didaktische Umsetzung auf der Ebene von Konkretisierungen der Nachhaltigkeit mit regionalen und globalen Perspektiven zu optimieren. Zeitnahe Aufgabenentwicklungen der Bildung für nachhaltige Entwicklung zwingen zu einer Umorientierung in den praktizierten pädagogischen Bemühungen.

Aus der bereits skizzierten, notwendigen Umorientierung der Bildung für nachhaltige Entwicklung lassen sich differenzierte Ansprüche an die Präzisierung und Erweiterung von Leitlinien markieren. In einer traditionellen Verortung in schulischen und außerschulischen Bildungsträgern werden diese Leitlinien auch als Grundprinzipien einer Bildung für nachhaltige Entwicklung eingeführt, unter anderem über

- die Ermöglichung der Umsetzung eines Vorsorgeprinzips,
- die fortlaufende Konkretisierung von Inhalten und Inhaltsanordnung und das Setzen klarer Signale für dauerhafte Entwicklungsaufgaben,
- die Verstetigung von Partizipation und Vernetzung mit begleitenden sozialen Dialogen,
- die Stärkung der Herausbildung lokaler Identitäten (vgl. Heinrich 2005, S. 23).

Bei genauer Betrachtung lassen sich diese von Heinrich (2005) abgeleiteten Grundprinzipien bedeutungsgleich mit Entwicklungslaufgaben der Bildung für eine nachhaltige Entwicklung auf einer Ebene der Konkretisierung thematisieren.

In erweiterter Perspektive etablieren sich somit die Entwicklungsfähigkeit im Sinne einer Wahrung und Veränderung von Identität sowie die Stabilisierung von Lebensqualität im Kontext sozialer Nachhaltigkeit als Kernmomente nachhaltiger Entwicklung (Peach und Pfriem 2007, S. 107 und 121; Senghaas-Knobloch 2008, S. 31).

Projektinitiativen in ländlichen Räumen ermöglichen zunehmend mehr Aufmerksamkeit und Raum für die Sensibilisierung der Bürger, vor allem eine Sensibilisierung für Aushandlungs- und Entscheidungsprozesse sowie für Regelfindungen. Genutzte Optionen der Bürgerbeteiligung bestimmen Nachhaltigkeit als einen Kommunikationsprozess (Renn et al. 2007, S. 178).

Im folgenkritischen Vorgehen kann die Bildung für nachhaltige Entwicklung dazu beitragen, dass visionsorientierte Klärungsprozesse mit Grundformen sozialer Dialoge arrangiert und optimiert werden (Behrens 2008, S. 54 ff.). Inszenierungen von Bioenergiedorfentwicklungen in Mecklenburg-Vorpommern verfolgen mit folgenkritischen Klärungsansprüchen eine langfristige Optimierung ökologischer Neutralisierungen von Wertschöpfungsprozessen – allerdings ohne Rücksicht auf globale, langfristige Kettenreaktionen. Auch regionale Risiken werden nur mit Beliebigkeit erfasst, da Zugänge zur sozialen Dimension der Nachhaltigkeit immer noch vernachlässigt werden oder in einem Zustand der gelegentlichen Beachtung bleiben. Vom Bürger wird die praktizierte Beliebigkeit in den Beratungsmodellen wahrgenommen und verunsichert ihn in der Folge bei der Beteiligung an Nachhaltigkeitsdiskursen und in der Bürgerpartizipation. Beobachtungen in Begleitungsprozessen belegen, dass erhebliche Optimierungspotentiale für Wertschöpfungsprozesse bestehen und zunehmend folgenkritisch denkend erschlossen werden.

3. Ebenen der Nachhaltigkeitsdiskurse

Neue tragfähige Erklärungsmodelle und kritisch vergleichende forschungsbasierte Begründungszusammenhänge für die Theoriebildung und die praktische Umsetzung in der Bildung für nachhaltige Entwicklung liegen von Künzli und Bertschy (2008) vor. Die anspruchsvolle Fassung eines didaktischen Konzeptes für die Umsetzung in der Schulpraxis (Schweiz) fordert eine diskussionswürdige Differenzierung und Nachnutzung heraus. Einerseits wird die inflationäre und heterogene Verwendung von Erklärungsmodellen für die Bildung für nachhaltige Entwicklung belegt. Es werden Folgen der oftmals diffusen und schwer fassbaren, beliebigen und unverbindlichen Interpretierbarkeit kritisch analysiert. Andererseits wird mit dem folgenden didaktischen Konzept begründet darauf verwiesen, dass pädagogische Ziele, Inhalte und methodische Zugänge einer nachhaltigen Entwicklung immer aktuell bestimmt und konkretisierend ausgehandelt werden müssen (Künzli und Bertschy 2008, S. 11). Wie dauerhafte die Folgen von Veränderungsprozessen im Sinne einer nachhaltigen Entwicklung erfolgssichernd bewältigt werden können, hängt nach Künzli und Bertschy (2008, S. 13) sowohl von zeitlichen als auch örtlichen Gegebenheiten ab.

Die Idee der Nachhaltigkeit beschreibt Perspektiven auf zwei Ebenen, die über bisherige dominante ökonomisch oder ökologisch ausgerichtete Erklärungsmodelle hinausgehen. Sie eröffnen eine Auflösung des unklaren, unscharfen Nachhaltigkeitsdiskurses durch die Konkretisierung der Idee differenzierter Umsetzungsprozesse der Bildung für nachhaltige Entwicklung. Für die gesellschaftlichen Aushandlungsprozesse und die Diskursansätze erscheint es sinnvoll, eine übergeordnete ideelle Ebene als Ebene einer regulativen Idee zu nutzen, um zur Klärung der Begrifflichkeiten zu zwingen. Eine zweite Perspektive ist als Ebene der Konkretisierung der regulativen Idee wahrzunehmen und einzuordnen, um

Handlungsempfehlungen mit konkreten Zielen und Inhalten auszudifferenzieren und zu projektieren, die aber in jeder Generation neu ausgehandelt werden können – international, national, regional (Künzli und Bertschy 2008, S. 13). Mit der konsequenten Wahrnehmung und Ausformung sozialer Nachhaltigkeit wird das Merkmal der Dauerhaftigkeit für das methodische Vorgehen relevant. Dauerhaftigkeit wird nicht als Zustand struktureller statischer Ausgewogenheit, sondern als dynamische Prozesskomponente einer Folge von Veränderungsvorgängen zu einer ständigen Herausforderung sinngebender Aushandlungsprozesse aktiviert. Es muss allerdings kritisch hinterfragt werden, ob die didaktische Ausgestaltung der Bildung für nachhaltige Entwicklung auf der Ebene der regulativen Idee auch eine ausgewogene Selbstbestimmung der Akteure zulässt. Denn die konkrete Umsetzung der nachhaltigen Entwicklung als regulative Idee erweist sich als äußerst schwierig, da sich mit diesem regulativen Konstrukt keine allgemeingültigen Handlungsempfehlungen für zeitliche und örtliche Gegebenheiten ableiten lassen. Künzli und Bertschy (2008) leiten aus differenzierten Diskursanalysen ab, dass auf der Ebene der Konkretisierung keine Ziele der Bildung für nachhaltige Entwicklung bestimmt werden können. Diese didaktische Positionierung ist falsch, denn wenn Inhalte und methodische Konstrukte auf der Ebene der Konkretisierung ableitbar sind, dann muss das auch im Hinblick auf didaktische Planungsprozesse pädagogischer Ziele machbar sein.

Die Verwirklichung der Leitidee von einer nachhaltigen Entwicklung mit verpflichtenden Ansprüchen an die Mitverantwortung der Bürger für die Wahrnehmung der Visions- und Partizipationsorientierung ist „zwingend an pädagogische Bemühungen gebunden (Rieß 2006, S. 9). Die Bildung für nachhaltige Entwicklung erhält damit eine erstrangige Vorsorgepflicht für die Bewältigung von definierbaren Entwicklungsaufgaben auf der Konkretisierungsebene. Das Arrangieren der Bildung für nachhaltige Entwicklung nach einem Vorsorgeprinzip ermöglicht

- die ständige Optimierung einer ausgehandelten nachhaltigen Entwicklung und
- die sinnvolle Aussteuerung von Befähigung und Bereitschaft der Bürger, sich mitverantwortlich für gesellschaftliche Veränderungsprozesse einzubringen.
- Didaktische Optionen
- Für die didaktische Ausgestaltung einer Bildung für nachhaltige Entwicklung haben Künzli und Bertschy (2008, S. 41 ff.) mit Bezug auf die definierten Ebenen
- der regulativen Idee der Nachhaltigkeit und
- der Konkretisierung der Idee

spezifische didaktische Prinzipien für die Umsetzung der Bildung für nachhaltige Entwicklung abgeleitet, wie z. B.

- allgemeingültige Fassungen mit Handlungs- und Reflexionsorientierungen sowie der Sicherung der Zugänglichkeit,
- spezielle Fassungen mit Visionsorientierungen, Arrangieren vernetzten Lernens, Partizipationsorientierung.

Aus der Visions- und aus der Partizipationsorientierung für die konkrete Umsetzung der pädagogischen Bemühungen kann eine solche Vorsorgepflicht abgeleitet werden, die den sorgsamen Umgang mit Natur- und Sozialressourcen fordert. Entscheidend wird zukünftig im pädagogischen Vorgehen immer sein, wer mit welchem agierenden oder reagierenden Engagement an der dauerhaften Konkretisierung der Idee der Nachhaltigkeit mitwirkt, um sinngebende Veränderungsprozesse ausgewogen in einem dynamischen Ablauf zu erhalten.

Wenn aber in der Umsetzung der Bildung für nachhaltige Entwicklung eine regulative Ideenkomponente dominant wirksam wird, ist prozessbegleitend zu prüfen, ob die Bildung für nachhaltige Entwicklung in eine Situation gerät, blockiert zu werden und auf regulative Aushandlungsstrategien reduziert zu werden.

Das Leitbild der Bildung für Nachhaltige Entwicklung wird von Künzli und Bertschy (2008, S. 38) als Bündel zu erwerbender Kompetenzen bestimmt, das agierende Bürger benötigen, um sich aktiv und selbstbestimmt an Aushandlungsprozessen für eine nachhaltige Entwicklung beteiligen zu können. Der pädagogisch begründete Fokus liegt dabei auf der Förderung der Befähigung und Bereitschaft zum Aushandeln von zukunftsfesten Alternativen in der praktizierten Lebensweise.

Allerdings führt die Bearbeitung komplexer Nachhaltigkeitsprobleme erfahrungsbasiert zu unterschiedlichen divergierenden Perspektiven für Akteure und Trägernetzwerke.

Für eine Bewältigung von Kommunikationsschwierigkeiten in Entscheidungsfindungsprozessen können nach Behrens (2009) verschiedene Äußerungsformen von Kommunikationsproblemen didaktisch relevant werden: Aufmerksamkeitsprobleme – Akzeptanzprobleme – Probleme des Ansehens – Probleme der Präferenz und Vertrauensprobleme als übergreifender Syntheseansatz.

In Partizipationsorientierungen verknüpfen Akteure persönliche Vertrauens- und Gewissheitsmomente in eigenen Perspektiven mit verschiedenen Perspektiven anderer Personen. Die Bewältigung von Realsituationen fordert auch eigenständige Analysen von Ungewissheiten und Unzulänglichkeiten vom Bürger ab. Konfrontationen mit anderen Perspektiven und Erwartungen oder mit Folgen eines Perspektivenwechsels sind, wenn Partizipation gelingen soll, von Akteuren kritisch zu reflektieren und auch im selbstbestimmten Handeln anzuhalten. Rieß (2006, S. 10 ff.) identifiziert für die empirische Bildungsforschung zur Begleitung einer nachhaltigen Entwicklung vier Teilaufgaben

1. Bearbeitung der Sachverhalte,
2. Erklärung von Ursache-Wirkungs-Beziehungen (Kausalanalysen),
3. Prognosen,
4. Erstellung von Technologien (Verfahrensweisen, Regeln).

Es fällt auf, dass Studien zu Prognosen im Sinne einer Identifizierung von Visionen für Veränderungsprozesse und Studien zur Entwicklung von Verfahren und Methoden, mit denen vor allem Partizipationsszenarien langfristig begleitet und dauerhaft stabilisiert werden können, noch stark vernachlässigt werden (Haun 2008, S. 81).

Diese Entwicklungslücken sind nicht nachvollziehbar, da sich in aktuellen Partizipationsprozessen auf kommunaler Ebene beispielsweise im Kontext der Energiequellenwende mit Ausweitung auf eine kulturelle Wende ein zunehmender Bedarf an Regelfindungsprozessen zur kontinuierlichen Beschleunigung des bürgerlichen Engagements herausstellt. Der methodische Umgang mit Formen praktizierter Selbstaufmerksamkeit der Akteure wird für eine Ergebnissicherung von Motivierungsprozessen unverzichtbar. Nieke (2012, S. 57) diskutiert für pädagogische Kompetenzmodelle den spezifischen Stellenwert der Selbstbetroffenheit als Dimension der Selbstreflexion. Im übertragenen Sinne ist die differenzierte Arbeit an und mit der Selbstbetroffenheit und der Selbstaufmerksamkeit eine unverzichtbare Voraussetzung für professionelle Kompetenzausübungen in der Bildungsarbeit, somit auch mit besonderem Orientierungsanspruch für die Bildung für eine nachhaltige Entwicklung.

Partizipatives Verhalten der Bürger basiert auf einer variierten Synthese von Fremd- und Selbstbestimmung. In Beteiligungssituationen orientieren sich Bürger offensichtlich wechselnd an Vorbildern und Autoritätsverhältnissen, so einige Erfahrungen aus Coachingprozessen in der Formierung von Bioenergiedörfern in Mecklenburg-Vorpommern unter der Koordinierung der Akademie für Nachhaltige Entwicklung in Mecklenburg-Vorpommern. Die Wahrnehmung von Autorität wird von Nieke (2012, S. 57) als Grundbedingung von Akzeptanz eingeordnet, die sich in Selbstbetroffenheit der Akteure äußert und als aktiv verarbeitete Selbstaufmerksamkeit das selbstbestimmte Handeln von Bürgern determinieren kann.

Zu bedenken ist mit Sicht auf die Entwicklungsfähigkeit sozialer Strukturen (Senghaas-Knobloch 2008, S. 51) jedoch auch, dass in der Formierung von

Bioenergiedörfern spezifische Folgen rechtlicher Bedingungen partizipativer Projektentwicklungen besonders relevant werden (May 2008, S. 49) und sozialpädagogisch zu lösen sind. Schon in Anfangssituationen zeigt sich, dass Chancengleichheit in der Wahrnehmung und in den Zugängen von sozialen Ansprüchen der Bürger nicht geklärt sind und somit in Konzepten der Daseinsfürsorge nicht gesichert sind.

Aus diesen Erklärungszusammenhängen lässt sich ableiten, dass gerade bei angestrebten Beteiligungsprozessen in der Entwicklung von Bioenergiedörfern die erlebten Autoritätsverhältnisse einen beschleunigten Übergang zur Akzeptanz von Veränderungen öffnen. In der Folge kann wiederum eine sich öffnende Selbstaufmerksamkeit die Stabilisierung von Autorität bewirken. Die Bildung für eine nachhaltige Entwicklung kann in diesem Kreislauf dazu beitragen, dass eine erweiterte Selbstaufmerksamkeit und Selbstbestimmung der Bürger auch das Vertrauen in die Zukunft stabilisiert. Darin kann die spezifische Stärke des bürgerschaftlichen Engagements verankert werden. Gleichzeitig wird auf diesen Grundlagen eine wachsende Bewusstheit für die Mitverantwortung der Bürger in Beteiligungsprojekten erwartet, die als Planungsgrundlagen für eine didaktische Gestaltung von sozialen Dialogen genutzt werden sollten.

4. Energiequellenwende und Bildungsaufgaben

Das Gelingen der Energiequellenwende und deren dauerhafte Optimierung werden nicht eigenständig mit ökonomischen Regelungen der Daseinsfürsorge zu erreichen sein. Vielmehr werden die Veränderungen in ländlichen Regionen von der praktizierten Engagementskultur und der Partizipation der Bürger, also von sozialen Optimierungen abhängig sein (Wissenschaftszentrum Berlin für Sozialforschung 2009).

Aus eigenen aktuellen Beobachtungen der Konsolidierung von Bioenergiedörfern in Mecklenburg-Vorpommern ergeben sich erweiterte Erklärungsmodelle zum Stellenwert der Gemeinwohlorientierung. Von Bürgern als verzögert wahrgenommene Verantwortungspositionierungen in sozialen Dialogen und eine individuelle Reflexion sozialer Bindungen in der Öffentlichkeit setzen sich durch. Die Reichweite eines praktizierten bürgerschaftlichen Engagements wird offensichtlich in der Energiequellenwende zu einem erstrangigen Entwicklungsfaktor in ländlichen Räumen. Aber bisherige aktuelle Studien belegen, dass die praktizierten Engagementsformen sich mit unterschiedlichen Reichweiten bemerkbar machen (Wissenschaftszentrum Berlin für Sozialforschung 2009, S. 12 ff.). Offensichtlich führen auch unbewusst eingebrachte Eigenanstrengungen zu Veränderungen der Selbstbilder der Bürger in Beteiligungsprojekten. Es dominiert vielfach eine Fremdbestimmung im Entscheidungsverhalten der Bürger in Partizipationsprozessen.

Morhaus (2011) belegt im Rahmen einer Masterarbeit im Fernstudium *Umwelt und Bildung* an der Universität Rostock in einer Vorstudie zu Rahmenbedingungen der Bürgerbeteiligung in Bioenergiemodellregionen, dass mit der analytischen Erfassung von Merkmalen und von Entscheidungsprozeduren einer Bürgerbeteiligung in der Energiequellenwende eine bisher noch oft praktizierte Reduktion des Engagements der Akteure auf Formen politischer Partizipation oder zivilgesellschaftlicher Organisationsverläufe vermieden werden kann. Mit forschungsbasierten Studien dieser Ausrichtung können Entwicklungsaufgaben der Bildung für eine nachhaltige Entwicklung im Kontext der Konsolidierung von Bioenergiemixdörfern konkretisiert werden. Aus der Bildungsperspektive lassen sich mit regionalem Bezug partizipationsorientierte Aufgaben benennen:

- Befähigung und Förderung der Bereitschaft zur Mitwirkung an dauerhafter Partizipation, Motivierung für die erweiterte Wahrnehmung der Mitverantwortung und Sensibilisierung in der Beteiligung an Entscheidungs- und Nutzungsprozessen,
- Befähigung zur reflektierten Selbstbestimmung in der Ausgestaltung der Daseinsvorsorge,
- Förderung und Anerkennung eines aktiven Engagements für die Sicherung sozialer Komponenten in Wertschöpfungsketten,
- Sensibilisierung und Stabilisierung der Reflexionsfähigkeit für Übergänge der Energiequellenwende in eine kulturelle Wende in ländlichen Räumen,
- Vermittlung von Orientierungen und Optimierungen für reflektierte Lebensstile.

Der förderliche Druck auf genossenschaftliche Ansätze und auf zivilgesellschaftliche Engagementsformen wird als eine bekannte Folge der Verschärfung ökonomischer Interessenkonflikte erklärt (May 2008, S. 46). Dieser Druck kann durch ein spezifisches, begleitendes Coachingprogramm der Akademie für Nachhaltige Entwicklung in Mecklenburg-Vorpommern zur Formierung und Optimierung von Bioenergiemixdörfern aufgefangen werden.

Da die Folgen der regionalen und globalen Kettenreaktionen noch unklar sind, wird die konsequente Ankopplung der Bildung für eine nachhaltige Entwicklung auf der Ebene der Konkretisierung an die Formierung von Bioenergiemixdörfern unverzichtbar.

Entwicklungen von Bioenergiemixdörfern erfordern – so die ersten Rückmeldungen (2010) von Kommunalvertretern und Bürgermeistern aus Mecklenburg-Vorpommern – auch Studien zu erwerbsbiographischen Kompetenzen und zur praktizierten Identitätsarbeit mit der regionalen Perspektive „Bürgerpartizipation". Bioenergiemixdörfer als Impulsgeber für die Steigerung bzw. für die Verbesserung der Lebensqualität und der Wohlfühlpotentiale in ländlichen Räumen haben dann das Potenzial, eine spezifische Säule im „Garten der Metropolen" auf Initiative der Akademie für Nachhaltige Entwicklung in Mecklenburg-Vorpommern zu werden.

Letztlich ist die Entwicklung einer dauerhaften Bürgerpartizipation auch eine unverzichtbare Grundlage für eine Fachkräfteentwicklung im ländlichen Raum.

Literatur

Behrens, B. 2008. Umweltmanagementsysteme: Kommunikationsprobleme verhindern den Transfer in die Unternehmenspraxis. In *Transfer von Umweltmanagementsystemen: Mit Unternehmensnetzwerken aus der Effizienzfalle?*, hrsg. G. Müller-Christ, 53-77. Berlin: LIT.

Haun, M.-J. 2008. Die Wiederentdeckung des ländlichen Raumes – Eine Strategie zur Entwicklung des ländlichen Raumes in Thüringen. In *Praxisforschung im Sozialraum. Fallstudien in ländlichen und urbanen sozialen Räumen*, hrsg. M. May, M. Alisch, 65-82. Opladen/Farming Hills: Verlag Barbara Budrich.

Heinrich, M. 2005. *Bildung und Nachhaltige Entwicklung. Empirische Studien zu SchülerInnensichtweisen.* Münster. Verlagshaus Monsenstein und Vannerdat.

Künzli, C., und Bertschy, F. 2008. *Didaktisches Konzept. Bildung für eine nachhaltige Entwicklung.* 3. überarbeitete Fassung. Arbeitspapier Nr. 1 aus dem Forschungsprojekt des Nationalfonds (Nr. 1114-063780) und der Lehrerinnen- und Lehrerausbildung Bern (Nr. 0201s004). Universität Bern.

Liebal, S. 2013. *Wald zwischen energetischer Nutzung und Wildnis-Empfehlungen für Bildungsanbieter und ausgewählte Stakeholder.* Masterarbeit im Fernstudium Umwelt und Bildung. Universität Rostock.

Lilienthal, M. 2013. *Urban Gardening – ein Beitrag zur Bildung für nachhaltige Entwicklung.* Masterarbeit im Fernstudium Umwelt und Bildung. Universität Rostock.

May, M. 2008. Partizipative Projektentwicklung im Sozialraum. In *Praxisforschung im Sozialraum. Fallstudien in ländlichen und urbanen sozialen Räumen*, hrsg. M. May und M. Alisch, 45-64. Opladen und Farming Hills: Barbara Budrich.

Morhaus, A. 2011. *Bürgerbeteiligung in Bioenergiedörfern – Wege zu mehr Partizipation.* Masterarbeit im Fernstudium Umwelt und Bildung. Universität Rostock.

Nieke, W. 1997. Nachhaltige Entwicklung – vom Leitbild zum Handeln. In *Beiträge zur wissenschaftlichen Konferenz Chancen für eine nachhaltige Landesentwicklung. Leitbilder und Indikatoren*, hrsg. Ministerium für Bau, Landesentwicklung und Umwelt Mecklenburg-Vorpommern, Weiterbildungsgesellschaft an der Universität Rostock e. V. und Wissenschaftsverbund Um-Welt der Universität Rostock, 63-69. Universität Rostock.

Nieke, W. 2001. Gesellschaftliche und individuelle Zukunft als basale Kategorie für pädagogisches Handeln und seine erziehungswissenschaftliche Orientierung. In *Bildung in der Zeit. Zeitlichkeit und Zukunft – pädagogisch kontrovers*, hrsg. W. Nieke, J. Masschelein und J. Ruhloff, 131-145. Weinheim/Basel: Beltz.

Nieke, W. 2006. Leben mit der Katastrophe – Möglichkeiten und Grenzen eines reflektierten nachhaltigen Lebensstils angesichts des Klimawandels. In *Tagungsbericht Klimawandel – Klimafolgen – Naturkatastrophen und deren Auswirkungen auf Umwelt und Gesellschaft*, hrsg. Wissenschaftsverbund Um-Welt Universität Rostock. 23-35. Universität Rostock.

Nieke, W. 2012. *Kompetenz und Kultur. Beiträge zur Orientierung in der Moderne*. Wiesbaden: Springer VS.

Peach, N., und Pfriem, R. 2007. Wie kommt das Soziale in die Nachhaltigkeit? In *Soziale Nachhaltigkeit. Jahrbuch Ökologische Ökonomik*, Bd. 5, hrsg. F. Beckenbach et al., 99-128. Marburg: Metropolis.

Pösl, J. 2013. *Praktizierte Partizipationsformen als Kernelemente einer BNE in der Energiewende – kommunale Kommunikations- und Beteiligungsformen*. Masterarbeit im Fernstudium Umwelt und Bildung. Universität Rostock.

Renn, O., Dreyer, M., Klinke, A. et al. 2007. Systemische Risiken: Charakterisierung, Management und Integration in eine aktive Nachhaltigkeitspolitik. In *Soziale Nachhaltigkeit. Jahrbuch Ökologische Ökonomik*, Bd. 5, hrsg. F. Beckenbach et al., 173-187. Marburg: Metropolis.

Rieß, W. 2006. Grundlagen der empirischen Forschung zur Bildung für eine nachhaltige Entwicklung (BNE). In *Bildung für eine nachhaltige Entwicklung. Aktuelle Forschungsfelder und -ansätze*, hrsg. W. Rieß und H. Apel, 9-16. Wiesbaden: VS-Verlag.

Senghaas-Knobloch, E. 2008. Flexible Arbeitsformen als Herausforderung für soziale Nachhaltigkeit. In *Soziale Nachhaltigkeit in flexiblen Arbeitsstrukturen. Problemfelder und arbeitspolitische Gestaltungsperspektiven*, hrsg. G. Becke, 27-43. Berlin: LIT.

Sollner, S. 2010. *Kommunale Energiewende – Entwicklungskonzept für ein nachhaltiges Regionalmanagement*. Masterarbeit im Fernstudium Umwelt und Bildung. Universität Rostock.

Wissenschaftszentrum Berlin für Sozialforschung (WZB). Projektgruppe Zivilengagement. 2009. *Bericht zur Lage und zu den Perspektiven des bürgerschaftlichen Engagements in Deutschland*. Berlin.

Schule und Werthaftigkeit – Konflikt oder Konkurrenz?
Antonius Hansel

1. Einführung

Im Bewusstseinshorizont aufgeklärter Gesellschaften – und zu denen zählt die Gesellschaft der Bundesrepublik Deutschland nach eigenem und fremdem Verständnis zweifelsohne – gehört zu den nicht suspendierbaren Aufgaben der Schule die Vermittlung von Werten. Daraus folgt, dass im Diskurs der die Gesellschaft konstituierenden Individuen und Gruppen diesem Begriff *Wert* eine durchaus positiv besetzte Konnotation inhärent ist und diejenigen, die ihre Entscheidungen und ihre Handlungen auf Wertorientierung gründen, zumindest einer zustimmenden Aufmerksamkeit sicher sein können Jedoch beschränkt sich die unhinterfragte Zustimmung auf die Anerkenntnis der Tatsache, dass die menschliche Existenz und deren Bindung an Werte paradigmatischer Teil der humanen Lebensverhältnisse ist. Der Konsens schrumpft, wenn – wie in demokratischen Gesellschaften üblich – die Freiheit, sich an Werten zu orientieren, nachhaltig gelebt wird und damit die plurale Ausgestaltung der Lebensverhältnisse zum tragenden und zugleich dynamisierenden Prinzip der Lebensverhältnisse auswächst. Das darin angelegte Spannungspotential mögen einige bedauern, andere begrüßen, unausweichlich aber fordert es von uns, dass wir uns entscheiden! Mehr noch: Die plurale Vielfalt mitunter widerstreitender Werthaftigkeit eines Sachverhalts oder einer Gegebenheit fordert von uns nicht nur, dass wir uns entscheiden, sondern dass wir unsere Entscheidung auch verantworten in dem Bewusstsein, dass eine Entscheidung für etwas zugleich eine Entscheidung gegen anderes ist. Die hier angedeutete Verknüpfung von Wertorientierung und Verantwortung legt die Zerrissenheit schonungslos frei, die eine Gesellschaft latent durchzieht, wenn sie sich auf den Wertpluralismus beruft, den die sie bildenden Individuen leben. Nicht zuletzt deshalb sind Wertorientierung und Konflikt, Streit um den richtigen Weg, Wettbewerb der konkurrierenden Werte und ähnliche Polarisierungen nicht nur unvermeidbar, sondern – wenn wir einer rigiden Staatsdoktrin nicht das Wort reden wollen – geradezu konstitutiv für ein liberales und demokratisches Gemeinwesen. Für die Herausbildung der Fähigkeit, lebenswegbestimmende Entscheidungen treffen zu können oder sich ihnen darzustellen, wo die Menschen von ihnen getroffen werden, haben die Gesellschaften dieser Erde den Begriff *Erziehung* gewählt. Eine vergleichende Auseinandersetzung mit diesem zentralen Begriff erziehungswissenschaftlicher Reflexion scheint an dieser Stelle entbehrlich, weil sie in der einschlägigen Literatur mehrfach geleistet worden ist – nicht zuletzt von Wolfgang Nieke (2012) in Verbindung mit dem die Erziehung substantiierenden Begriff *Kultur*. Die wohl wichtigsten Erziehungsfelder sind wegen ihrer nachhaltigen Wirksamkeit das elterliche und das schulische Erziehungsfeld. Freilich sind sie jeweils sehr wichtige, aber eben nur Teilsysteme dieser Gesellschaft mit edukativer Funktion. Andere gesellschaftliche Teilsysteme haben andere Funktionen, die nicht bzw. nicht primär auf das Edukative zielen. Es sind aber Menschen, die die jeweiligen Funktionen wahrnehmen – und die handeln und entscheiden in Anlehnung an ihre personale, berufliche, kulturelle, politische oder sonstige Sozialisation – und solche Prozesse sind immer wertorientiert. Auch der Taschendieb denkt und handelt wertorientiert, wenngleich seine Wertvorstellungen außerhalb der rechtsstaatlichen Ordnung angesiedelt sind und deshalb nicht kompatibel mit den oben angesprochenen gesellschaftlichen Teilsystemen, soweit sie zu ihrer Daseinsberechtigung auf gesellschaftlichen Konsens abzielen.

Wenn die These zutreffend ist, dass die Teilsysteme und die in ihnen agierenden Menschen aber von grundlegender Bedeutung für Fortentwicklung und Fortbestand des Gemeinwesens insgesamt sind, dann ist die Frage nach der Werthaftigkeit des Handelns und der Abläufe in der Schule eine Kernfrage schulischer Bildung und ein Existential dieser Gesellschaft, die sich diese Schule gegeben hat. Die damit verbundenen Fragen sind eine Zeitlang in den Hintergrund getreten und haben anderen Themen Platz gemacht. Doch ihre Aktualität war nie vollends verschwunden, und das nicht nur, weil in der Verfassung der Bundesrepublik Deutschland ebenso wie in den Verfassungen ihrer Länder eine ganze Reihe von Wertvorstellungen niedergelegt sind, die den Zeitgeist überdauern und ihm eben nicht unterworfen sind. Wenige Stichworte mögen das hier Gemeinte verdeutlichen: Fundamentalverfasstheit (Demokratie, Rechtsstaat, Sozialstaat), das aus dem Grundgesetz her leitbare Menschenbild und daraus folgend die Bestimmungen zur Würde des Menschen, zur Glaubens-, Gewissens- und Meinungsfreiheit sind solche kodifizierten Wertbestimmungen, die ohne ein geregeltes Miteinander im Gemeinwesen nicht zustande kommen und Erziehung zu sozialer Verantwortung zur Voraussetzung haben. Damit schließt sich der Kreis und lässt erkennen, dass Erziehung und Wertorientierung unauflösbar einander bedingen.

2. Werterziehung – „neuer Hut" oder Kernaufgabe der Schule?

Zu den Aufgaben der Schule zählen wir *gleichrangig* Bildung und Erziehung. Das war nicht immer so, weil – je nach innerer Lage der Kultur – die Akzente gesellschaftlicher Präferenz unterschiedlich gesetzt waren. Aus der Erziehungswissenschaft hören wir gelegentlich die Mahnung, dass diese Akzentsetzungen sich in der Art eines Pendels mal stärker in die eine, mal in die andere Richtung bewegten: mal in die Richtung der Bildungsaufgaben bis hin zum kognitiven Drill, den die Reformpädagogen zu Beginn des 20. Jahrhunderts bitter beklagten, mal in die Richtung paidotropher Kindzugewandtheit, die den schulischen Raum zum Schonraum erklärte und Verpflichtung und Verbindlichkeit relativierte – die Diskurse der 70er/80er Jahre in der damaligen Bundesrepublik haben hier vielfältige Beispiele einer solchen, von Roman Herzog als „Schmusepädagogik" bzw. ‚Kuscheleckenpädagogik" bezeichneten Entwicklung hervorgebracht.

Die Öffentlichkeit hat diesen Verlust schon bald als Mangel erkannt und ist, je nach Grad der Betroffenheit, bemüht, ihm dort zu begegnen, wo er wahrnehmbar wird: in der Schule! Schule ist eine öffentliche Veranstaltung, die im Kontext ihrer Fächer stattfindet – Sozialkunde, Politik, Ethik, Religionen, Sprachunterricht etc. sind da besonders geeignet, den Zugang zu wertorientiertem Unterricht zu erschließen. Da jedoch Erziehung, auf die bereits oben als Aufgabenparameter von Schule aufmerksam gemacht wurde, nicht fächerspezifisch regionalisierbar ist, sondern als fächerübergreifendes Prinzip in allen schulischen Wirk- und Handlungsfeldern stattfindet, ist sie im Hinblick auf die Wertorientierung junger Menschen in einen kodifizierten Wertkatalog einzubringen, der die Schule in ihrer Gesamtheit umfasst. Die Inhalte, die die Schule ihren Schülern nahe bringt, repräsentieren in großen Teilen einen solchen Wertekatalog. Die beträchtliche – nicht absolute – Offenheit der Bildungspläne sichert, dass die Schüler keinem entschiedenen Wertesystem begegnen, dem sie sich nur noch anschließen oder widersetzen können, sondern dass sie zur Auseinandersetzung mit alltäglichen Lebens- und Bildungssituationen bewegt und damit zur Akzeptanz und zum Verständnis werthafter Entscheidungen ermutigt werden. Freilich setzt Bildung immer Lernen voraus – und hier sind Schulen, was die Bindungswirkung ihrer Lehrpläne betrifft, sehr viel verbindlicher als in den Diskursen über Bildungsziele, Bildungswege oder Bildungsqualitäten.

Selbstverständlich ist dies die idealtypische Skizzierung einer schulischen Daueraufgabe, ihre Erledigung trifft auf Umsetzungsschwierigkeiten – im Übrigen nicht nur in der Schule. Werte sind keine hypothetische Konstruktion, sie sind nicht sinnlich erfahrbar wie gutes oder schlechtes Benehmen (vgl. Giesecke 2005). Was auf der Verhaltensebene zumindest von plausibler Einfachheit zu sein scheint, weil Erziehung auch immer etwas mit Bekräftigung oder Umorientierung zu tun hat, ist auf der Wertorientierungsebene zumindest problemhaft, weil es nicht um Bekräftigung, sondern um Verinnerlichung geht: Der Edukandus muss das, was Erzieher gelegentlich von ihm wünschen, akzeptieren, sonst bleibt es bei der Sozialisation, und das ist nichts anderes als die gewohnheitsmäßige Übernahme von Prädispositionen, vorgeformten Rollenerwartungen, die Stabilisierung von sozial akzeptierten Verhaltensweisen. Hier geht es um innere Überzeugung, er soll selbst etwas mit Wert belegen! Die Pädagogik, so Hermann Giesecke (vgl. 2005, S. 9), kann nicht auf die Vorstellung verzichten, im Innern von Menschen etwas bewirken zu können – auch der Begriff *Bildung* wäre schließlich ohne diese Vermutung gegenstandslos. So betrachtet ist Werterziehung keine neue Aufgabe der Schule, sondern eine alte Kernaufgabe, die allerdings weniger auf Vermittlung, sondern mehr auf Überzeugung und Akzeptanz setzt.

Die Schulpädagogik hat diese Kernaufgabe der Schule in den letzten Jahren neu entdeckt. Dafür lässt sich eine Reihe von Gründen anführen –ich beschränke mich hier auf die Benennung des aus meiner Sicht wichtigsten: Der elterliche Umgang mit Kindern ist auch heute – obwohl das verfügbare Wissen über Erziehung, ihre Bedeutung und Risiken im Versagensfall außerordentlich umfangreich ist – durch edukative Enthaltsamkeit großen Ausmaßes gekennzeichnet. Wir reden unentwegt über Erziehung, aber wir entziehen uns immer wieder den edukativen Ansprüchen unserer Kinder – die Reformpädagogen zu Beginn des 20. Jahrhunderts sprachen in diesen Zusammenhängen von der Gleichzeitigkeit von Freigabe und Bindung. Die Schule erlebt diesen Mangel an Erziehung überall dort, wo sie auf Kinder und Jugendliche trifft, deren außerschulisch geformte Personalität den innerschulisch erforderlichen Sozialisations- und Verhaltensparametern inkompatibel oder gar gegenläufig gegenübersteht. Die Bindung der Schule in ihrer Funktion als gesellschaftlich-kulturelle Enkulturationsinstanz an den Schulzweck erlaubt jedoch nicht, diesen Mangel an Edukativem stillschweigend zu akzeptieren und zur Tagesordnung überzugehen, das Gegenteil ist zutreffend: Das Edukative bedarf der Freigabe *und* der Bindung – die Reformpädagogen brachten dies seinerzeit auf die Formel *Fordern fördert*! Daran mangelt es – wie oben dargelegt – innerhalb und außerhalb der Schule. Hier einseitig Versagenszuweisungen in Richtung Elternhaus vorzunehmen ist sicher ebenso unangebracht wie die Umsetzung der These einzufordern, die Schule könne all dies kompensieren. Aber das Edukative bedarf gewiss beider Komponenten: der Freigabe, deren maßvollem Gebrauch ein oft mühevolles, ergebnisunsicheres Lernen vorausgeht; es bedarf gleichermaßen auch der Bindung an Pflichten, Aufgaben,

Verantwortlichkeiten, deren Handhabung nicht minder mühevoll ist, weil damit nicht selten die Selbstbindung einhergeht, die Beschränkung, der Verzicht usw.

3. Der Konflikt ist so wenig vermeidbar wie die Konkurrenz

Den Diskurs über Werte allein in der Pädagogik als Wissenschaft zu verorten oder allein in der Schule als einer der öffentlichen oder privaten Einrichtungen, die maßgeblich für Bildung, Erziehung und Enkulturation der jungen Generation verantwortlich sind, greift deutlich zu kurz und wird wohl auch nicht ernsthaft betrieben. Zumindest offenbart schon ein flüchtiger Blick in die Runde, von wem und wo Bezüge zur Werthaftigkeit markiert sind: Die Politik fordert dies immer wieder ein, die Kirchen verankern sie in ihren Grundsätzen, Arbeitgeber, Wirtschaftsverbände und Gewerkschaften beklagen gleichermaßen ihren Verlust, ihren Ertrag oder die ökonomischen Schäden im Falle ihrer Nichtbeachtung im volkswirtschaftlichen Kreislauf. Es ist aber ein modischer Jargon, die Pädagogik für alles in Haftung zu nehmen, was in der Erziehung sich als problemhaft erweist. Dabei wird häufig übersehen: Wertorientiertes Handeln setzt immer entsprechende Handlungskompetenz voraus, im Falle schulischen Handelns kann dabei nur die professionelle Handlungskompetenz gemeint sein im Kontext pädagogischer, didaktischer und sozialer Interaktionsgeflechte. In solchen Handlungssituationen ist die Persönlichkeit des Handelnden der zentrale Faktor, weil sein kundiges und verantwortliches Tun eine Reihe von Kompetenzen voraussetzt – z. B. Wahrnehmungskompetenz, Interaktions- und Kommunikationskompetenz, Reflexionskompetenz (vgl. auch Nieke 2012, S. 16ff.) – einer solcherart unspezifizierten Aufzählung ist unschwer zuzustimmen. Jedoch verweist auch Nieke darauf, dass das Verstehen menschlichen Handelns das Erschließen der Deutungsmuster zur Voraussetzung hat, die für das Handeln konstitutiv sind.

In der sich hier abzeichnenden Deutungsvielfalt liegen Chancen und Risiken dicht beieinander. In ihr kommen kulturelle, soziale, politische, intergenerative Divergenzen zum Ausdruck, kurz: das ganze Spektrum subjektiver Meinungen und Bewertungen. Diese subjektive Vielfalt trifft auf objektive Gegebenheiten, deren Dasein ein Existential jeden demokratischen Gemeinwesens ist: Die Verfassung schreibt eine Vielfalt von Werten fest, verbriefte Rechte also, um deren Sicherung in der Vergangenheit nicht nur dieses Landes erbittert gestritten wurde. Kodifiziertes Recht repräsentiert in Verfassungsstaaten den Wertekanon, der den Konsens innerhalb einer Gesellschaft sichert. Damit ist der Konflikt quasi institutionalisiert, denn Rechtsverletzungen durch Individualhandeln im menschlichen Miteinander, ja schon das Rechtshandeln im Rahmen staatlichen Entscheidungsvollzugs sind an der Tagesordnung und erzeugen permanent Problem- und Konfliktlagen. Den demokratischen Rechtsstaat unterscheidet vom autokratischen, zumeist ebenfalls auf einer Verfassung fußenden Herrschaftsgebilde, dass eine unabhängige Justiz bei Beschneidungen, Verstößen, Aushöhlungen des verfassungsmäßigen Wertekanons von jedermann angerufen werden kann. Damit ist nicht nur der Konflikt, sondern auch der Anspruch jedes Bürgers auf dessen Lösung institutionalisiert.

Nun ist der Diskurs über Werte im Rahmen gesetzlicher Gewährleistungen nicht der einzige Ort, nicht die einzige Ebene der Präsentation von Werten – darauf habe ich bereits oben aufmerksam gemacht. Vereine, Verbände, öffentliche und private Anbieter einschließlich der Bildungseinrichtungen werben um Nutzer, Mitglieder, Konsumenten etc. Es geht also in einer Vielzahl gesellschaftlicher Einrichtungen und an vielen Orten nicht um Werte als zu erfüllenden und damit zu sichernden Rechtsanspruch, sondern um Wettbewerb, um attraktive Präsentation, um breite Zustimmung, um Akzeptanz dessen, was man repräsentiert – und da viele die gleichen Werte vertreten und anbieten – jedenfalls was das sprachliche Etikett betrifft – geht es nahezu immer um Konkurrenz. Von Wert ist, was von möglichst vielen für wertvoll gehalten wird! Neben vielen unstreitigen Wertkategorien, deren ethische Fundamente im Sinne Herbart'scher Philosophie eine aufgeklärte Einsicht in das Gefüge moralischer Normen erfordern, um den Willen zu moralisch gutem Handeln zu stärken (vgl. Kempf o. J., S. 86), gibt es aber auch solche, deren Wertschätzung aus durchaus naheliegenden Gründen manipulativ steigerungsfähig sind. Folgende Beispiele verdeutlichen den gemeinten Sachverhalt: Es gibt keine Partei, die nicht in ihren Programmen auf die Begriffe Frieden, Freiheit, Gerechtigkeit – gelegentlich auch als „soziale Gerechtigkeit" verbrämt – zurückgreift. Das ist nachvollziehbar und diese Wertkategorien sind weithin akzeptiert. Weitere begriffliche Etikettierungen liegen auf der Hand. Das gilt auch für die Partei, die nach wie vor ein weithin ungetrübtes Verhältnis zu ihrer Vorläuferorganisation pflegt, die ein 18 Millionen-Volk ihrer elementaren demokratischen Grundrechte, auf die oben verwiesen wurde, für die Dauer von 40 Jahren beraubte. Es gibt aber durchaus auch Wertkategorien, deren Bedeutung zuvorderst in der Wertschöpfung liegt, für die sie instrumentalisiert werden. Die Werbewirtschaft „lebt" von Etikettierungen, die Werthaftigkeit signalisieren: Viele ökonomische Verkaufsstrategien beruhen darauf, mit dem Erwerb von Gütern nahezu jedweder Art die Sicherung von Werten zu verknüpfen. Selbst die chemische Industrie wirbt für ihre Produkte mit deren jeweiliger Umweltverträglichkeit – der Schutz der Umwelt ist in unserer Gesellschaft ein Wert von sehr hohem Rang. Die Bundesvereinigung der Deutschen Arbeitgeberverbände (vgl. BDA 2002) hat nicht zufällig einen Bundeskongress unter dem Titel *Bildungsauftrag Werteerziehung* durchgeführt. Sie hat offensichtlich begriffen, dass Werte nichts Extraterrestrisches sind, sondern dass die gesellschaftliche, wirtschaftliche und staatliche Ordnung auf einem Gefüge von Werten hier und jetzt auf Erden beruht, deren verbindendes Merkmal die Akzeptanz durch alle ist.

Was für die genannten gesellschaftlichen Teilbereiche gilt, findet auch Anwendung in der Schule. Man muss das an dieser Stelle noch einmal herausheben, weil nicht alles, was anderswo plausibel und gültig ist, auch auf die Schule übertragbar ist. Für die Schule gelten eine ganze Reihe von Bedingungen nicht, die außerhalb ihres Wirkungskreises von hohem Wert sind: So steht z. B. das Tun der Schüler unter besonderem gesetzlichen Schutz, sie sind freigestellt von Erwerbsarbeit, d. h. ihr Lebensunterhalt ist – öffentlich oder privat – gesichert; ihr Tun ist ökonomisch zweckfrei, d. h. was sie tun, unterliegt keiner ökonomischen Rendite-Erwartung; Schüler nehmen zumindest während der Dauer der Schulpflicht eine Einschränkung des Rechts auf freie Wahl des Aufenthaltsorts in Kauf, d. h. wer der Schule und dem Unterricht fernbleibt, wird polizeilich vorgeführt usw. Trotz dieser Einschränkungen, die den Besonderheiten des Schulzwecks geschuldet sind, unterliegen die Wertkategorien unserer Gesellschaft, an denen sich das Individualhandeln orientiert, in der Schule und anderen Handlungsfeldern einem Wettbewerbsdruck mit durchaus auch positiven Effekten für die Betroffenen: die Schüler und die Eltern!

An einem Beispiel ist der gemeinte Sinn dieser keineswegs unproblematischen These zu erläutern: Bildung ist in unserer Gesellschaft ein Gut mit sehr hoher Wertschätzung. Seit durch den Gesetzgeber die einschränkenden Regelungen von Schulbezirksgrenzen gelockert worden sind, suchen sich Eltern, die den Wert guter Schulbildung erkannt haben und hochschätzen, die Schulen, die sie für besonders gut halten, für ihre Kinder weitgehend selbst aus. In Zeiten rückläufiger Schülerpopulationen bedeutet dies, dass Schulen sich um jedes einzelne Kind bemühen müssen, weil der Verlust schon weniger Schüler z. B. durch Abwanderung zu Strukturverlusten führen kann, z. B. zu Schulschließung, Einschränkung der Zügigkeit usw. Der Wettbewerbsdruck, der von der Freizügigkeit der Schulwahl auf die Schulen selbst zurückwirkt, führt zu Angebotskontrollen und -verbesserungen, zur Evaluation des Tagesablaufs in den Schulen selbst, zu erhöhter Sensibilität der Schule gegenüber dem Vorbringen von Eltern, zunehmend auch von Schülern, zu einer Optimierung des materialen Angebots in Schulen. Das ist noch nicht in den letzten Winkel eines jeden Bundeslandes vorgedrungen, aber dass Schule sich auf veränderte Bedingungen einstellen muss bei gleichbleibend hoher Wertschätzung von Bildung – das hat sich herumgesprochen (vgl. VDR 2012) und beginnt, ihre Wirkung zu entfalten. Die Länder Thüringen und Sachsen haben schon vor ca. 10 Jahren ihre Schulen zur Entwicklung und Online-Einstellung eines jeweils schulspezifischen Schulprogramms verpflichtet – andere Länder ziehen inzwischen nach. Das eröffnet Schülern und Eltern die Möglichkeit, sich über die inneren Abläufe einer Schule zu informieren und zu begründeten Schulwahlentscheidungen zu gelangen. Dem hier erzeugten Wettbewerbsdruck muss die Schule sich stellen, wenn sie in der Konkurrenz der Anbieter bestehen will. Verweigerung wird für Schulen hier rasch zur Schicksalsfrage im oben beschriebenen Sinne, weil sie zum Exodus vieler Schüler führt, weil sie die pädagogischen und didaktischen Chancen kooperativen Zusammenwirkens ungenutzt lässt, weil sie die Ziele, auf die jede Schule durch den Gesetzgeber oder den Träger verpflichtet ist, selbst blockiert.

4. Wie kommt Wertbewusstsein in die Schule?

Zwei Fragen drängen sich auf, wenn man sich mit der Schule und den von ihr repräsentierten Werten beschäftigt: Welches sind denn die Werte, denen wir in der Schule begegnen? Wie kommen Wertentscheidungen zustande? Erste Annäherungen habe ich von einem fundamentalen Verständnis ausgehend in Abschnitt eins vorgenommen. Zu beiden Fragen nachfolgend einige weitere Anmerkungen.

Das Wertegefüge, dem Schüler, Eltern und Lehrer in der Schule begegnen, ist zunächst her leitbar aus den Vorgaben des jeweiligen Trägers. Öffentliche Schulen stehen unter der Aufsicht des Staates, der durch Lehrpläne und auf bewährtem Erlasswege und mit Hilfe des Beamtenrechts die innere Lage der Schulen maßgeblich lenkt und damit die von ihm repräsentierte Wertordnung verstärkt. Private Schulen, besser: Schulen in nichtstaatlicher Trägerschaft weiten den Wertepluralismus aus und ermöglichen den vorhandenen gesellschaftlichen Gruppen – Kirchen, Gewerkschaften, weltanschaulichen Minoritäten – eine größere Annäherung an ihre jeweiligen Zielvorstellungen – das können auch pädagogische Zielvorstellungen sein. Ich beobachte das gelegentlich mit durchaus ambivalenter Nachdenklichkeit. Über ihre Eltern werden die Schüler in die jeweilige Wertestruktur hinein erzogen und sie bringen ihrerseits diese Wertestruktur in die Schule ein. Das Aufeinandertreffen familiärer und schulischer Wertestrukturen führt je nach Hintergrund mal mehr, mal weniger kontrastreich zum Diskurs auf beiden Werte-Ebenen und mündet in der Regel in ein Gefüge allgemein verbindlicher Wertorientierungen, die die divergierenden Einzelorientierungen begrenzen. Und schließlich sind die Schüler in eine Wertestruktur von außerordentlich nachhaltiger Wirkung eingebunden, die von außerschulischen und außerfamiliären Gruppierungen und Lernorten ausgeht. Die öffentliche Schule hat schon vor längerer Zeit ihre Monopolstellung im Hinblick auf das Lernen verloren, die Schulkritik der 70er Jahre hielt ihr vor, Falsches zu lehren, was man schnell vergisst und nie wieder braucht (vgl. Goodman 1975), und Illich (1970) spricht in diesem Zusammenhang von der „Enklave Schule". Deshalb verwundert es nicht, dass mit den neuen Inhalten auch eine Änderung der Wertorientierung Einzug in die Schule hielt.

Die zweite Frage, wie denn nun Wertentscheidungen zustande kommen, bestimmte in den 70er Jahren des 20. Jahrhunderts den zwischen den Begriffen *Erziehung* und *Sozialisation* oszillierenden Diskurs. Der sich abzeichnende Wertpluralismus – Schule, Familie, Ethnien, Peers – führt geradezu unausweichlich zu einem Wertbewusstsein vieler Menschen, das sich an den Unterschieden schärft und durch die Wahrnehmung des jeweils anderen in der latenten Gefahr der Wertungsunsicherheit schwebt. Wissen und Können sind zwar ebenso wichtige Voraussetzungen einer guten, selbständigen und sozialverantwortlichen Lebensführung wie Kenntnisse und Fertigkeiten (vgl. Brezinka 2003), aber sie allein genügen nicht. Zur Lebenstüchtigkeit gehören auch Wertorientierungen, die im Prozess der Erziehung in die innerpsychische Struktur der Individuen (vgl. Speichert 1975, S. 182ff.) eingehen, d.h. sie werden reflektiert erworben, nicht vermittelt. Etwas wird zu einem Wert, wenn wir es bewerten; Sozialisation und die mit ihr einhergehende Internalisierung von Orientierung ist zufallsbestimmt und deshalb nicht Teil eines edukativ intentional konturierten Gesamtverständnisses. Diese Positionierung geht über die oben vorgetragene These weit hinaus, dass „von Wert" ist, was von möglichst vielen für wertvoll gehalten wird. Es geht nicht um quantitative Mehrheitsbildung, sondern um Überzeugung nach vorheriger Prüfung, um Zustimmung und Akzeptanz. Der Mathematiker und Naturwissenschaftler Bertrand Russel, der 1950 überraschenderweise den Nobel-Preis für Literatur erhielt, sagt: „Auch wenn alle einer Meinung sind, können alle Unrecht haben".

An diesem Punkt treffen sich die Diskussionsstränge, denen ich mich in diesem Beitrag zugewandt habe: Es verbinden sich Lebenstüchtigkeit und Bildung in der Erziehung. Der Erwerb von Lebenstüchtigkeit ermöglicht es, der Vielfalt – auch der Werte – dialogisch zu begegnen, d.h. fremde und eigene Überzeugung zu balancieren. Der Konflikt, der mitunter unausweichlich dem Aufeinandertreffen in der Vielfalt folgt, zielt immer auf die Lösung, nicht auf die Unterwerfung. Bildung erzeugt den intellektuellen, den gedanklichen, den motivationalen Rahmen des Diskurses und ist der Idee nach nie ausweglos: Das Gute konkurriert mit dem Besseren, Heterogenität dominiert die Diskurslandschaft, nicht Alleinvertretungshypertrophie! Nach diesem Verständnis ist Werterziehung ein „weißer Schimmel", denn wer erzieht, repräsentiert zugleich immer auch Werte, für die sein Erziehungshandeln steht. Freilich kommt es immer darauf an, für *welche* Werte man steht: Auch Mafiosi erziehen ihren Nachwuchs im Bewusstsein ihrer Wertkategorien!

Literatur

Brezinka, W. 2003. *Erziehung und Pädagogik im Kulturwandel*. München: Reinhardt.
Bundesvereinigung der Deutschen Arbeitgeberverbände. 2002. *Bildungsauftrag Werteerziehung. Selbständig denken, verantwortlich handeln*. Berlin. http://www.bda-online.de/www/arbeitgeber.nsf/res/145F1BCF063EA8E2C12574EF0053FA5B/$file/Bildung_Werte.pdf. Zugegriffen: 15.4.2013.
Giesecke, H. 2005. *Wie lernt man Werte?* Weinheim: Beltz.
Goodman, P. 1975. *Das Verhängnis der Schule*. Frankfurt am Main: Fischer Taschenbuch-Verlag.
Illich, I. 1970. *Entschulung der Gesellschaft*. München: C.H. Beck.
Kempf, H.-P. o.J. *Wertevermittlung in der Schule heute*. Saarbrücken: VDM-Verlag.
Nieke, W. 2012. *Kompetenz und Kultur. Beiträge zur Orientierung in der Moderne*. Wiesbaden: VS-Verlag.
Speichert, H. 1975. *päd. extra. Kritisches Lexikon der Erziehungswissenschaft und der Bildungspolitik*. Weinheim: Beltz-Verlag.
Verband Deutscher Realschullehrer. 2012. *Reale Bildung in Deutschland*, Nr. 6 Dezember 2012. Pfaffenhofen: Humbach & Nemazal GmbH.

Die Bildungsreise des Mirower Seminardirektors A. F. Giesebrecht im Jahre 1818 durch Deutschland und die Schweiz

Wolf Völker

Im 19. Jahrhundert, das auch als Jahrhundert der Schulentwicklung und der Volksschullehrerausbildung bezeichnet wird, durften auf Kosten einiger Landesfürsten zukünftige Seminarleiter auf einer Studienreise Anregungen und Erkenntnisse in den besten Bildungsstätten sammeln. Im Großherzogtum Mecklenburg-Schwerin wurden solche Bildungsreisen nicht für notwendig erachtet. Im Großherzogtum Mecklenburg-Strelitz wurde es zukünftigen Seminarleitern in Mirow jedoch ermöglicht, sich auf längeren Studienreisen über pädagogische Entwicklungen zu informieren, um anschließend ein Bildungskonzept zu entwickeln, welches sowohl progressive nationale Tendenzen berücksichtigte, als auch auf die Gegebenheiten in Mecklenburg-Strelitz zugeschnitten war. Adolf Friedrich Giesebrecht (1790-1855) (Abb. 1), Leiter des Mirower Volksschullehrerseminars von 1820 bis 1825, unternahm als erster solch eine Reise.

Abbildung 1: Adolf Friedrich Giesebrecht

Quelle: Thal, Joachim

Seine Hauptziele waren die weltberühmten Erziehungseinrichtungen Pestalozzis in der Schweiz. Auf der Hin- und Rückreise besuchte er in einem Zickzackkurs durch Deutschland und die Schweiz eine Vielzahl von Bildungsstätten, um sich umfassend über das Erziehungsgeschehen zu informieren. Gerling, der von 1829 an 27 Jahre das Seminar in Mirow leitete, unternahm seine Reise, die nahezu auf den Spuren Giesebrechts erfolgte, zehn Jahre später. Da es zu diesem Zeitpunkt die Einrichtungen Pestalozzis nicht mehr gab, war der Hauptort seiner Reise das berühmte Seminar in Weißenfels, wo er sich fast ein halbes Jahr aufhielt. Nach Gerlings Tod 1857 durften auch die Nachfolger Becker und Beckström eine Studienreise unternehmen. Auch den Lehrern Mietzner und Spieckermann wurden, auf ihr jeweiliges Fach bezogen, solche Reisen gestattet (vgl. Beckström 1870, S. 25).

Am 10. April 1820 wurde in Mirow das erste und bis zum Ende der Seminaretappe 1925/1926 einzige eigenständige, staatliche Seminar in Mecklenburg-Strelitz eröffnet. Diese Seminargründung markierte, 25 Jahre später als in Mecklenburg-Schwerin, den Eintritt in die zweite Phase der Seminaretappe, der Einrichtung eigenständiger staatlicher Seminare. Der dürftige und unbefriedigende Zustand des mit dem „Carolinum" verbundenen Seminars in Neustrelitz war das auslösende Moment, den in Preußen zu Beginn des 19. Jahrhunderts eingeleiteten Entwicklungstrend, die mit höheren Schulen verbundenen Seminare in eigenständige staatliche Seminare umzuwandeln, nachzuvollziehen. Fast zwei Jahre vor der Schließung des Neustrelitzer Seminars und bereits einen Monat nach seinem Regierungsantritt bestimmte Großherzog Georg (1816-1860) im Reskript vom 11. Dezember 1816, dass 5000 Taler für die Errichtung eines neuen eigenständigen und staatlichen Seminars zur Verfügung stehen (Gesetzessammlung Mecklenburg-Strelitz 1858, Bd. 1, S. 504). Mit dieser Verfügung, die nur die zukünftige äußere Erscheinungsform der Einrichtung vorgab, waren noch keine konkreten Vorstellungen über die organisatorische und inhaltliche Gestaltung verbunden. Im Frühjahr 1818 wurde dem seit 1815 am Gymnasium in Neustrelitz tätigen Lehrer Adolf Friedrich Giesebrecht die Leitung des neuen Seminars angetragen. Giesebrecht nahm die Berufung an und erhielt den Auftrag, auf Staatskosten Seminare und Bildungsanstalten in Deutschland und der Schweiz zu besuchen (vgl. Beckström 1870, S. 41).

Mit dieser Maßnahme folgte Mecklenburg-Strelitz, zumindest äußerlich, dem nationalen Entwicklungstrend, der ein wachsendes Interesse des Staates an einer verbesserten Lehrerausbildung dokumentierte (vgl. Völker 1994, S. 97). Man erhoffte sich durch eine bessere Erziehung und durch Reformen eine Erneuerung der deutschen Nation und die Errichtung eines bürgerlichen deutschen Nationalstaates (vgl. Beckström 1870, S. 46). Zur Zeit der napoleonischen Fremdherrschaft und der Befreiungskriege sowie unter dem Einfluss der Nationalerziehungspläne zielte diese Maßnahme darauf ab, die progressivsten pädagogischen Gedanken der Zeit für eine Umgestaltung des gesamten deutschen Schulwesens zu nutzen. Besonders Fichte (1762-1815) trug mit seinen 1807/1808 gehaltenen „Reden an die deutsche Nation" dem bekanntesten Nationalerziehungsplan jener Zeit, wesentlich zur Popularisierung der Erziehungsgrundsätze Pestalozzis bei und initiierte damit die Entsendung zukünftiger Seminarlehrer nach Ifferten (vgl. Völker 1994, S. 98). Giesebrechts Studienreise, die zu der Zeit des Wiedererstarkens der Reaktion stattfand, hatte jedoch keinen Bezug mehr zu diesen progressiven gesellschaftlichen Zielen. Die ihm ermöglichte Studienreise war nur der landesherrlichen Großzügigkeit zu verdanken, einem unerfahrenen Seminarleiter für die Abfassung eines eigenen Seminarplanes die Möglichkeit zu geben, nicht nur Ifferten, sondern eine Vielzahl von anderen Einrichtungen zu besuchen (vgl. ebd.) Giesebrecht, dem völlig freie Hand bei der Gestaltung des Seminars zugesagt wurde, ging nicht als „Suchender" auf diese Reise, bei der er elf Seminare und 29 Bildungsanstalten in Deutschland und der Schweiz besuchte (vgl. Abb. 2).

Abbildung 2: Geographische Darstellung der Studienreise Giesebrechts vom 26. März 1818 bis zum 24. November 1818

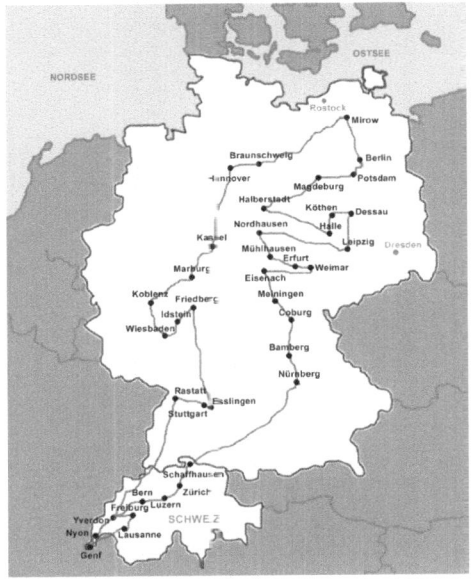

Quelle: eigene Darstellung, basierend auf MLHA 4.11-1 Akte 11/52

Sein dreiteiliger Bericht über diese Reise weist darauf hin, dass er bereits vor Antritt der Reise konkrete Vorstellungen von der organisatorischen und inhaltlichen Gestaltung seines zukünftigen Seminars besaß, die auf der Reise nur überprüft werden sollten. Vorstellungen, die vor allem von den Schriften Pestalozzis, besonders der Bücher „Abendstunde eines Einsiedlers" und „Lienhard und Gertrud", aber auch von Elementen aus Fichtes „Reden an die deutsche Nation" geprägt waren. Diese hatte Fichte zu einem Zeitpunkt in Berlin gehalten, als Giesebrecht Schüler des dortigen Gymnasiums „Zum grauen Kloster" war (vgl. ebd.).

Giesebrecht trat seine Reise am 26. März 1818 an. Sie dauerte bis zum 24. November 1818. Den ersten der drei Reiseberichte sandte Giesebrecht erst am 24. Juni 1818 aus Ifferten ab (vgl. Abb. 3).

Abbildung 3: Erster Bericht Giesebrechts von seiner Studienreise

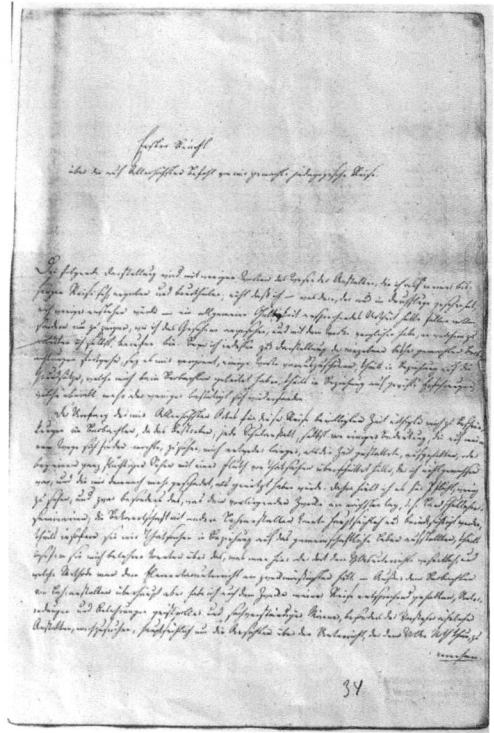

Quelle: MLHA 4.11-1 Akte 11/42, 23b, Blatt 38

In diesem Bericht schilderte er die Eindrücke über seine Hinreise. Seine Schilderungen sind anschaulich und sehr kritisch. Da er vor der Reise bereits eine feste Vorstellung von seiner zukünftigen Einrichtung besaß, verglich er alles mit seinem Konzept. Da er in den besuchten Einrichtungen wenig von seinen Vorstellungen fand, findet man in den Berichten auch kaum lobende Aussagen, zumal die meisten Einrichtungen gerade im Aufbau waren. Neue Anregungen erhielt Giesebrecht nicht. Er besuchte hauptsächlich Landschullehrerseminare. Andere Einrichtungen waren für ihn nur interessant, wenn er hoffte, etwas über die Methodik des Elementarunterrichts, über das gemeinsame Leben der Seminaristen in der Einrichtung bzw. über das, was Volksschulunterricht inhaltlich leisten muss, in Erfahrung bringen zu können. Am meisten interessierten ihn jedoch die Gespräche mit den Leitern der besuchten Einrichtungen. Seine von Pestalozzi und Fichte beeinflussten Vorstellungen sah Giesebrecht nirgends verwirklicht. An der Anstalt in Braunschweig bemängelte er beispielsweise

> „1. in der äußern Einrichtung ein System von Berichten, Zeugnissen und anderen Actenstücken, an denen ich zweifle, ob es die sittliche und geistige Tüchtigkeit des Lehrerstandes sichert, wie es sollte.
>
> 2. in Hinsicht der Bildung, die die Anstalt ihren Zöglingen mitgiebt, ein sehr bestimmtes Hinneigen zu einem neuen Formalismus [...]" (Landeshauptarchiv Schwerin: Bestand Lehrerseminar Mirow)" (MLHA 4.11-1 Akte 11/42, 23b, Blatt 41).

Alle besuchten Seminare stellten für ihn nur reine, bereits Bildung voraussetzende Fachschulen dar, in denen junge Männer in zweijähriger Ausbildung mehr allgemeinbildend (Gymnasialseminare) bzw. mehr praktisch (Landschulseminare) ausgebildet wurden. Besonders der sittlichen Erziehung wurde nach seiner Einschätzung in den besuchten Einrichtungen zu wenig Beachtung geschenkt. Ende Mai erreichte Giesebrecht die Schweiz und besuchte in Hofwyl die berühmte Armenschule von Philipp Emmanuel von Fellenberg (1771-1844), die Goethe zur „Pädagogischen Provinz" im „Wilhelm Meister" anregte. Aber auch hier sah Giesebrecht seine Vorstellungen nicht erfüllt. Er vermisste in Hofwyl die „mütterliche Pflege" der Zöglinge, deren Hauptbeschäftigung landwirtschaftliche Arbeiten waren, mit denen sich die Anstalt allein unterhalten wollte. Das Hauptziel seiner Studienreise waren jedoch Pestalozzis Bildungsanstalten in Ifferten. Vom 4. Juni 1818 bis Anfang September 1818 hielt sich Giesebrecht in Ifferten auf, hospitierte an der Pestalozzischen Knabenanstalt, wo Pestalozzi und Josef Schmid die bedeutendsten Lehrer waren, an Niederers Töchterinstitut, Näfs Anstalt für Taubstumme und Krüsis Anstalt für Knaben. Er hospitierte in nahezu allen Fächern, versuchte Pestalozzis Stufengang des Unterrichts zu durchschauen, führte mit Pestalozzi und seinen Mitarbeitern lange Gespräche über Fragen der Erziehung und Bildung. Seinen zweiten Bericht sandte Giesebrecht am 8. September aus Murten ab, der seine Eindrücke aus Ifferten und seine Exkursionen nach Nyon, Freiburg und Genf zusammenfasste. In den genannten Orten informierte er sich besonders über die Bell-Lancaster-Methode, einer damals viel angewandten Unterrichtsmethode des gegenseitigen Unterrichtens durch Schüler (Moniteurs) in Schulen mit überfüllten Klassen. Giesebrecht stellte in den drei Orten große Unterschiede in der Anwendung von Pestalozzis Ideen fest: in Nyon einen erdrückenden Despotismus mit erniedrigenden Strafen, in Freiburg eine Eingrenzung auf den Grundsatz des gegenseitigen Unterrichtens und in Genf eine stark religiös begründete Erziehung, für Giesebrecht noch die positivste Variante. Seine Ausführungen zur Bell-Lancaster-Methode sind recht ausführlich, seine Ausführungen über Ifferten dagegen auffallend kurz. Die Lehrerausbildung spielte in Ifferten nur eine untergeordnete Rolle und entsprach in keiner Weise Giesebrechts, vor allem an der „Wohnstubenerziehung" orientierten, Vorstellungen. Unter dem Druck der Zeitverhältnisse, zukünftigen Lehrern schnell praktische Fertigkeiten zu vermitteln, wurde in Ifferten die erzieherische Komponente bei den sechzehn- bis zwanzigjährigen sogenannten „Unterlehrern", stark vernachlässigt, nahm die von Pestalozzi für notwendig gehaltene Allgemeinbildung nicht das erforderliche Maß ein, schwankte die Ausbildungsdauer zwischen sechsmonatigen Kursen nach dem Normalschulsystem und einer zwei- bis vierjährigen Ausbildung. So stellt Giesebrecht mit einer gewissen Resignation als Ergebnis fest: „So muß ich die Zeit meines hiesigen Aufenthalts als eine Zeit reichen Einsammelns betrachten, deren Resultat mir selbst erst dann ganz deutlich wird, wenn sich mir nach der Rückkehr in die Heimath alles Gewesene zu einem selbständigen Ganzen zusammengefügt wird" (vgl. ebd.). Seinen dritten und letzten Bericht verfasste Giesebrecht erst in der Heimat. Er hatte eine Fülle von Einrichtungen kennengelernt, berühmte Pädagogen gesprochen, ein umfassendes, sicher auch verwirrendes Bild der Seminar- und Lehrerausbildung in Deutschland und der Schweiz erhalten. Da er bereits vor der Reise konkrete Vorstellungen von „seiner" Einrichtung besaß, er vieles im Aufbau oder im Niedergang erlebte, war der Ertrag seiner pädagogischen Reise eher bescheiden.

Giesebrecht, der etwas enttäuscht aus Ifferten zurückkehrte, verfasste im Anschluss an seine Studienreise auftragsgemäß seinen Seminarplan, der nur noch geringe Korrekturen gegenüber seinen ursprünglichen Vorstellungen erfuhr. Dieser Plan bestimmte die Ausbildung in Mirow, von geringen Veränderungen abgesehen, achtzehn Jahre lang. Er unterschied sich nicht nur gravierend vom Seminarplan im Seminar in Ludwigslust, sondern nahm in ganz Deutschland eine einzigartige Stellung ein. Besonders die organisatorische Gestaltung spiegelte die Sonderstellung des Mirower Seminars wider. Giesebrecht plante und realisierte die längste Ausbildungsdauer und den frühzeitigsten Beginn einer Lehrerausbildung in Deutschland. Jungen im Alter von elf bis zwölf Jahren und nicht erwachsene Männer sollten in acht bis zehn Jahren zum Lehrer ausgebildet werden. Jährlich wurden nur drei bis vier Kinder im Seminar aufgenommen, die allein von Giesebrecht aus den Bewerbern ausgesucht wurden. Bei der Auswahl der zukünftigen Seminaristen achtete er vor allem darauf, dass diese Kinder sich ohne Druck durch die Familie für den Lehrerberuf „entschieden" hatten, legte er mehr Wert auf liebenswertes Wesen und Fleiß als auf intellektuelle Begabung. Dabei ließ er sich von der Auffassung Pestalozzis: „Wenn der Wille, Lehrer und Erzieher zu werden, recht lebendig in ihm wird und sich erhält, so darf man sich durch seine mittelmäßigen Anlagen nicht abschrecken lassen", (Pestalozzi, zit. nach Beckström 1870, S. 60) leiten. Dieser Wille zum Lehrerberuf sollte bei den elf- bis zwölfjährigen Kindern vor allem in der dreimonatigen Probezeit ermittelt werden, die endgültig darüber entschied, ob der Bewerber im Seminar bleiben konnte. Giesebrecht ging davon aus, dass die Berufung für den Lehrerberuf bereits bei Kindern in diesem Alter aufkeimte. Durch eine streng geordnete Lebensgemeinschaft sollte der Berufswunsch beständig gefördert werden. Mit seinen „Grundsätzen des häuslichen Lebens" versuchte Giesebrecht, seinem Vorbild Pestalozzi zu entsprechen. Wie Pestalozzi in Stans bemühte er sich in den fünf Jahren, die er dem Seminar als Leiter vorstand, aufrichtig ein gemeinsames, durch Liebe zu seinen Zöglingen gekennzeichnetes „Familienleben" zu organisieren und die Zöglinge für den Lehrerberuf aufzuschließen. Giesebrecht wohnte mitten unter den Schülern in einer bescheidenen Mansardwohnung, trug wie die Kinder einfache Kleidung und aß mit ihnen. Diese äußeren Gemeinsamkeiten mit Pestalozzis Wirken konnten jedoch nicht die Mängel verdecken, die seiner organisatorischen Gestaltung und ihm selbst anhafteten. Da Ausbildung, Unterkunft, Kleidung und Essen für die Seminaristen kostenlos waren, zwang Giesebrechts achtjährige Ausbildungsdauer den Staat zu achtjährigen Aufwendungen für jeden Seminaristen. Es war nur eine Frage der Zeit, bis der Staat einschritt und die teure Ausbildung begrenzte. Auch die frühzeitige Festlegung auf den Lehrerberuf bewährte sich nicht, vor allem weil Giesebrecht die Persönlichkeitseigenschaften des großen Schweizer Pädagogen fehlten. Ungeduld und Unverständnis gegenüber langsam denkenden Seminaristen, harte körperliche Strafen bei kleinsten Vergehen vergifteten das Klima im Seminar und führten in keiner Weise dazu, bei seinen Zöglingen der Willen zum Lehrerberuf auszubilden (vgl. Völker 1994, S. 100ff.).

Erst 1838 wurde verfügt, die Ausbildung auf fünf Jahre zu begrenzen und die Schüler bis zur 8. Klasse in der Volksschule zu belassen (vgl. Gesetzessammlung Mecklenburg-Strelitz 1858, Bd.1, S. 509). Eine weitere Ursache für den Misserfolg der achtjährigen Ausbildung ist sicher auch darin zu sehen, dass es Giesebrecht nicht gelang, die unterschiedlichen Ausbildungsstände seiner Seminaristen zu berücksichtigen. Da es keine Klassen gab, verlor er durch die jährlichen Neuzugänge zunehmend die Übersicht und stand der Situation hilflos gegenüber. Es spricht für seine Redlichkeit, dass er sein Unvermögen einsah und bereits 1825 um seine Entlassung bat, bevor auch nur die ersten Seminaristen ihre Ausbildung beendet hatten (vgl. Beckström 1870, S. 90).

Giesebrechts organisatorische Gestaltung stellte letztlich den missglückten, überspitzten und unzeitgemäßen Versuch dar, Pestalozzis Ideen von der „Wohnstubenerziehung" mit Fichtes Gedanken von einem vom Staat eingerichteten „Gemeinwesen", in dem die Schüler bis zum Abschluss ihrer Erziehung und Ausbildung leben und lernen sollten, zu verbinden und für die Lehrerausbildung zu modifizieren. Giesebrechts Verständnis von Lehrerausbildung erfreute sich jedoch „höchster" Anerkennung. Noch kurz vor seiner Ablösung wurde er vom Herzog in Anerkennung seiner Verdienste zum Professor ernannt (vgl. Beckström 1870, S.82).

Nach Giesebrecht wurde der „Ausländer" (Preuße) Christian Faulstich vom Neuruppiner Gymnasium zum Seminarvorsteher berufen. Seine Verdienste in den drei Jahren beruhten auf fleißigem Musikunterricht, fleißigem Baden und Turnen sowie der Einführung des Seidenanbaues. Er konnte das Seminar jedoch weder fachlich noch organisatorisch führen und kehrte bereits 1829 nach Preußen zurück (vgl. Beckström 1870, S. 96). Sein Nachfolger Hermann Gerling, Seminarvorsteher von 1829 bis 1856 und studierter Theologe, führte das Seminar zu einem bescheidenen Aufschwung. Wie Giesebrecht unternahm er eine Bildungsreise und besuchte dabei rund 30 Bildungsanstalten (Seminare, Schulen) in Deutschland und der Schweiz (vgl. Abb. 4).

Abbildung 4: Geographische Darstellung der Studienreise Gerlings von 1828 bis 1829

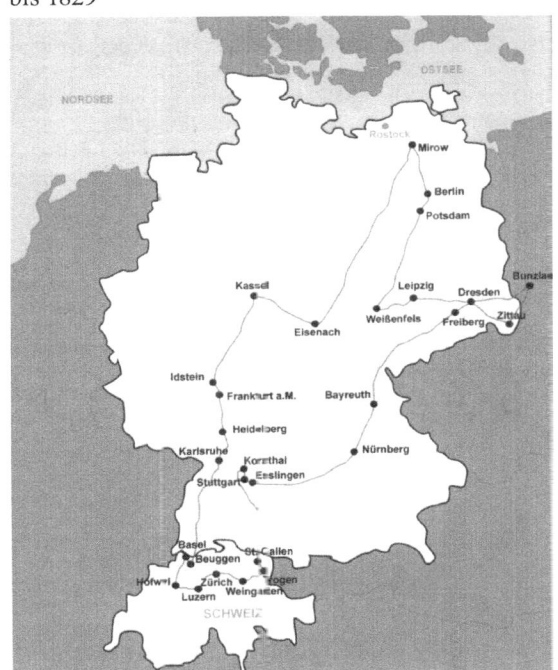

Quelle: eigene Darstellung, basierend auf MLHA 4.11-1 Akte 11/164

Auch seine Berichte sind wertvolle Zeitdokumente, die einen Eindruck über die Vielfalt der Versuche geben, Lehrer im Jahre 1828 für die Landschulen auszubilden.

Die drei Reiseberichte von Giesebrecht, aber auch die drei Berichte von Gerling, die im Landeshauptarchiv in Schwerin liegen, werden in Kürze veröffentlicht.

Quellen- und Literaturverzeichnis

Unveröffentlichte Quellen

MHLA, Landeshauptarchiv Schwerin. 4.11-1 Mecklenburg-Strelitzer Staatsministerium und Landesregierung.

MHLA, Landeshauptarchiv Schwerin. 11/152 Acta Regiminalia betreffend der Einrichtung einer Lehrerbildungsanstalt für Landschullehrer in Mirow 1818-1822.

MHLA, Landeshauptarchiv Schwerin. 23b 1. Bericht, 28 2. Bericht, 29. 3. Bericht.

MHLA, Landeshauptarchiv Schwerin. 11/164 betreffend Bildungsreisen des Seminardirektors Gerling 1828/1829.

Veröffentlichte Quellen

Beckström, C. 1870. *Das großherzogliche Landschullehrerseminar in Mirow* – seine Vorgeschichte und die Geschichte seiner ersten 50 Jahre. Neustrelitz.

Pawils, M. 2005. *Adolf Giesebrecht (1770-1855) und sein Wirken für das mecklenburgische Volksschulwesen.* Unveröff. Diplomarbeit, Universität Rostock.

Scharenberg, G. 1858. *Gesetzessammlung für die Mecklenburg – Strelitzschen Lande.* 3 Bd., Neustrelitz.

Völker, W. 1994. *Die Anfänge und der nationale Stellenwert der mecklenburgischen Landschullehrerausbildung 1618-1830.* Frankfurt am Main: Peter Lang.

Inklusion als Reformimpuls für die Lehrer_innenbildung – Entwicklungen und Perspektiven

Maik Walm

1. Einleitung

Die Frage nach der Bedeutung und damit einhergehend nach der angemessenen Qualifikation von Lehrkräften für gelingende schulische Bildung ist ein grundlegendes und beständiges Thema öffentlicher Diskussionen. Georg Pichts „Bildungskatastrophe" (vgl. Picht 1964) hat genauso wie die Ergebnisse internationaler Schulleistungsstudien seit Mitte der 90er Jahre und jüngst die Veröffentlichung von John Hattie (vgl. Hattie 2009) die Auseinandersetzung darum intensiv angeregt. Eine jeweils aktuelle Befragung vorhandener Wissensbestände, entwickelter Praxen und Strukturen der Lehrer_innenbildung erweist sich auch aus einer anderen Perspektive als geboten und notwendig. Die öffentlich verantwortete Schule hat spezifische gesellschaftliche Wirkungen (vgl. Fend 2008, S. 49-52). Sie vergibt z. B. Zertifikate, die Bildungs- und Qualifikationswege ermöglichen oder begrenzen können. Aus einem demokratischen Blickwinkel ist deshalb zu thematisieren, welchen Beitrag das Schulsystem und die Schule, wie sie jeweils verfasst sind, zur (Re-)Produktion sozialer Ordnungen leisten. Die Qualifikation und Arbeit der pädagogischen Fachkräfte sind dabei von besonderer Bedeutung, da sie zentrale Akteure bei der Gestaltung von Bildungsangeboten und -prozessen sind. Für das lernende Subjekt entscheidet sich in diesem Kontext, in welchem Maße die Zufälligkeit des körperlichen, sozialen und ökonomischen Seins das zukünftige Leben bedingt. Vor diesem Hintergrund verwundert es nicht, dass die Ratifizierung der UN-Behindertenrechtskonvention (UN-Brk) durch Deutschland im Jahr 2008, d. h. deren Anerkennung als rechtlicher Bezugspunkt für das staatliche Handeln auf allen Ebenen, Ausgangspunkt für ein grundsätzliches Nachdenken über Schule, Unterricht und Lehrer_innenbildung geworden ist.

Der vorliegende Beitrag will für die erste, akademisch verantwortete Phase der Lehrer_innenbildung[1] und dort für die allgemeinbildenden Lehrämter[2] kenntlich machen, welche diesbezüglichen Anforderungen die UN-Brk stellt, wie diese insbesondere von der Konferenz der Kultusminister_innen (KMK) aufgegriffen wurden und werden und welche Entwicklungen sich aktuell in den Bundesländern zeigen. Dazu wurden relevante, online verfügbare Verlautbarungen, Empfehlungen und rechtliche Dokumente (Rahmenvereinbarungen, Beschlüsse, Gesetze, Staatsprüfungsordnungen, etc. mit Gültigkeit am 1. Juli 2013) recherchiert und entsprechend des oben beschriebenen Interesses ausgewertet. Die einzelne Hochschule war nur dann von Bedeutung, wenn dort im Rahmen der Teilung staatlicher Verantwortung alleinig Regelungen getroffen und dokumentiert wurden bzw. aus Sicht des Verfassers besondere Entwicklungen ersichtlich waren. Im Hintergrund steht die rechtstaatlich orientierte Vorstellung, dass in Gesetzen und Ordnungen kodifizierte Festlegungen im Sinne anzustrebender Verbindlichkeit besonderer Aufmerksamkeit und diskursiver Begleitung bedürfen. Die gewonnenen Erkenntnisse sollen dem Ziel dienen, Daten für eine fundierte Bewertung der „inklusionsorientierten"[3] Entwicklung der Lehrer_innenbildung der ersten Phase zu liefern, um daran anschließend den Weg für eine konzeptionell weiterführende Diskussion klarer bestimmen zu können.

---

[1] Für den Vorbereitungsdienst liegt eine erste Dokumentation der Regelungen (Stand: November 2012) vor (vgl. dazu Walm und Wittek 2013, S. 55f.). Die Fortbildung betreffend haben im Juni 2013 Bettina Amrhein und Benjamin Badstieber eine Trendanalyse zum Umgang mit Inklusion veröffentlicht (vgl. dazu Amrhein und Badstieber 2013). Internationale und europäische Entwicklungen sind treffend von Christian Lindmeier beschrieben worden (vgl. Lindmeier 2013, S. 180-186). Ebenfalls erwähnenswert ist in diesem Zusammenhang die Veröffentlichung der Europäischen Agentur für Entwicklungen der sonderpädagogischen Förderung zum Thema „Inklusionsorientierte Lehrerbildung in Europa" (vgl. Europäische Agentur für Entwicklungen der sonderpädagogischen Förderung 2011).

[2] Die bisherigen Regelschullehrkräfte werden auch zukünftig zusammen mit Sonderpädagog_innen entweder geteilte (bei Doppelbesetzung) oder alleinige Verantwortung im konkreten Unterrichtsgeschehen tragen. Die Entwicklung hin zu einer neuen Verantwortlichkeit ist aus meiner Sicht eine der aktuell spannenden Fragen und soll deshalb hier besondere Aufmerksamkeit erfahren.

[3] Der mittlerweile umfangreiche Diskurs zur Definition von Inklusion kann an dieser Stelle nicht nachgezeichnet werden (vgl. dazu u. a. Hinz 2013, Prengel 2013, Wocken 2012, Ahrbeck 2011). In diesem Beitrag wird im Anschluss an Hinz (2008) und Prengel (2013) davon ausgegangen, dass Inklusion über die Dimension „Beeinträchtigung" hinausweist.

2. Was bedeutet die UN-Behindertenrechtskonvention (UN-Brk) für die Reform der Lehrer_innenbildung?

Deutschland hat mit der Hinterlegung des entsprechenden Beschlussdokumentes des deutschen Bundestages bei der UN am 24. Februar 2009 formal die UN-Behindertenrechtskonvention bzw. das Übereinkommen der Vereinten Nationen über die Rechte von Menschen mit Behinderungen ratifiziert. „Zu den Menschen mit Behinderungen zählen Menschen, die langfristige körperliche, seelische, geistige oder Sinnesbeeinträchtigungen haben, welche sie in Wechselwirkung mit verschiedenen Barrieren an der vollen, wirksamen und gleichberechtigten Teilhabe an der Gesellschaft hindern können" (BMAS 2011, S. 205). Die in dieser Definition der anspruchsberechtigten Gruppe zum Ausdruck kommende Vorstellung von Behinderung, die Dimension des „Behindert-Werdens" durch äußere Umstände, nimmt die Gesellschaft über die grundsätzlich menschenrechtliche Perspektive hinaus in eine besondere Verantwortung. Behinderung wird in Beziehung zum Umfeld gedacht. Deutschland verpflichtet sich dementsprechend „alle geeigneten Gesetzgebungs-, Verwaltungs- und sonstigen Maßnahmen zur Umsetzung der in diesem Übereinkommen anerkannten Rechte zu treffen" (ebd., S. 206). Für den Bildungsbereich maßgeblich ist § 24 der Konvention. Dort heißt es: „(1) Die Vertragsstaaten anerkennen das Recht von Menschen mit Behinderungen auf Bildung. (...) (2) Bei der Verwirklichung dieses Rechts stellen die Vertragsstaaten sicher, dass (...) (b) Menschen mit Behinderungen gleichberechtigt mit anderen in der Gemeinschaft, in der sie leben, Zugang zu einem integrativen, hochwertigen und unentgeltlichen Unterricht an Grundschulen und weiterführenden Schulen haben" (ebd., S. 211). In Absatz 4 wird dann auf die dafür notwendige Qualifikation des pädagogischen Personals verwiesen (vgl. BMAS 2011, S. 211). Was heißt das konkret für die zukünftige deutsche Bildungspolitik?

1. Die UN-Brk geht bei der Bestimmung der Zielgruppe von langfristigen Beeinträchtigungen aus. Oelkers merkt dazu an, dass „sie sich nicht auf ‚Lernstörungen' oder ‚Verhaltens-auffälligkeiten' [bezieht], weil das außerhalb der Schule keine Behinderungen sind" (Oelkers 2012, S. 37; Umstellung: M.W.).
2. Deutschland hat sich verpflichtet Maßnahmen bis hin zur Änderung von Gesetzen umzusetzen, um gemeinsame Schulbildung zu ermöglichen.
3. Die Sonderschulen werden in Frage gestellt, da die UN-Brk in der deutschen Übersetzung von einem integrativen Schulsystem spricht, wobei die deutsche Politik eine bemerkenswerte Übersetzung des englischen Originaltextes der Konvention vorgenommen hat. Aus „inclusive" wurde „integrativ" (vgl. Deutscher Bundestag 2008, S. 1437) gemacht. Damit wurde gleichsam die

internationale Diskussion und das damit verbundene umfassendere Reformprogramm einer „inclusive education" ausgeklammert (vgl. Hinz 2008, S. 36f.).
4. Mit der Ratifizierung muss eine Veränderung der Aus-, Fort- und Weiterbildung für pädagogische Fachkräfte einhergehen.

Die Aufforderung zur Reform ergeht allerdings an ein dynamisches System mit geteilter Verantwortung im Bildungsbereich, das sich in den vergangenen vierzig Jahren im Wesentlichen als unfähig zur gemeinsamen Reform erwiesen hat (vgl. Walm und Wittek 2013, S. 8-17). Hinzu kommt, dass die Richtung der Reform unklar ist (vgl. Hinz 2013).

Im Folgenden stehen der bildungspolitische Diskurs und dessen formale Grundlagen im Bereich der Lehrer_innenbildung der allgemeinbildenden Lehrämter im Mittelpunkt.

3. Entwicklungen – Was wird diskutiert und realisiert?

3.1 Die bundesdeutsche Ebene

Die KMK hat die UN-Brk erstmals im November 2010 in einem Beschluss bewertet. Hinsichtlich der Lehrer_innenbildung trifft sie dabei folgende Aussage: „Die Lehrkräfte aller Schularten sollen in den verschiedenen Ausbildungsphasen für den gemeinsamen Unterricht aller Schülerinnen und Schüler vorbereitet und fortgebildet werden, um die erforderlichen Kompetenzen zum Umgang mit unterschiedlichsten Ausprägungen von Heterogenität zu erwerben." (KMK 2010, S. 5). Etwa ein Jahr später ist die Diskussion in der KMK bezüglich der Ausrichtung der allgemeinbildenden Lehrer_innenbildung kaum vorangekommen. Im Ergebnis verpflichten sich die Länder selbst in gleicher Weise: „Die Länder gewährleisten, dass sich Lehrkräfte aller Schulformen in Aus-, Fort- und Weiterbildungen auf einen inklusiven Unterricht vorbereiten." (KMK 2011, S. 20) Konkretere Gestalt nimmt das Engagement der KMK erst durch die Aufgaben und Ergebnisse der Unterarbeitsgruppe (UAG) „Inklusion" unter der Leitung von Aart Pabst an. Die UAG soll für die KMK Empfehlungen zur Weiterentwicklung der Rahmenvereinbarungen für alle Lehrämter, der „Ländergemeinsamen inhaltlichen Anforderungen für die Fachwissenschaften und Fachdidaktiken in der Lehrerbildung" und der „Standards für die Lehrerbildung: Bildungswissenschaften" erarbeiten (vgl. Pabst 2013). Als erstes Ergebnis beschloss die KMK die Veränderung der Rahmenvereinbarungen zur Ausbildung und Prüfung aller allgemeinbildenden Lehrämter und des berufsbildenden Lehramtes. Durchgängig wurde jeweils in Abschnitt 2.2. eingefügt: „Den pädagogischen und didaktischen Basisqualifikationen in den Themenbereichen Umgang mit Heterogenität und Inklusion sowie Grundlagen der Förderdiagnostik kommt dabei eine besondere Bedeutung zu" (KMK 2013a, S. 2; KMK 2013b, S. 2; KMK 2013c, S. 2; KMK 2013d, S. 2; KMK 2013e, S. 2). Die Basisqualifikationen sind damit nicht auf sonderpädagogische Elemente begrenzt und beziehen sich ebenfalls auf die Ausbildung für das gymnasiale Lehramt. Momentan läuft die Phase der Überarbeitung der bundesweiten Standards für die Fachwissenschaften und Fachdidaktiken. Im September 2013 soll ein erstes Gespräch mit Expert_innen zur Weiterentwicklung der Standards für die Bildungswissenschaften erfolgen. (vgl. Pabst 2013) Neben diesen eher wenig öffentlich sichtbaren Entwicklungen hat die KMK an zwei weiteren Stellen Inklusion in der Lehrer_innenbildung zum Thema gemacht. Im April 2013 beschloss die Gemeinsame Wissenschaftskonferenz (GWK), in der auch die KMK mit allen Minister_innen Mitglied ist, eine Bund-Länder-Vereinbarung zur Qualitätsverbesserung der Lehrer_innenbildung. Ein zentrales Ziel ist, „den Umgang mit Inklusion und Heterogenität in allen Phasen der Lehrerbildung [zu] verbessern" (GWK 2013, S.3; Einfügung: M.W.). Im Juni 2013 veranstaltete die KMK daneben in Kooperation mit dem Bundesministerium für Bildung und Forschung (BMBF) und dem Bundesministerium für Arbeit und Soziales (BMAS) eine Konferenz mit dem Titel „Inklusive Bildung professionell gestalten". Das allein ist keiner großen Erwähnung wert. Allerdings wurden dazu bei Wissenschaftler_innen Expertisen in Auftrag gegeben, die der Frage nachgegangen sind, wie pädagogische Fachkräfte vor dem Hintergrund (inter)nationaler Forschungsergebnisse zukünftig für inklusive Bildung ausgebildet werden sollten (vgl. Weishaupt und Döbert 2013, S. 9). Die inhaltliche Diskussion um eine inklusionsorientierte Reform der Lehrer_innenbildung erhält damit einen neuen Impuls.

3.2 Die Situation in den Bundesländern

Neben der Bundesebene müssen bei der für die Lehrer_innenbildung in Augenschein genommenen Frage, welche Entwicklungen es vor dem Hintergrund der UN-Brk und der Diskussion um Inklusion gibt, ebenfalls die Regelungen der Bundesländer einer Analyse unterzogen werden.

Baden-Württemberg

In allen Staatsprüfungsordnungen finden sich Verweise auf Inklusion, Gender, Interkulturalität und Heterogenität. Im Bereich der Ausbildung für die Grundschule und die Werk-, Haupt- und Realschule sind die Belege besonders zahlreich und umfassen sowohl die Fachwissenschaft und die Fachdidaktik als auch die Bildungswissenschaften (vgl. Kultusministerium Baden-Württemberg 2011a, Kultusministerium Baden-Württemberg 2011b). Im Lehramt für Gymnasien befassen sich nur zwei Fachdidaktiken mit dieser Thematik (Kultusministerium Baden-Württemberg 2009). 2013 legte eine Expert_innenkommission Empfehlungen zur Weiterentwicklung der Lehrer_innenbildung vor. In allen allgemeinbildenden Lehrämtern sollen demnach sonderpädagogische Elemente in den fachdidaktischen und bildungswissenschaftlichen Studienanteilen verankert werden, die sich insbesondere auf die Förderschwerpunkte Lernen, emotional-soziale Entwicklung und Sprache sowie inklusive Schulentwicklung beziehen. Das Lehramt Sonderpädagogik soll zugunsten eines Studienfaches Sonderpädagogik in den verbleibenden Lehramtsstudiengängen aufgelöst werden. (Vgl. Ministerium für Wissenschaft, Forschung und Kunst Baden-Württemberg 2013, S. 50-52)

Bayern

Inklusion stellt kein Thema im Rahmen der landesweiten Vorgaben für die Lehrer_innenbildung in Bayern dar.

Berlin

Im Lehrerbildungsgesetz wird zum Studium ausgeführt, dass in allen Lehrämtern Kenntnisse zum „gemeinsamen Unterricht" und zu „lautsprachbegleitenden Gebärden und der Gebärdensprache" zu vermitteln sind (Senatsverwaltung für Bildung, Jugend und Wissenschaft Berlin 2012). Im September 2012 erschien die Expertise „Ausbildung von Lehrkräften in Berlin. Empfehlungen der Expertenkommission Lehrerbildung". Die Kommission schlägt darin vor, dass der „Studiengang Lehramt Sonderpädagogik durch die Einrichtung eines Studienschwerpunktes ‚Sonderpädagogik/Rehabilitationswissenschaften' in den Studiengängen Lehramt an Grundschulen, Lehramt an ISS [Integrierten Sekundarschulen] und Gymnasien [ersetzt wird]" und für „alle Lehrämter in den Bildungswissenschaften und in den Fachdidaktiken eine sonderpädagogische Grundqualifikation im Umfang von 12-15 LP aufgenommen wird" (Senatsverwaltung für Bildung, Jugend und Wissenschaft Berlin 2012a, S. 9; Einfügung und Umstellung: M.W.). Inhaltlich favorisieren die Expert_innen bei der Grundqualifikation „Grundkenntnisse in der Pädagogik der Lernbeeinträchtigungen, Verhaltensstörungen und Sprachstörungen, der klinischen Entwicklungspsychologie des Kindes- und Jugendalters und der inklusiven Schulentwicklung" (ebd. S. 42, vgl. ebd. S. 39).

Brandenburg

Inklusion wird im Rahmen der Zielbestimmung der Lehrer_innenbildung im entsprechenden Gesetz benannt. Eine Konkretisierung dessen erfolgt in § 3 (4) für alle allgemeinbildenden Lehrämter. Dort wird festgelegt, dass „im Rahmen der bildungswissenschaftlichen Studien die Grundlagen der allgemeinen Inklusionspädagogik und -didaktik vermittelt" werden und sie „mindestens ein Zehntel der jeweils für die Bildungswissenschaften vorgesehenen Studien- und Prüfungsleistungen" umfassen müssen. „Fachbezogene inklusionspädagogische und -didaktische Inhalte werden in den jeweiligen fachdidaktischen Studien vermittelt. Darüber hinaus kann eine inklusionspädagogische Schwerpunktbildung erfolgen. In diesem Fall treten die dafür nachzuweisenden Studienleistungen ganz oder teilweise an die Stelle der Studienleistungen eines Faches oder der Grundschulbildung." (Ministerium für Bildung, Jugend und Sport Brandenburg 2012) Diese Regelungen wurden auf die dazugehörige lehramtsbezogene Verordnung übertragen (vgl. Ministerium für Bildung, Jugend und Sport Brandenburg 2013). Die Universität Potsdam gibt bezüglich der inklusionsorientierten Schwerpunktbildung auf ihrer Homepage die Information, dass es sich dabei im Wesentlichen um Module zu den Förderschwerpunkten Lernen, Sprache und emotional-soziale Entwicklung handelt (vgl. Universität Potsdam 2013).

Bremen

Nach dem Bremer Lehrerausbildungsgesetz zielt die Lehrer_innenbildung u. a. auf die Entwicklung von Kompetenzen, um „soziale und kulturelle Lebensbedingungen von Schülerinnen und Schülern zu berücksichtigen, Lernvoraussetzungen und Lernprozesse von Schülerinnen und Schülern zu diagnostizieren, und die Schülerinnen und Schüler im Unterricht und in der Schule gezielt individuell in heterogenen Lerngruppen zu fördern" (Senat für Bildung und Wissenschaft Bremen 2011). Alle Lehramtsstudierenden müssen im Bachelor sechs und im Master neun Leistungspunkte im Modul „Umgang mit Heterogenität in der Schule" des Studienbereiches Erziehungswissenschaft erwerben. Inhaltlich wird Deutsch als Zweitsprache, Inklusive Pädagogik und Interkulturelle Bildung behandelt. (Vgl. Universität Bremen 2013a)

Eine Besonderheit in Bremen ist der Bachelor-Master-Studiengang „Inklusive Pädagogik/Sonderpädagogik", der über die Wahl des Studienfaches „Inklusive Pädagogik" einen zweifachen Lehramtsabschluss (Lehramt an Grundschulen und Lehramt für Inklusive Pädagogik/Sonderschulen) ermöglicht. Dabei wird ausdrücklich von verschiedenen, über Beeinträchtigung hinausgehenden Dimensionen von Heterogenität und deren Wechselwirkung ausgegangen. (Vgl. Universität Bremen 2013b)

Hamburg

In Hamburg spielt Heterogenität in den Erziehungswissenschaften und den Fachdidaktiken im Bachelor (insbesondere in allen einführenden Modulen) (vgl. Universität Hamburg 2010) und im Master (vgl. Universität Hamburg 2013) eine Rolle. Mit dem Landesaktionsplan Hamburgs zur Umsetzung der UN-Brk wurde beschlossen, Inklusion thematisch in allen pädagogischen Ausbildungsgängen zu berücksichtigen (vgl. Hamburger Senat 2012, S. 60).

Hessen

Studierende aller Lehrämter sollen in Hessen im Rahmen der Bildungswissenschaften Kompetenzen erwerben, um „Prozesse und Maßnahmen der Koedukation, interkultureller sowie integrativer Erziehung und Bildung beschreiben und einschätzen (...) und Heterogenität mit diagnostischen Mitteln erfassen und reflektieren" zu können (Hessisches Kultusministerium 2013).

Mecklenburg-Vorpommern

Das Lehrerbildungsgesetz legt in § 5 (6) fest, dass „die bildungswissenschaftlichen und praktischen Anteile grundsätzlich unter Berücksichtigung des Leitbildes der Inklusion auszugestalten" sind. Zu den einzelnen Lehrämtern wird dann in § 6 (1) ausgeführt, dass im Lehramt an Grundschulen und im Lehramt an Regionalen Schulen in den Bildungswissenschaften „ausgewählte Elemente der Sonderpädagogik, insbesondere Fähigkeiten zur Früherkennung und Förderung in den Förderschwerpunkten Lernen, emotional-soziale Entwicklung, Sprache, geistige sowie körperliche und motorische Entwicklung" zu studieren sind, wobei „Sonderpädagogik mindestens 22 ECTS-Punkte" umfassen muss (Ministerium für Bildung, Wissenschaft und Kultur Mecklenburg-Vorpommern 2011). Im Lehramt an Gymnasien ist das Studium „ausgewählter Elemente der Sonderpädagogik" in den Bildungswissenschaften vorgesehen (ebd.). Die Vorgaben werden in der nachgeordneten Prüfungsverordnung für das 1. Staatsexamen hinsichtlich der Förderschwerpunkte Lernen, emotional-soziale Entwicklung und Sprache konkretisiert (vgl. Ministerium für Bildung, Wissenschaft und Kultur Mecklenburg-Vorpommern 2012). Eine vom Ministerium eingesetzte Expert_innenkommission zur Inklusion in Mecklenburg-Vorpommern befürwortet 2013 das bestehende

Konzept zur Qualifizierung der allgemeinbildenden Lehrämter (vgl. Ministerium für Bildung, Wissenschaft und Kultur Mecklenburg-Vorpommern 2013, S. 134).

Niedersachsen

Die landesweiten Vorgaben zur Lehrer_innenbildung für allgemeinbildende Lehrämter beziehen sich aktuell nicht auf Inklusion.

Nordrhein-Westfalen

In Nordrhein-Westfalen ist gesetzlich festgehalten, dass der Umgang mit Heterogenität in der Lehrer_innenbildung besondere Bedeutung hat (vgl. Schulministerium Nordrhein-Westfalen 2012, S. 1). Die entsprechende Verordnung führt dazu aus, dass alle allgemeinbildenden Lehrämter bis auf das Gymnasium sonderpädagogische Module bzw. Leistungspunkte absolvieren müssen (vgl. Schulministerium Nordrhein-Westfalen 2009). 2011 haben Klaus Klemm und Ulf Preuss-Lausitz einen Expertenbericht vorgelegt, der auch Hinweise zur Entwicklung der allgemeinbildenden Lehrer_innenbildung enthält. Sie schlagen darin vor, ein Zweitfach für Beeinträchtigungen beim Lernen, der emotional-sozialen Entwicklung und der Sprachentwicklung für alle allgemeinbildenden Lehrämter einzuführen. Zusätzlich sollen ein grundsätzliches Pflichtmodul zu Themen wie Inklusion und Heterogenität implementiert und die bisher gesetzlich schon vorgesehenen Leistungspunkte zur Sonderpädagogik inklusiv genutzt werden. (Vgl. Klemm und Preuss-Lausitz, S. 93f.) Besondere Beachtung verdient in Nordrhein-Westfalen der integrierte Bachelor-Master-Studiengang „Grundschule mit dem Schwerpunktfach Bildungswissenschaft/integrierte Sonderpädagogik" an der Universität Bielefeld. Damit wird versucht, die klassische Trennung zwischen den allgemeinbildenden und den sonderpädagogischen Lehramtsstudiengängen aufzuheben (vgl. Moser u. a. 2012, S. 161f.).

Rheinland-Pfalz

Rheinland-Pfalz hat curriculare Standards als Grundlage für die staatliche Genehmigung von Modulen im Lehramtsstudium vorgegeben. Im Bachelor für die Realschule Plus und im Bachelor für das Gymnasium wird ein Modul „Diagnostik, Differenzierung, Integration" verlangt, in dem neben Beeinträchtigungen auch die Wirkungen der sozialen Herkunft und des kulturellen Hintergrundes behandelt werden. (Vgl. Ministeriums für Bildung, Wissenschaft, Jugend und Kultur Rheinland-Pfalz 2013, S. 17)

Saarland

Im Lehrerinnen- und Lehrerbildungsgesetz des Saarlandes findet sich ein expliziter Verweis auf Inklusion in § 1: „Die Lehrerinnen- und Lehrerbildung soll die Lehrkraft zu einer wissenschaftlich fundierten und praxisorientierten Erziehungs- und Unterrichtstätigkeit unter besonderer Berücksichtigung der inklusiven Unterrichtung und Erziehung aller Schülerinnen und Schüler (...) befähigen" (Ministerium für Bildung und Kultur des Saarlandes 2012). Eine relevante Konkretisierung des erhobenen Anspruches erfolgte bisher in den nachgeordneten, rechtlichen Festlegungen nicht.

Sachsen

Inklusion und Heterogenität sind für alle allgemeinbildenden Lehrämter Themen der Prüfungen zum 1. Staatsexamen im bildungswissenschaftlichen Bereich (vgl. Sächsisches Staatsministerium für Kultus 2012a). In Sachsen legte im Dezember 2012 eine Kommission auf Einladung des Kultusministeriums Empfehlungen für die Umsetzung der UN-Brk in Sachsen vor. Für das Studium aller allgemeinbildenden Lehrämter schlagen sie einerseits eine sonderpädagogische Perspektiverweiterung bezogen auf die Lehrinhalte in den Fachdidaktiken und Bildungswissenschaften vor. Daneben favorisieren sie inklusionsbezogene Studienanteile, die über eine Thematisierung von Beeinträchtigung hinausgehen. (Vgl. Sächsisches Staatsministerium für Kultus 2012b, S. 11f.)

Sachsen-Anhalt

In Sachsen-Anhalt ist keine landesweite Perspektive zur Inklusion bezogen auf die Lehrer_innenbildung erkennbar. An der Martin-Luther-Universität Halle-Wittenberg müssen allerdings Studierende aller Lehrämter ab dem Wintersemester 2012/2013 das Modul „Kommunikation, Heterogenität und Inklusion" absolvieren. Inklusion wird dabei mehrdimensional, nicht auf Beeinträchtigung begrenzt, verstanden (vgl. Zentrum für Lehrerbildung der Martin-Luther-Universität Halle-Wittenberg 2013).

Schleswig-Holstein

Ebenso lassen sich in Schleswig-Holstein im relevanten Landesrecht keine Hinweise finden, dass in der Lehrer_innenbildung Inklusion zum Thema gemacht wird. Auf Ebene der Hochschule fällt das bildungswissenschaftliche Pflichtmodul der Universität Flensburg „Differenz, Heterogenität, Integration" im Bachelor Vermittlungswissenschaften auf (vgl. Universität Flensburg 2011), der den Zugang zu einem Master für das Lehramt an Grundschulen oder für das Lehramt an Gemeinschaftsschulen ermöglicht (vgl. Universität Flensburg 2013).

Thüringen

Im Lehrerbildungsgesetz ist festgelegt, dass in allen allgemeinbildenden Lehrämtern im Rahmen des bildungswissenschaftlichen Studiums sonder- bzw. förderpädagogische Studienanteile zu absolvieren sind (vgl. Thüringer Ministerium für Bildung, Wissenschaft und Kultur 2009).

4. Tendenzen, Fragen, Perspektiven

Vor dem Hintergrund der UN-Brk und ihrer Verpflichtung, das pädagogische Personal zu qualifizieren und damit auch die Lehrer_innenbildung der 1. Phase angemessen weiterzuentwickeln, lassen sich durchaus intensive, aber bisher weitgehend unkoordinierte Bewegungen feststellen. Die KMK hat wie erläutert erste Wege beschritten, um sich abzustimmen. Parallel dazu zeigen sich in den Bundesländern verschiedene Entwicklungen. Zentral ist dabei das Einbeziehen sonderpädagogischer Kompetenz in die allgemeinbildenden Lehrämter in Form von Grundqualifikationen. Dies beschränkt sich im Kern allerdings auf die Beeinträchtigungen beim Lernen, bei der emotional-sozialen Entwicklung und bei der Entwicklung der Sprache, welche die UN mit der Behindertenrechtskonvention nicht in den Mittelpunkt stellt. Daneben gibt es Ansätze, die Inklusion als über Beeinträchtigung hinausgehend verstehen (z. B. in Bremen oder Sachsen-Anhalt). In einigen Bundesländern haben weitere Dimensionen von Heterogenität Bedeutung, ohne dass ein deutlicher Bezug zur Inklusionsdebatte erkennbar ist (z. B. in Rheinland-Pfalz oder Nordrhein-Westfalen)[4]. In der Tendenz ist Inklusion vor allem in den Bildungswissenschaften (z. B. in Mecklenburg-Vorpommern oder Thüringen) verankert, seltener werden auch die Fachdidaktiken (z. B. in Hamburg) einbezogen. In Baden-Württemberg lassen sich neben den bildungswissenschaftlichen und fachdidaktischen Bezügen auch fachwissenschaftliche finden. In Empfehlungen von Expert_innenkommissionen sowie in wenigen Bundesländern existieren Studienmodelle, die ein sonderpädagogisches bzw. inklusives Studienfach im Rahmen integrierter (Bielefeld und Bremen) oder grundständig allgemeinbildender Studiengänge (Brandenburg) erlauben. Hinsichtlich der Schularten

---

4   Die Diskussion um Deutsch als Zweitsprache gehört nach einem weiten Verständnis von Inklusion ebenfalls zu einer an Inklusion orientierten Lehrer_innenbildung (vgl. dazu Baur und Scholten-Akoun 2010).

lässt sich feststellen, dass vor allem die für die Grundschule und die Sekundarstufe I qualifizierenden Lehrämter als entwicklungsbedürftig angesehen werden. In zukünftigen Diskussionen stehen abschließend zumindest folgende Fragen zur Klärung an:

1. Was ist unter Inklusion begrifflich zu verstehen? Nachhaltige Entwicklung braucht eine begründbare und wissenschaftlich reflektierte Richtungsbestimmung. Bisher werden wichtige Anregungen, bspw. aus der Intersektionalitätsforschung (vgl. z. B. Kleinau und Rendtorff 2013), zu wenig zur Kenntnis genommen.
2. Welche Stärken und Schwächen haben bisherige „Regelschulen" und die darauf orientierte Lehrer_innenbildung? In den aktuellen Diskussionen um Inklusion spielen diesbzgl. Erkenntnisse der Schul-, Unterrichts- und Professionsforschung nur bedingt eine Rolle. Hinweise auf den mangelhaften Umgang mit Heterogenität, wie sie z. B. Nieke (2008) oder Diefenbach (2008) für die ungenügende Beachtung der kulturellen Erfahrungen/des Migrationshintergrundes bei Schüler_innen hervorheben, müssen stärker beachtet werden.
3. Wer soll mit wem, wie und nach welcher Vorstellung von „inklusiver Schule" zusammenarbeiten? Eine zentrale Idee ist die gemeinsame Arbeit in „multiprofessionellen Teams", die eine wesentliche Erfolgsbedingung für gelingende Inklusion sein soll (vgl. Prengel 2013, S. 55). Dafür braucht es einerseits klare Zielbestimmungen „inklusiver schulischer Bildung" und andererseits Bedingungen, die die Kooperation entsprechend der jeweiligen Professionalität gleichberechtigt ermöglichen und zugleich die gegenseitige Kenntnis der je spezifischen Fachlichkeit befördern. Aufbauend u. a. auf die Expertisen zur Professionalisierung pädagogischer Fachkräfte, die sich bei Weishaupt und Döbert (2013) finden, sollten ein vertiefter, interdisziplinärer Austausch und entsprechende Forschungen stattfinden. Die Studienmodelle aus Bremen und Bielefeld könnten hier weiterführend sein. Darüber hinaus benötigt jede einzelne Schule Unterstützung, um sich ausgehend von der eigenen Situation inklusiver entwickeln zu können.

Abschließend: Die wissenschaftliche Entwicklung einer auf Inklusion orientierten Lehrer_innenbildung ist unerlässlich und sollte nicht bildungspolitisch vorbestimmt werden. Vielleicht gelingt dann so etwas wie eine doppelte Reform: Die bisher in verschiedenen Hinsichten unzureichend verfasste „Regelschule" wird durch einen inklusiven Richtungsimpuls zu einer fördernden Lernumgebung für alle Schüler_innen.

Literatur

Ahrbeck, B. 2011. *Der Umgang mit Behinderung*. Stuttgart: Kohlhammer.
Amrhein, B. und Badstieber, B. 2013. *Lehrerfortbildungen zu Inklusion – eine Trendanalyse*. Gütersloh: Bertelsmann. http://www.bertelsmannstiftung.de/cps/rde/xbcr/SID-B7435FA1-607AD7C5/bst/xcms_bst_dms_37966_37970_2.pdf. Zugegriffen: 4.7.2013.
Baur, R. und Scholten-Akoun, D. 2010. *Deutsch als Zweitsprache in der Lehrerausbildung. Bedarf – Umsetzung – Perspektiven (Dokumentation der Fachtagungen zur Situation in Deutschland und in Nordrhein-Westfalen am 10. und 11. Dezember 2009)*. http://www.stiftung-mercator.de/fileadmin/user_upload/INHALTE_UPLOAD/Microsite% 20Foerderunterricht/Fachmaterialien/DaZ_in_der_Lehrerausbildung_Juni_2010.pdf. Zugegriffen: 4.7.2013.
Bundesministerium für Arbeit und Soziales (BMAS). 2011. *Unser Weg in eine inklusive Gesellschaft. Der Nationale Aktionsplan der Bundesregierung zur Umsetzung der UN-Behindertenrechtskonvention*. Berlin.
Deutsche Bundesregierung. 2008. Gesetz zu dem Übereinkommen der Vereinten Nationen vom 13. Dezember 2006 über die Rechte von Menschen mit Behinderungen sowie zu dem Fakultativprotokoll vom 13. Dezember 2006 zum Übereinkommen der Vereinten Nationen über die Rechte von Menschen mit Behinderungen. In *Bundesgesetzblatt*, Jahrgang 2008 Teil II Nr. 35, S. 1419-1457. Zugegriffen: 4.7.2013.
Diefenbach, H. 2008. *Kinder und Jugendliche aus Migrantenfamilien im deutschen Bildungssystem : Erklärungen und empirische Befunde*. 2. Aufl. Wiesbaden: VS-Verlag.
Europäische Agentur für Entwicklungen der sonderpädagogischen Förderung. 2011. *Inklusionsorientierte Lehrerbildung in Europa. Chancen und Herausforderungen*. Odense: Europäische Agentur für Entwicklungen der sonderpädagogischen Förderung.
Fend, H. 2008. *Neue Theorie der Schule. Einführung in das Verstehen von Bildungssystemen*. Wiesbaden: VS-Verlag.
Gemeinsame Wissenschaftskonferenz. 2013. *Bund-Länder-Vereinbarung über ein gemeinsames Programm „Qualitätsoffensive Lehrerbildung" gemäß Artikel 91 b des Grundgesetzes. (Beschluss vom 12. April 2013)*. http://www.gwk-bonn.de/fileadmin/Papers/Bund-Laender-Vereinbarung-Qualitaetsoffensive-Lehrerbildung.pdf. Zugegriffen: 4.7.2013.
Hamburger Senat. 2012. *Hamburger Landesaktionsplan zur Umsetzung der UN-Konvention über die Rechte von Menschen mit Behinderungen*. http://www.hamburg.de/contentblob/3724988/data/landesaktionsplan-behinderung.pdf. Zugegriffen: 4.7.2013.
Senat für Bildung und Wissenschaft. 2011. *Bremisches Lehrerausbildungsgesetz*. https://bremen.beck.de/?vpath=bibdata/ges/brlehrausbg/cont/brlehrausbg.htm&mode=all. Zugegriffen: 4.7.2013.
Hattie, J. A. C. 2009. *Visible learning : a synthesis of over 800 meta-analyses relating to achievement*. London u. a.: Routledge.
Hessisches Kultusministerium. 2013. *Verordnung zur Durchführung des Hessischen Lehrerbildungsgesetzes (HLbGDV)*. http://verwaltung.hessen.de/irj/HKM_Internet?rid=HKM_15/HKM_Internet/nav/475/47570bc2-4148-5431-79cd-aae2389e4818%26_ic_uCon=b c270339-835f-5431-79cd-aae2389e4818.htm&uid=47570bc2-4148-5431-79cdaae2389e4818. Zugegriffen: 4.7.2013.
Hinz, A. 2008. Inklusion – historische Entwicklungslinien und internationale Kontexte. In *Von der Integration zur Inklusion: Grundlagen, Perspektiven, Praxis*, hrsg. Bundesvereinigung Lebenshilfe für Menschen mit geistiger Behinderung e. V., A. Hinz, I. Körner und U. Niehoff, S. 33-52. Marburg: Lebenshilfe-Verlag.

Hinz, A. 2013. Inklusion – von der Unkenntnis zur Unkenntlichkeit!? – Kritische Anmerkungen zu einem Jahrzehnt Diskurs über schulische Inklusion in Deutschland. In *Zeitschrift für Inklusion*, Heft 1, 2013. http://www.inklusion-online.net/index.php/inklusion/article/view/201/182. Zugegriffen: 3.7.2013.

Kleinau, E. und Rendtorff, B. 2013: *Differenz, Diversität und Heterogenität in erziehungswissenschaftlichen Diskursen*. Opladen u. a.: Budrich.

Klemm, K. und Preuss-Lausitz, U. 2011. *Auf dem Weg zur schulischen Inklusion in Nordrhein-Westfalen. Empfehlungen zur Umsetzung der UN-Behindertenrechtskonvention im Bereich der allgemeinen Schulen*. http://www.schulministerium.nrw.de/BP/ Inklusion_Gemeinsames_Lernen/ Gutachten_Auf_dem_Weg_zur_schulischen_Inklusion/NRW_Inklusionskonzept_2011__-_neue_Version_08_07_11.pdf. Zugegriffen: 3.7.2013.

Kultusministerium Baden-Württemberg. 2009. *Verordnung des Kultusministeriums über die Erste Staatsprüfung für das Lehramt an Gymnasien (Gymnasiallehrerprüfungsordnung I - GymPO I)*. http://www.landesrecht-bw.de/jportal/portal/t/1rit/page/ bsbawueprod.psml?pid= Dokumentanzeige&showdoccase=1&js_peid=Trefferliste&document number=1&numberofresults=1&fromdoctodoc=yes&doc.id=jlr-GymLehrPr1VBW2009rahmen&doc.part=X& doc.price=0.0#focuspoint. Zugegriffen: 3.7.2013.

Kultusministerium Baden-Württemberg. 2011a. *Verordnung des Kultusministeriums über die Erste Staatsprüfung für das Lehramt an Grundschulen (Grundschullehramtsprüfungsordnung I – GPO I)*. http://www.landesrecht-bw.de/jportal/portal /t/1re9/page/bsbawueprod.psml;jsessionid=CBB1D89B86819ED704C5F1BF56223ADD.jpa4?pid=Dokumentanzeige&showdoccase=1& js_peid=Trefferliste&documentnumber=1&numberofresults=1&fromdoctodoc=yes&doc.id=jlr-GHLehr1PrOBW2011rahmen&doc.part=X& doc.price=0.0#focuspoint. Zugegriffen: 3.7.2013.

Kultusministerium Baden-Württemberg. 2011b. *Verordnung des Kultusministeriums über die Erste Staatsprüfung für das Lehramt an Werkrealschulen, Hauptschulen sowie Realschulen (Werkreal-, Haupt- und Realschullehramtsprüfungsordnung – WHRPO I)*. http://www.landesrecht-bw. de/jportal/portal/t/1rgv/page/bsbawueprod.psml?pid=Dokument anzeige&showdoccase=1&js_peid=Trefferliste&documentnumber=1&numberofresults=1&fromdoctodoc=yes&doc.id=jlr-RSchulLehr1StPrOBW2011rahmen&doc.partX&docprice= 0.0 #focuspoint. Zugegriffen: 3.7.2013.

Lindmeier, C. 2013. Aktuelle Empfehlungen für eine inklusionsorientierte Lehrerbildung – ein Kommentar. In *Zeitschrift für Heilpädagogik*, Heft 5: 180–193. München: Reinhardt.

Ministerium für Wissenschaft, Forschung und Kunst Baden-Württemberg. 2013. *Expertenkommission zur Weiterentwicklung der Lehrerbildung in Baden-Württemberg. Empfehlungen*. http://mwk.baden-wuerttemberg.de/fileadmin/pdf/studium/Expertenkommission_Lehrerbildung/ RZ_MfWFK_Bericht_Expertenkommission_Web.pdf. Zugegriffen: 3.7.2013.

Ministerium für Bildung, Jugend und Sport. 2012. *Gesetz über die Ausbildung und Prüfung für Lehrämter und die Fort- und Weiterbildung von Lehrerinnen und Lehrern im Land Brandenburg (Brandenburgisches Lehrerbildungsgesetz- BbgLeBiG)* http://www.bravors.brandenburg.de/sixcms/detail.php?gsid=land_bb_bravors_01.c.53550.de. Zugegriffen: 3.7.2013.

Ministerium für Bildung, Jugend und Sport. 2013. *Verordnung über die Anforderungen an das Lehramtsstudium an den Hochschulen im Land Brandenburg (Lehramtsstudienverordnung – LSV)*. http://www.bravors.brandenburg.de/sixcms/media. php/15/ GVBl_II_45_2013.pdf. Zugegriffen: 3.7.2013.

Ministerium für Bildung, Wissenschaft und Kultur Mecklenburg-Vorpommern. 2011. *Gesetz über die Lehrerbildung in Mecklenburg-Vorpommern*. http://www.landesrecht-mv.de/jportal/

portal/page/bsmvprod.psml?showdoccase=1&doc.id=jlr-LehrBiGMVrahmen &doc.part=X&doc. origin=bs&st=lr. Zugegriffen: 3.7.2013.

Ministerium für Bildung, Wissenschaft und Kultur Mecklenburg-Vorpommern. 2012. *Verordnung über die Erste Staatsprüfung für Lehrämter an allgemeinbildenden und beruflichen Schulen im Lande Mecklenburg-Vorpommern*. http://www.landesrecht-mv.de/jportal/portal/page/ bsmvprod.psml?showdoccase=1&doc.id=jlrLehrPrVMV2012rahmen &doc.part=X&doc. origin=bs&st=lr. Zugegriffen: 3.7.2013.

Ministerium für Bildung, Wissenschaft und Kultur Mecklenburg-Vorpommern. 2013. *Zur Entwicklung eines inklusiven Bildungssystems in Mecklenburg-Vorpommern bis zum Jahr 2020 Bericht mit Empfehlungen der Expertenkommission „Inklusive Bildung in M-V bis zum Jahr 2020"*. http://www.regierung-v.de/cms2/Regierungsportal_prod/Regierungsportal/de/ bm/_ Service/Presse/Aktuelle_Pressemitteilungen/index.jsp?&pid=43239. Zugegriffen: 3.7.2013.

Ministerium für Bildung, Wissenschaft, Jugend und Kultur Rheinland-Pfalz. 2013. *Curriculare Standards der Studienfächer in lehramtsbezogenen Bachelor- und Masterstudiengängen*. http://www.mbwwk.rlp.de/bildung/schuldienst-und-lehrerberuf/ reform-der-lehrerinnen-und-lehrerausbildung/curriculare-standards/. Zugegriffen: 3.7.2013.

Ministerium für Bildung und Kultur des Saarlandes. 2012. *Saarländisches Lehrerinnen- und Lehrerbildungsgesetz*. http://sl.juris.de/cgi-bin/landesrecht.py?d=http://sl.juris.de/sl/gesamt/ LehrBiG_SL_1999.htm#LehrBiG_SL_1999_rahmen. Zugegriffen: 3.7.2013.

Moser, V.; Demmer-Dieckmann, I.; Lütje-Klose, B.; Seitz, S.; Sasse, A., Schulzeck, U. 2012. Professionalisierung und Ausbildung von Lehrkräften für inklusive Schulen. In *Die inklusive Schule: Standards für die Umsetzung*, hrsg. V. Moser unter Mitarb. von H. Deppe, S. 153-172. Stuttgart: Kohlhammer.

Nieke, W. 2008. *Interkulturelle Erziehung und Bildung. Wertorientierungen im Alltag*. Wiesbaden: VS-Verlag.

Oelkers, J. 2012. Inklusion als Aufgabe der öffentlichen Schule. In *Inklusiv gleich gerecht? : Inklusion und Bildungsgerechtigkeit [25. Jahrestagung der Integrations- und Inklusionsforschung in Bremen]*, hrsg. von S. Seitz, N.-K. Finnern, N. Korff und K. Scheidt, S. 32-45. Bad Heilbrunn: Klinkhardt.

Papst, A. 2013. *Inklusion in der Lehrerausbildung Aktivitäten der KMK zur Fortentwicklung der Lehramtsstudiengänge*. Vortrag vom 26. April 2013, gehalten in Leipzig. http://www.zlh-hamburg. de/zlh/wp-content/uploads/2013/04/13-04-26-ap-inklusion-leipzig.pdf. Zugegriffen: 3.7.2013.

Picht, G. 1964.: *Die deutsche Bildungskatastrophe. Analyse und Dokumentation*. Olten u. a.: Walter.

Prengel, A. 2013. *Inklusive Bildung in der Primarstufe. Eine wissenschaftliche Expertise des Grundschulverbandes*. Frankfurt am Main.

Sächsisches Staatsministerium für Kultus. 2012a. *Verordnung des Sächsischen Staatsministeriums für Kultus über die Erste Staatsprüfung für Lehrämter an Schulen im Freistaat Sachsen (Lehramtsprüfungsordnung I – LAPO I)*. http://www. revosax.sachsen.de/GetXHTML. do?sid=4667215552694. Zugegriffen: 3.7.2013.

Sächsisches Staatsministerium für Kultus. 2012b. *Empfehlungen zur Weiterentwicklung der individuellen Förderung von Schülern mit Behinderungen bzw. sonderpädagogischem Förderbedarf sowie zur Ausgestaltung des sächsischen Schulsystems in Hinblick auf die Behindertenrechtskonvention der Vereinten Nationen (erstellt von einem Expertengremium im Auftrag des Sächsischen Staatsministeriums für Kultus)*. http://www.schule.sachsen.de/download/download_ bildung/2012_12_19_Empfehlungen_zur_Umsetzung_UN-BRK.pdf. Zugegriffen: 3.7.2013.

Schulministerium Nordrhein-Westfalen. 2009. *Verordnung über den Zugang zum nordrhein-westfälischen Vorbereitungsdienst für Lehrämter an Schulen und Voraussetzungen bundesweiter Mobilität (Lehramtszugangsverordnung – LZV)*. http://www.schul ministerium.nrw.de/ZBL/Reform/Lehramtszugangsverordnung.pdf. Zugegriffen: 3.7.2013.

Schulministerium Nordrhein-Westfalen. 2012. *Gesetz über die Ausbildung für Lehrämter an öffentlichen Schulen (Lehrerausbildungsgesetz – LABG)*. http://www.schul ministerium.nrw.de/BP/Schulrecht/Lehrerausbildung/LABG__Fassung_12_05_2009.pdf. Zugegriffen: 3.7.2013.

Sekretariat der ständigen Konferenz der Kultusminister der Länder in der Bundesrepublik Deutschland (KMK). 2010. *Pädagogische und rechtliche Aspekte der Umsetzung des Übereinkommens der Vereinten Nationen vom 13. Dezember 2006 über die Rechte von Menschen mit Behinderungen (Behindertenrechtskonvention – VN-BRK) in der schulischen Bildung. (Beschluss der Kultusministerkonferenz vom 18.11.2010)*. http://www.kmk.org/fileadmin/veroeffentlichungen_beschluesse/2010/2010_11_18-Behindertenrechtkonvention.pdf. Zugegriffen: 3.7.2013.

Sekretariat der ständigen Konferenz der Kultusminister der Länder in der Bundesrepublik Deutschland (KMK). 2011. *Inklusive Bildung von Kindern und Jugendlichen mit Behinderungen in Schulen (Beschluss der Kultusministerkonferenz vom 20.10.2011)*. http://www.kmk.org/fileadmin/veroeffentlichungen_beschluesse/2011/2011_10_20-Inklusive-Bildung.pdf. Zugegriffen: 3.7.2013.

Sekretariat der ständigen Konferenz der Kultusminister der Länder in der Bundesrepublik Deutschland (KMK). 2013a. *Rahmenvereinbarung über die Ausbildung und Prüfung für ein Lehramt der Grundschule bzw. Primarstufe (Lehramtstyp 1) (Beschluss der Kultusministerkonferenz vom 28.02.1997 i. d. F. vom 07.03.2013)*. http://www.kmk.org/fileadmin/veroeffentlichungen_beschluesse/1997/1997_02_28RV_Lehramtstyp-1_.pdf. Zugegriffen: 3.7.2013.

Sekretariat der ständigen Konferenz der Kultusminister der Länder in der Bundesrepublik Deutschland (KMK). 2013b. *Rahmenvereinbarung über die Ausbildung und Prüfung für übergreifende Lehrämter der Primarstufe und aller oder einzelner Schularten der Sekundarstufe I(Lehramtstyp 2) (Beschluss der Kultusministerkonferenz vom 28.02.1997 i. d. F. vom 07.03.2013)*. http://www.kmk.org/fileadmin/veroeffentlichungen_beschluesse/ 1997/1997_02_28-RV_Lehramtstyp-2_.pdf. Zugegriffen: 3.7.2013.

Sekretariat der ständigen Konferenz der Kultusminister der Länder in der Bundesrepublik Deutschland (KMK). 2013c. *Rahmenvereinbarung über die Ausbildung und Prüfung für ein Lehramt der Sekundarstufe I (Lehramtstyp 3) (Beschluss der Kultusministerkonferenz vom 28.02.1997 i. d. F. vom 07.03.2013)*. http://www.kmk.org/fileadmin/veroeffentlichungen_beschluesse/1997/1997_02_28-RV_Lehramtstyp-3.pdf. Zugegriffen: 3.7.2013.

Sekretariat der ständigen Konferenz der Kultusminister der Länder in der Bundesrepublik Deutschland (KMK). 2013d. *Rahmenvereinbarung über die Ausbildung und Prüfung für ein Lehramt der Sekundarstufe II (allgemein bildende Fächer) oder für das Gymnasium (Lehramtstyp 4) (Beschluss der Kultusministerkonferenz vom 28.02.1997 i. d. F. vom 07.03.2013)*. http://www.kmk.org/fileadmin/veroeffentlichungen_beschluesse/1997/1997_02_28-RV_Lehramtstyp-4_.pdf. Zugegriffen: 3.7.2013.

Sekretariat der ständigen Konferenz der Kultusminister der Länder in der Bundesrepublik Deutschland (KMK). 2013e. *Rahmenvereinbarung über die Ausbildung und Prüfung für ein Lehramt der Sekundarstufe II (berufliche Fächer) oder für die beruflichen Schulen (Lehramtstyp 5) (Beschluss der Kultusministerkonferenz vom 12.05.1995 i. d. F. vom 07.03.2013)*. http://www.kmk.org/fileadmin/veroeffentlichungen_beschluesse/1995/1995_05_ 12-RV_Lehramtstyp-5_.pdf. Zugegriffen: 3.7.2013.

Senatsverwaltung für Bildung, Jugend und Wissenschaft Berlin. 2012a. *Ausbildung von Lehrkräften in Berlin. Empfehlungen der Expertenkommission Lehrerbildung.* http://www.berlin.de/imperia/md/content/sen-bildung/lehrer_werden/expertenkommission_ lehrerbildung.pdf?start&ts=1348646035&file=expertenkommission_lehrerbildung.pdf. Zugegriffen: 3.7.2013.

Senatsverwaltung für Bildung, Jugend und Wissenschaft Berlin. 2012b. *Lehrerbildungsgesetz.* http://gesetze.berlin.de/?vpath=bibdata\ges\BlnLBiG\cont\BlnLBiG.P9.htm&mode=all&page=1. Zugegriffen: 3.7.2013.

Thüringer Ministerium für Bildung, Wissenschaft und Kultur. 2009. *Thüringer Lehrerbildungsgesetz.* http://www.thueringen.de/imperia/md/content /tkm/schulwesen/ gesetze/thueringer_lehrerbildungsgesetz_2009.pdf. Zugegriffen: 3.7.2013.

Universität Hamburg. 2010. *Fachspezifische Bestimmungen für den Bachelor-Teilstudiengang Erziehungswissenschaft (einschließlich Grundschulpädagogik, Fachdidaktik, Berufs- und Wirtschaftspädagogik sowie Behindertenpädagogik) innerhalb der Lehramts-studiengänge der Universität Hamburg.* http://www.uni-hamburg.de /campuscenter/studienorganisation/ordnungensatzungen/pruefungsstudienordnungen/lehramt/FSB_Lehramt_BA_Erziehungswissenschaft_20070815.pdf. Zugegriffen: 3.7.2013.

Universität Bremen. 2013. *Homepage Universität Bremen. Informationen zum Lehramtsstudium.* http://www.uni-bremen.de/studium/studienangebote/lehramt/bereich-erziehungswissenschaft.html. Zugegriffen: 3.7.2013.

Universität Bremen. 2013. *Homepage Fachbereich 12.* http://www.fb12.uni-bremen.de/de/studium/inklusive-paedagogik/studium/inklusive-paedagogik-ba.html. Zugegriffen: 3.7.2013.

Universität Flensburg. 2011. *Modulkatalog_BAVM_Bildungswissenschaften.* http://www.uni-flensburg.de/fileadmin/databox/studium/ordnungen/bavm_20092/Modulkatalog_BAVM_Bildungswissenschaften_110428.pdf. Zugegriffen: 3.7.2013.

Universität Flensburg. 2013. *Homepage Universität Flensburg. Informationen zum Lehramtsstudium.* http://www.uni-flensburg.de/studium/studienangebot/bachelor-studiengaenge/bachelor-of-arts-in-bildungswissenschaften/?no_cache=1. Zugegriffen: 3.7.2013.

Universität Hamburg. 2013. *Informationsveranstaltung zum Master of Education.* Vortrag des Zentrums für Lehrerbildung Hamburg vom 28.5.2013. http://www.epb.uni-hamburg.de/files/1754/Infoveranstaltung_M_Ed_2013gesamt_0.pdf. Zugegriffen: 3.7.2013.

Universität Potsdam. 2013. *Homepage Universität Potsdam. Informationen zum Lehramtsstudium.* http://www.uni-potsdam.de/studium/studienangebot/lehramt/lehramt-ab-wise-20132014.html#c140940. Zugegriffen: 3.7.2013.

Walm, M. und Wittek, D. 2013: *Lehrer_innenbildung in Deutschland – Eine phasenübergreifende Analyse der Regelungen in den Bundesländern. Expertise im Auftrag der Max-Traeger-Stiftung.* Max-Träger-Stiftung: Frankfurt am Main. http://www.gew.de/Binaries/Binary98423/LehrerInnenbildung_A4_web.pdf. Zugegriffen: 3.7.2013.

Weishaupt, H. und Döbert, H. 2013. *Inklusive Bildung professionell gestalten. Situationsanalyse und Handlungsempfehlungen.* Münster: Waxmann.

Wocken, H. 2012. *Das Haus der inklusiven Schule. Baustellen – Baupläne – Bausteine.* 3. Aufl. Hamburg: Feldhaus.

Zentrum für Lehrerbildung der Martin-Luther-Universität Halle-Wittenberg. 2013. *Homepage des Zentrums für Lehrerbildung der Martin-Luther-Universität Halle-Wittenberg.* http://www.zlb.uni-halle.de/studium/. Zugegriffen: 3.7.2013.

Die demokratische und soziale Hochschule – Alternativen zum „Unternehmen Uni"[1]

Andreas Keller

Der Deutsche Gewerkschaftsbund (DGB) hat sich 2012 ein hochschulpolitisches Programm gegeben, das sich „Für eine demokratische und soziale Hochschule" stark macht (Deutscher Gewerkschaftsbund, Bundesvorstand 2012). Bereits 2009 hat die Gewerkschaft Erziehung und Wissenschaft (GEW) ein wissenschaftspolitisches Programm vorgelegt, das unter dem Motto steht: „Wissenschaft demokratisieren, Hochschulen öffnen, Qualität von Forschung und Lehre entwickeln, Arbeits- und Studienbedingungen verbessern" (Gewerkschaft Erziehung und Wissenschaft, Hauptvorstand 2009). Beides ist folgerichtig.

Die Gewerkschaften brauchen ein hochschulpolitisches Programm der Gewerkschaften – wenn es nämlich zutrifft, dass die Expansion der Hochschulbildung ein weltweiter Trend ist, dann sind auch Industrie- und Dienstleistungsgewerkschaften gut beraten, sich dafür zu rüsten, dass künftig immer mehr wissenschaftlich qualifizierte Fachkräfte in den Betrieben arbeiten werden. In der Wissensgesellschaft des 21. Jahrhunderts bekommen darüber hinaus wissenschaftliche Erkenntnisse eine immer größer Bedeutung für den ökonomischen, sozialen und kulturellen Fortschritt. Gewerkschaften müssen daher auf die Hochschulentwicklung auch deshalb Einfluss nehmen, um dafür zu sorgen, dass auch Beschäftigte und Erwerbslose, Rentnerinnen und Rentner, Studierenden und Auszubildende am Fortschritt teilhaben.

Die Bildungsgewerkschaft GEW braucht ein wissenschaftspolitisches Programm – denn eine gewerkschaftliche Debatte um Hochschulpolitik wäre unvollständig, wenn sie ausschließlich aus der Perspektive der „Abnehmer" der von Hochschulen produzierten Absolventinnen und Absolventen und Forschungsergebnisse geführt würde und die Perspektive der an den Hochschulen Beschäftigten ausblendete. Am Arbeitsplatz Hochschule sind mehr als 600.000 Kolleginnen und Kollegen tätig – in Forschung und Lehre, Verwaltung, Technik und Management. Eine gute Ausgestaltung der Bedingungen am Arbeitsplatz Hochschule ist

---
[1] In Teilen eine Überarbeitung von Keller 2010 und 2011.

wiederum nicht allein im Interesse der Hochschulbeschäftigten – denn die Qualität von Forschung und Lehre auf der einen Seite und die Qualität der Arbeits- und Beschäftigungsbedingungen des Hochschulpersonals auf der anderen Seite sind zwei Seiten einer Medaille.

Ausgangspunkt für die hochschulpolitische Positionierung der Gewerkschaften ist ein Bildungsverständnis, das Bildung nicht auf eine abhängige Variable der ökonomischen und technischen Entwicklung reduziert. Zweifellos ist Bildung ein entscheidender Faktor für die Gestaltung der Arbeits-, Produktions- und Innovationsprozesse. Aber: Bildung bestimmt darüber hinaus die Arbeits- und Lebenschancen der Individuen maßgeblich und prägt die demokratische Gesellschaft, indem sie Gestaltungskompetenzen, Urteils- und Kritikfähigkeit ausbildet. Damit wird der Erwerb von Bildung, wissenschaftlichen Kompetenzen und kritischer Urteilsfähigkeit ein entscheidendes Kriterium für die Zukunftsfähigkeit unserer Gesellschaft. Bildung und Wissenschaft haben die Aufgabe, ihren Beitrag zum Abbau von Ungleichheit und zur sozialen, kulturellen und demokratischen Integration in die Gesellschaft zu leisten.

Dem verkürzten neoliberalen Bildungsbegriff erteilen die Gewerkschaften daher eine klare Absage. Die „unternehmerische" (Centrum für Hochschulentwicklung: Müller-Böling 2001) oder „deregulierte" (Stifterverband für die deutsche Wissenschaft: Erhard/Meyer-Guckel/Winde 2008) Hochschule können keine Leitbilder sein, die den bildungs- und wissenschaftspolitischen Herausforderungen der Wissensgesellschaft des 21. Jahrhunderts gerecht werden. Eine Bildungspolitik, die auf eine Zementierung sozialer Selektion, auf administrativ verfügte Begrenzung von Bildungszeiten, auf die Errichtung zusätzlicher finanzieller Hürden und auf Elitenförderung statt auf die Verbesserung des Qualifikationsniveaus in der Breite ausgerichtet ist, führt in die Sackgasse. Eine Wissenschaftspolitik, die Hochschulen nach dem Vorbild gewerblicher Unternehmen und betriebswirtschaftlicher Steuerungsmodelle umbaut, die Mitbestimmung von Beschäftigten und Studierenden abbaut, den Hochschulzugang durch Hochschulauswahlverfahren und Studiengebühren beschränkt und die Arbeits- und Beschäftigungsbedingungen der Hochschulbeschäftigten dereguliert und prekarisiert, ist ein Irrweg.

Die Gewerkschaften treten stattdessen für eine *demokratische* Hochschule ein. Sie sehen Hochschulen als Orte mitbestimmter und öffentlich verantworteter Wissenschaft an, an denen Forschung, Lehre und Studium in gesellschaftlicher Verantwortung praktiziert wird. Sie begreifen das Studium als eine wissenschaftliche Ausbildung, die seine Gegenstände und Methoden kritisch reflektiert und sich mit der Anwendung der erworbenen Kompetenzen in der beruflichen und gesellschaftlichen Praxis kritisch auseinandersetzt. Und die Gewerkschaften treten für eine *soziale* Hochschule ein. Sie fordern gute Bildung für alle, Gleichwertigkeit und Durchlässigkeit zwischen allgemeiner und beruflicher Bildung, zwischen unterschiedlichen Bildungseinrichtungen und Bildungswegen. Sie fordern eine soziale Öffnung der Hochschulen, den Abbau sozialer, und ethnischer Benachteiligungen und die Gleichstellung der Geschlechter durch gleiche Bildungschancen für alle.

1. Soziale Öffnung der Hochschulen

Dreh- und Angelpunkt einer demokratischen und sozialen Hochschule muss eine befriedigende Antwort auf die Frage sein, wie wir die soziale Öffnung der Hochschulen erreichen können. Deutschlands Hochschulen bilden zu wenig Akademikerinnen und Akademiker aus, zu wenig junge Menschen nehmen ein Hochschulstudium auf. Nichtakademikerkinder und vor allem Arbeiterkinder haben deutlich schlechtere Chancen, an die Hochschule zu kommen. Während von 100 Kindern aus Akademikerfamilien 81 Kinder in die Sekundarstufe II an allgemeinbildenden Schulen eintreten, an der in der Regel die Hochschulzugangsberechtigung erworben wird, und 71 Kinder ein Hochschulstudium aufnehmen, sind es bei Kindern aus Nichtakademikerfamilien nur 45 Kinder, die in die Sekundarstufe II eintreten und 24 Kinder, die ein Studium aufnehmen (Isserstedt et al. 2010). Höhere Bildung wird in Deutschland vererbt – ein bildungs- und gesellschaftspolitischer Skandal!

Wer die Hochschulen sozial öffnen möchte, muss auf mehreren Ebenen gleichzeitig ansetzen. Wir müssen erstens dafür sorgen, dass Bund und Länder den durch die geburtenstarken Jahrgänge der neunziger Jahre, die doppelten Abiturjahrgänge, die Aussetzung der Wehrpflicht und einen allgemeinen Trend zu einer immer höheren Bildungsbeteiligung herausgebildeten „Studierendenberg" nicht untertunneln, sondern erklimmen und sich nicht auf eine anschließende Talfahrt vorbereiten, sondern für eine Wanderung durch anhaltendes Hochplateau rüsten. Insofern ist das Studierendenhoch eine Chance, die Hochschulen so auszubauen, dass in Deutschland nicht 40 oder 50, sondern wie in anderen Industrieländern 60, 70 oder 80 Prozent eines Altersjahrgangs ein Hochschulstudium aufnehmen.

Solange es zu wenige Studienplätze gibt, brauchen wir *zweitens* ein Hochschulzulassungsverfahren, das sicherstellt, dass die verfügbaren Studienkapazitäten tatsächlich ausgeschöpft werden. Die Hochschulen haben über Jahre eine Dezentralisierung der Hochschulzulassung gefordert. Sie haben sich teilweise durchgesetzt und scheitern nun kläglich mit der Aufgabe, den jungen Menschen eine faire Ausbildungschance zu geben. Die Gewerkschaften erwarten, dass der

Bund sich jetzt seiner Verantwortung stellt und seine Gesetzgebungskompetenz für die Regelung der Hochschulzulassung nutzt.

Wir müssen uns *drittens* den Angriffen auf die Kapazitätsverordnung entgegenstellen. Das Bundesverfassungsgericht hat 1972 entschieden, dass das Grundrecht der Berufswahlfreiheit ein Recht auf Hochschulzulassung einschließt (Entscheidungen des Bundesverfassungsgerichts, Band 33, S. 303 ff.). Die Gewerkschaften stehen zum Recht auf Hochschulzulassung als Ausdruck eines sozialstaatlichen Grundrechtsverständnisses und werden nicht zulassen, dass die Rektoren und Präsidenten von gekürten oder selbst ernannten Exzellenzuniversitäten die – notwendige – Diskussion um eine Verbesserung des Betreuungsverhältnis zwischen Lehrenden und Studierenden dafür instrumentalisieren, ihre Pforten für Studienbewerberinnen und Studienbewerber zu schließen.

Wenn wir wirklich wie im OECD-Durchschnitt 60 und mehr Prozent eines Altersjahrgangs an die Hochschulen führen wollen, brauchen wir *viertens* eine Diskussion über die Erweiterung des Rechtsanspruchs auf Hochschulzulassung über den traditionellen bildungsbürgerlichen Königsweg der gymnasialen Oberstufe hinaus. Der so genannte dritte Bildungsweg zeichnet sich heute durch einen föderalen Flickenteppich unterschiedlichster Regelungen mit hohen Hürden für den Hochschulzugang beruflich Qualifizierter aus, so dass der Anteil sog. nicht-traditioneller Studierender ohne klassische Hochschulreife seit langem bei etwa einem Prozent stagniert.

Noch so viele Studienplätze reichen nicht aus, wenn sich die Studienberechtigten das Studieren nicht mehr leisten können. Wir müssen daher *fünftens* die im Jahr 2000 durch ein „Machtwort" des damaligen Bundeskanzlers Gerhard Schröder abgebrochene Diskussion um eine Strukturreform der Ausbildungsförderung wieder aufnehmen (vgl. Kiel 2008). In ihrem wissenschaftspolitischen Programm schlägt die GEW vor, „den Darlehensanteil im BAföG zu Gunsten eines nicht rückzahlungspflichtigen Zuschusses zurückzuführen, damit junge Menschen vom ‚Studentenberg' aus nicht mit einem ‚Schuldenberg' ins Berufsleben starten müssen. Perspektivisch ist das BAföG auf diese Weise zu einem elternunabhängigen Studienhonorar für alle Studierenden weiterzuentwickeln. Im Gegenzug sollten die ausbildungsbezogenen Leistungen des Familienleistungsausgleichs (Kindergeld, Steuerfreibeträge usw.), die heute Eltern von Studierenden zugutekommen, in die Ausbildungsförderung integriert und damit direkt allen Studierenden ausgezahlt werden" (Gewerkschaft Erziehung und Wissenschaft, Hauptvorstand 2009, S. 14).

Warum eigentlich sollen Studentinnen und Studenten, die nicht nur Entbehrungen auf sich nehmen, sondern auch eine für Wirtschaft und Gesellschaft nützliche und für die Weiterentwicklung der Wissenschaft konstitutive Arbeit leisten, dafür nicht bezahlt werden, sondern selbst bezahlen? Ebenso wie Auszubildende in der dualen berufliche Bildung kein Lehrgeld mehr bezahlen müssen, sondern eine Ausbildungsvergütung beziehen, könnte eines Tages auch das Studienhonorar selbstverständlich sein (vgl. Keller 2008). Das ist kein utopisches Luftschloss, sondern dann machbar, wenn der richtige Kerngedanke der Reformdiskussion der neunziger Jahren wieder belebt wird: die Integration der ausbildungsbezogenen Leistungen des Familienlastenausgleichs, der heute nichts anderes als ein „Besserverdienenden-BAföG" ist, in die Ausbildungsförderung.

Um ein Studium nicht noch weiter zu verteuern und mögliche Verbesserungen der Ausbildungsförderung nicht zu konterkarieren, brauchen wir *sechstens* die Abschaffung aller Studiengebühren. Hessen, Nordrhein-Westfalen, Baden-Württemberg, Hamburg, Saarland und zuletzt Niedersachsen und Bayern zeigen: Fehler lassen sich korrigieren, Widerstand gegen Bildungs- und Sozialabbau zahlt sich aus, auch hochschulpolitische Themen sind kampagnen- und wahlkampffähig. Sie können sogar wahlentscheidend werden.

2. Verbesserung der Qualität von Lehre und Studium

Bei der Umsetzung des Bologna-Prozesses in Deutschland werden viele gute Zielsetzungen des Europäischen Hochschulraums in ihr Gegenteil verkehrt (vgl. Banscherus et al. 2010). Statt Mobilität zu fördern und das Studium studierbarer zu machen, erschweren die neuen Studierstrukturen vielfach den Studienortwechsel und steigern Abbrecherquoten. Statt die Betreuung der Studierenden zu verbessern, führt die Studienreform bei gleichbleibender oder sinkender Ausstattung der Hochschulen zu einer höheren Arbeitsbelastung sowohl für das in Lehre und Verwaltung tätige Personal als auch für die Studierenden selbst.

Die Gewerkschaften müssen sich daher an die Spitze der mit der Studienstrukturreform Unzufriedenen stellen und diskutieren, wie der überfällige Kurswechsel bei der Umsetzung der Bologna-Reformen aussehen sollte. Wie schaffen wir es, dass Mobilität nicht länger bestraft, sondern tatsächlich gefördert wird? Wie können wir die soziale Dimension des Europäischen Hochschulraums mit Leben erfüllen? Wie können Studierbarkeit und Studierfreiheit auch im Bologna-Zeitalter gesichert werden? Wie kann der freie Zugang zum Masterstudium als eine der zentralen Forderungen der Bildungsproteste 2009 durchgesetzt werden?

Hierin liegt auch der Schlüssel für die dringend notwendige Zusammenarbeit von Hochschulbeschäftigten und Studierenden, Gewerkschaften und Studierendenvertretungen: Ein Übermaß an „workload" für die Studierenden und die Verdichtung der Arbeitsprozesse in Lehre und Verwaltung sind zwei Probleme, die ein gemeinsame Wurzel haben: eine falsch verstandene, bürokratische Exekutierung der Studienstrukturreform und die Illusion, eine kapitale Studienstrukturreform wie der Bologna-Prozess ließe sich mit stagnierenden oder gar schrumpfenden finanziellen Ressourcen erfolgreich umsetzen.

Richtig ist aber auch: Erst Bologna hat die Hochschulen dazu gebracht, bei der Reform ihrer Studiengänge die Qualität von Studium und Lehre stärker in den Blick zu nehmen und dabei die Studierenden, die von ihnen zu erwerbenden Kompetenzen und damit ihre beruflichen Perspektiven als wissenschaftlich ausgebildete Arbeitnehmerinnen und Arbeitnehmer ins Zentrum zu rücken. Die Gewerkschaften sollten dies als Chance begreifen, ihre Vorstellungen, „Studium als wissenschaftliche Berufsausbildung [zu] gestalten" (Deutscher Gewerkschaftsbund, Bundesvorstand 2012, S. 14), zu formulieren und in die Reformdebatte einzubringen.

Letztlich geht es darum, Bildung und Ausbildung nicht gegeneinander zu stellen, was häufig versucht wird, sondern als zwei Seiten einer Medaille zu begreifen. Beides wäre ein Irrweg: die Hochschulen zu einer einseitig an den Anforderungen des Arbeitsmarkts orientierten Ausbildungsstätte zu machen ebenso wie die Hochschulen unter eine humanistischen Käseglocke abzuschotten und das Studium ausschließlich dem Guten, Wahren und Schönen zu widmen.

Was wir stattdessen brauchen ist eine Berufsbefähigung des Studiums im umfassenden Sinne. Berufsbefähigung darf nicht auf die verkürzte Vorstellung reduziert werden, dass ein Hochschulstudium in erster Linie unmittelbar beruflich verwertbare Fertigkeiten zu vermitteln habe. Insofern greift der von der europäischen Unternehmerlobby geprägte und im Bologna-Prozess aufgenommene Begriff der „Beschäftigungsfähigkeit" („employability") zu kurz. Umgekehrt würden die Hochschulen ihrer gesellschaftlichen Verantwortung aber auch nicht gerecht, wenn sie völlig losgelöst von Anforderungen der beruflichen Praxis einen zweckfreien Wissenskanon vermitteln wollten.

Ein Studium ist vielmehr gerade dann berufsbefähigend, wenn es einerseits auf die berufliche Praxis Bezug nimmt und zugleich andererseits die Studierenden dafür qualifiziert, die berufliche Praxis mit wissenschaftlichen Methoden kritisch zu reflektieren. Es geht um eine kritische Praxisorientierung des Studiums, und zwar an Universitäten ebenso wie an Fachhochschulen.

Die Hochschulen haben bei der Reform ihrer Studiengänge die Qualität von Studium und Lehre stärker in den Blick zu nehmen und dabei die Studierenden, die von ihnen zu erwerbenden Kompetenzen und damit ihre beruflichen Perspektiven als wissenschaftlich ausgebildete Arbeitnehmerinnen und Arbeitnehmer ins Zentrum zu rücken. „Was Qualität ist, lässt sich weder akademisch messen noch exekutiv dekretieren. [...] Qualität ist ein politischer Begriff, dem Diskussions- und Aushandlungsprozesse zugrunde liegen", heißt es im wissenschaftspolitischen Programm der GEW (Gewerkschaft Erziehung und Wissenschaft, Hauptvorstand 2009, S. 27). „Ein System der Qualitätsentwicklung muss daher einerseits ergebnisoffen, dynamisch und korrekturfähig sein und andererseits die Partizipation der an Lehre und Studium eines Studiengangs beteiligten Gruppen sowie der beruflichen und gesellschaftlichen Praxisfelder, auf die das Studium zielt, ermöglichen."

Studienreform und Qualitätssicherung müssen also als partizipatorische Prozesse organisiert werden, an denen die Studierenden ebenso wie Vertreterinnen und Vertreter der beruflichen Praxis beteiligt sind. Die berufliche Praxis muss dabei von beiden Seiten repräsentiert werden: sowohl von den Arbeitgebern als auch von den Gewerkschaften als Vertreterinnen der Arbeitnehmerinnen und Arbeitnehmer. Qualitätssicherung und Studienreform sind nur dann tragfähig, wenn die Stakeholder ihre spezifischen Perspektiven einbringen und ihre Anforderungen geltend machen können.

Das ist der Grund dafür, dass sich die Gewerkschaften trotz aller Skepsis als Vertreterinnen und Vertreter der beruflichen Praxis an der Akkreditierung von Studiengängen und Hochschulen beteiligen. Studienreform und die Sicherung der Qualität von Lehre und Studium müssen als Aushandlungsprozess organisiert werden, in dem unterschiedliche Sichtweisen und Interessen zum Ausgleich zu bringen sind. Wir müssen uns aber gleichzeitig der Diskussion stellen, wie das Akkreditierungsverfahren transparenter gestaltet und entbürokratisiert werden kann.

3. Innovation durch Partizipation

Die Reform der Hochschulen und ihre effektive und effiziente Steuerung einerseits und die Partizipation der am Wissenschaftsprozess Beteiligten stehen nicht im Widerspruch, sondern bedingen sich gegenseitig. Niemand konnte bislang belegen, dass die Leitung einer Einrichtung dann besonders effizient verläuft, wenn die Entscheidungskompetenzen an der Spitze konzentriert werden. Gleichwohl verläuft der derzeitige Umbau der Hochschulverfassungen nach genau diesem Schema. Und die Idee der Autonomie der Hochschule hat als Leitidee ihren Ursprung nicht in der Betriebswirtschaftslehre, und der Hochschulglobalhaushalt wurde auch nicht in Gütersloh erfunden. Ihr Ursprung liegt vielmehr in der Vorstellung von der Autonomie der Wissenschaft als gesellschaftlichem Teilsystem gegenüber staatlicher und wirtschaftlicher Herrschaft und ihren Ideologien. Sie gehört daher zum tradierten Fundus eines fortschrittlichen Hochschulreformprogramms. Das Bekenntnis zur Hochschulautonomie ist daher im wissenschaftspolitischen Programm der GEW von 2009 ebenso enthalten wie im hochschulpolitischen Programm des DGB von 2012 (Gewerkschaft Erziehung und Wissenschaft, Hauptvorstand 2009: 15; Deutscher Gewerkschaftsbund, Bundesvorstand 2012, S. 18). Ebenso deutlich unterstreichen die gewerkschaftlichen Programme aber auch: Hochschulautonomie ist nicht voraussetzungslos.

In einer demokratisch verfassten Gesellschaft setzt eine umfassende Autonomie der Hochschulen voraus, dass

- die demokratisch legitimierten Staatsorgane ihre Strukturverantwortung für die Hochschulen wahrnehmen – durch Hochschulgesetzgebung, die Regelung des Hochschulzugangs, eine Hochschulentwicklungsplanung und eine nachhaltige staatliche Finanzierung von Forschung, Lehre und Studium,
- die autonome Hochschule durch plural zusammengesetzte Kuratorien oder Beiräte mit gesellschaftlichen Anforderungen an die Wissenschaftsentwicklung konfrontiert wird,
- die am Wissenschaftsprozess beteiligten Gruppen im Inneren der Hochschule substanziell an der Hochschulselbstverwaltung beteiligt werden.

Neue Formen der Partizipation wie die direkte Partizipation am Arbeitsplatz oder Strategien eines partizipativen Managements können mit dazu beitragen, eine mehrdimensionale Partizipationsstruktur an Hochschulen zu etablieren. Ohne eine wirksame Mitbestimmung der Hochschulmitglieder in den Kollegialorganen der akademischen Selbstverwaltung, in den Personalvertretungen der Beschäftigten und in den Organen der verfassten Studierendenschaft laufen die neuen Partizipationsmodelle aber Gefahr, zum zahnlosen Tiger zu werden. Nicht die Gruppenhochschule ist gescheitert, die niemals Realität werden durfte, sondern die „staatliche regulierte und professorendominierte Hochschule des Hochschulrahmengesetzes" (Keller 2000, S. 155ff.). In ihr galt der eherne Grundsatz, dass in allen Hochschulgremien eine Gruppe alle anderen überstimmen konnte – und sich am Ende doch den Vorgaben staatlicher Detailsteuerung beugen musste.

4. Gute Wissenschaft, gute Arbeit – zwei Seiten einer Medaille

Der Fachkräftemangel in vielen Branchen wird die Hochschulen möglicherweise schon in Kürze zwingen, attraktivere Karrierewege und Beschäftigungsbedingungen anzubieten, wenn sie qualifizierte Nachwuchskräfte gewinnen möchten. Doch von dieser Einsicht sind sie derzeit noch weit entfernt, was ein wachsendes

Unbehagen bei der „Generation Exzellenz" auslöst. Junge Wissenschaftlerinnen und Wissenschaftler werden mit dem wohlklingenden Versprechen auf exzellente Forschung in die Wissenschaft gelockt. Die Hochschulen erwarten von ihnen auch exzellente Leistungen in Forschung und Lehre, aber exzellente Rahmenbedingungen – verlässliche berufliche Perspektiven und faire Beschäftigungsbedingungen – enthalten sie ihnen vor.

Die GEW macht seit 2010 mit ihrer Kampagne für den „Traumjob Wissenschaft" auf die Missstände aufmerksam: lange, steinige und unberechenbare Karrierewege sowie instabile Beschäftigungsbedingungen, die sich insbesondere durch immer mehr Zeitverträge mit immer kürzeren Laufzeiten auszeichnen. Rund 90 Prozent der wissenschaftlichen Mitarbeiterinnen und Mitarbeiter haben heute einen Zeitvertrag, und die Hälfte dieser Zeitverträge hat eine Laufzeit von weniger als einem Jahr (Keller 2012 mit weiteren Nachweisen).

Den Widerspruch zwischen immer höheren Anforderungen an wissenschaftliche Arbeit und immer schlechteren Rahmenbedingungen möchten Wissenschaftlerinnen und Wissenschaftler nicht länger hinnehmen. Gute Wissenschaft und gute Arbeit sind vielmehr zwei Seiten einer Medaille – so lautet die zentrale Botschaft des Templiner Manifests, das die GEW als Ergebnis ihrer Wissenschaftskonferenz „Traumjob Wissenschaft?" im September 2010 in Templin (Brandenburg) vorgelegt hat und von 10.000 Kolleginnen und Kollegen unterzeichnet wurde.[2] Kernpunkte des Templiner Manifest sind eine bessere Absicherung und Strukturierung der Promotion und berechenbare Perspektiven für Postdocs. Zentral ist die Forderung nach einem „Tenure Track", der promovierten Wissenschaftlerinnen und Wissenschaftlern den dauerhaften Verbleib in der Wissenschaft ermöglicht – unabhängig davon, ob eine Berufung auf eine Professur erfolgt oder nicht. Daueraufgaben in Hochschule und Forschung sollten auf Dauerstellen erledigt werden. Nur so lassen sich Kontinuität und Qualität der Arbeit in Forschung, Lehre und Wissenschaftsmanagement sichern. Und nur so eröffnet sich mehr Wissenschaftlerinnen und Wissenschaftlern auch neben der Professur die Perspektive, Wissenschaft als Beruf zu betreiben.

2012 hat die GEW mit dem Herrschinger Kodex „Gute Arbeit in der Wissenschaft" Hochschulen und Forschungseinrichtungen aufgefordert, sich selbst zu berechenbaren Karrierewegen und stabilen Beschäftigungsbedingungen zu verpflichten – und so zu beweisen, dass sie zu einer verantwortungsbewussten

---

2   Der Text des Templiner Manifests und weitere Informationen sind im Internet abrufbar: www.templiner-manifest.de. Dort kann das Manifest auch online unterzeichnet werden. Vgl. auch die Dokumentation der Templiner Wissenschaftskonferenz: Himpele/Keller/Ortmann 2011.

Wahrnehmung ihrer Autonomie willens und in der Lage sind und so auch ihrer gesellschaftlichen Verantwortung gerecht werden.[3]

Dabei geht es nicht nur um die berechtigten Interessen der betroffenen Wissenschaftlerinnen und Wissenschaftler und anderen Hochschulbeschäftigten, die die GEW als Wissenschaftsgewerkschaft im DGB vertritt. Es geht auch um die Vorbildfunktion der Hochschulen als öffentliche Arbeitgeber, die bundesweit über 600.000 Kolleginnen und Kollegen beschäftigten. Es geht darüber hinaus im Kern um die Qualität von Forschung und Lehre, um die Wissenschaftsfreiheit und um die gesellschaftliche Verantwortung der Hochschulen. Wie unabhängig, wie innovativ kann eine Forscherin oder ein Forscher sein, die alle sechs Monate um die Verlängerung ihres Arbeitsvertrages bangen muss? Wie verlässlich, wie professionell kann Lehre sein, wenn in jedem Semester neue Dozentinnen und Dozenten im Hörsaal stehen? Wissenschaftsfreiheit und gesellschaftliche Verantwortung auf der einen Seite und Hire-and-Fire-Prinzip auf der anderen Seite vertragen sich nicht!

Auch deshalb ist ein Kurswechsel in der Wissenschaftsfinanzierung überfällig. Die Grundfinanzierung der Hochschulen stagniert oder wird gar zurückgefahren. Auf der anderen Seite geizen Bund und Länder nicht, wenn es um Drittmittel für die DFG oder Sonderprogramme für exzellente Forschung, neuerdings auch exzellente Lehre geht. Immer mehr Geld wird über Projekte für eine begrenzte Zeit an die Hochschulen gegeben. Diese gehen auf Nummer sicher und speisen die Beschäftigten mit Zeitverträgen ab. Zusätzlich halten die Hochschulen nach Forschungsauftraggebern in Industrie und Wirtschaft Ausschau. Die Folge: Die wirtschaftlich autonome Hochschule muss heute enorme Anpassungsleistungen erbringen, um sich über eine erfolgreiche Drittmittelaquise über Wasser zu halten. Nicht wissenschaftliche Autonomie, sondern Heteronomie ist die Konsequenz. Wir brauchen daher keine Verstetigung der Exzellenzinitiative, sondern eine kräftige Aufstockung der Grundfinanzierung der Hochschulen und daher die verfassungsrechtlichen Voraussetzungen dafür, dass sich der Bund in der Fläche und auf Dauer in der Hochschulfinanzierung engagieren kann.

Die Gewerkschaften setzen sich für eine demokratische und soziale Hochschule ein, die den Beschäftigten an den Hochschulen bessere Perspektiven und mehr Rechte geben, zugleich aber die Hochschulen selbst in die Lage versetzen, ihren ökonomischen, sozialen und kulturellen Auftrag besser zu erfüllen – im Interesse der abhängig Beschäftigten in Industrie und Dienstleistung. Das ist die

---

3   Der Herrschinger Kodex „Gute Arbeit in der Wissenschaft" ist ebenfalls im Internet abrufbar: www.herrschinger-kodex.de. Vgl. auch die Dokumentation der Herrschiner Wissenschaftkonferenz: Keller/Pöschl/Schütz 2013.

hochschulpolitische Herausforderung für die im DGB zusammengeschlossenen Gewerkschaften, die sich für die Bildungsgewerkschaft GEW und die Industrie- und Dienstleistungsgewerkschaften gleichermaßen stellt.

Literatur

Banscherus, U. et al. 2010. Bologna in Deutschland – Reform der ungenutzten Chancen. In *Endstation Bologna? Zehn Jahre Europäischer Hochschulraum*, hrsg. K. Himpele, A. Keller und S. Staack, 27-39. Bielefeld: Bertelsmann.

Deutscher Gewerkschaftsbund, Bundesvorstand. 2012. *Für eine demokratische und soziale Hochschule. Das hochschulpolitische Programm des Deutschen Gewerkschaftsbundes*. Berlin.

Erhardt, M., Meyer-Guckel, V. und Winde, M. 2008. *Leitlinien für die deregulierte Hochschule. Kodex guter Führung*. Essen: Stifterverband für die Deutsche Wissenschaft.

Gewerkschaft Erziehung und Wissenschaft, Hauptvorstand. 2009. *Wir können auch anders! Wissenschaft demokratisieren, Hochschulen öffnen, Qualität von Forschung und Lehre entwickeln, Arbeits- und Studienbedingungen verbessern. Das wissenschaftspolitische Programm der GEW*. Frankfurt am Main 2009. http://www.gew.de/Alternatives_Leitbild_zur_unternehmerischen_Hochschule.html. Zugegriffen: 1.7.2013

Himpele, K., Keller, A. und Ortmann, A. 2011 *Traumjob Wissenschaft? Karrierewege in Hochschule und Forschung*. Bielefeld: Bertelsmann.

Isserstedt, W. et al. 2010. *Die wirtschaftliche und soziale Lage der Studierenden in der Bundesrepublik Deutschland 2009*. 19. Sozialerhebung des Deutschen Studentenwerks durchgeführt durch HIS Hochschul-Informations-System. Bonn und Berlin, 103ff. http://www.sozialerhebung.de/soz_19.html. Zugegriffen: 1.7.2013

Keller, A. 2000. *Hochschulreform und Hochschulrevolte. Selbstverwaltung und Mitbestimmung in der Ordinarienuniversität, der Gruppenhochschule und der Hochschule des 21. Jahrhunderts*. Marburg: BdWi-Verl.

Keller, A. 2008. Studienhonorar statt Studiengebühren. In *Blätter für deutsche und internationale Politik*, H. 5, 14-17. Berlin: Blätter-Verl.-Ges.

Keller, A. 2010. Nicht dereguliert und unternehmerisch, sondern demokratisch und sozial. Anforderungen an die Hochschulpolitik des 21. Jahrhunderts. In *Zeitschrift für sozialistische Politik und Wirtschaft 181*: 23-29. Berlin: Blätter-Verl.-Ges.

Keller, A. 2011. Wir können auch anders. Das neue wissenschaftspolitische Programm der Bildungsgewerkschaft GEW als Leitbild für eine alternative Hochschulreform. In *Innovation durch Partizipation. Steuerung von Hochschulen und Forschungseinrichtungen im 21. Jahrhundert*, hrsg. A. Keller und S. Staack, 189-197. Bielefeld: Bertelsmann.

Keller, A. 2012. Gute Wissenschaft – gute Arbeit: Zwei Seiten einer Medaille. In *Gut – besser – exzellent? Qualität von Forschung, Lehre und Studium entwickeln*, hrsg. U. Banscherus, K. Himpele und A. Keller, 111-122. Bielefeld: Bertelsmann.

Keller, A., Pöschl, D., und Schütz, A. 2013. *Baustelle Hochschule. Attraktive Karrierewege und Beschäftigungsbedingungen gestalten.* Bielefeld (im Erscheinen).
Kiel, S. 2008. Die Diskussion um die Reform der Ausbildungsförderung in den Neunzigerjahren – eine Bilanz. In *Vom Studentenberg zum Schuldenberg? Perspektiven der Hochschul- und Studienfinanzierung,* hrsg. A. Adams und A. Keller, 119-126. Bielefeld: Bertelsmann.
Müller-Böling, D. 2001. Die unternehmerische Hochschule. Wissenschaftlichkeit ist unternehmerisches Ziel, In *opensource,* Januar: 21-22. Düsseldorf: Data Becker.

Zum spannungsreichen Wechselverhältnis zwischen Erziehungswissenschaft und Hochschulplanung[1]

Konstantin von Freytag-Loringhoven

1. Der geringe Einfluss der Erziehungswissenschaft auf die Hochschulplanung

Womöglich gibt es das „spannungsreiche Wechselverhältnis" gar nicht. Die Erziehungswissenschaft als Disziplin scheint bei den enormen Umwälzungen des deutschen Hochschulwesens eher ein Zaungast zu sein. In die öffentlichen Auseinandersetzungen über die Gestaltung des Hochschulwesens bringen sich durchaus auch Erziehungswissenschaftler hörbar mit ein. Weniger als Fachvertreter denn als Hochschulangehörige äußern sie sich aber in diesen Debatten. Damit stehen sie in einer Reihe mit den Vertretern aller anderen Disziplinen, die aufgrund der biographischen Nähe sich selbstverständlich auch zur Hochschule äußern. Auch bezüglich der traditionellen Felder der Erziehungswissenschaft beklagt die Disziplin schon die Diskrepanz zwischen einer hohen Nachfrage „nach erziehungswissenschaftlicher Expertise in Politik und Praxis" und dem tatsächlichen Stellenplan an den Hochschulen (Rauschenbach et al. 2005, S. 153). Anders als in Lehrerbildung, Sozialpädagogik und Weiterbildung wird bezüglich der Hochschule die erziehungswissenschaftliche Kompetenz aber nur selten angefragt.

Ein Grund für diese Lücke könnte in der Abgrenzung der Disziplin selbst liegen, die sich oft noch an die historische Arbeitsteilung zwischen Schule und Universität hält. Obgleich auch Philosophen und Philologen innerhalb der Erziehungswissenschaft sich zu größer gefassten Bildungsthemen äußern, bleibt doch die Daseinsbegründung der Lehrstühle eng an die Pädagogenausbildung gekoppelt. Sicherlich hat so die Erweiterung des Faches zur „Bildungswissenschaft" mit Psychologie, Soziologie und Fachdidaktikern neue methodische Möglichkeiten geschaffen (vgl. Kiper 2009, S. 127). So könnte der Wissenschaft über ihre „Lebenslaufs- und Veränderungsforschungen" eine wesentliche Rolle zufallen

---

[1] Die folgenden Überlegungen entstanden aus der Zusammenarbeit mit Wolfgang Nieke im Rahmen des Projektes „KOSMOS – Konstruktion und Organisation eines Studiums in offenen Systemen" an der Universität Rostock. Der Dank des Autoren gilt Johannes Plate (FU Berlin) für das kritische Gegenlesen.

(vgl. Arnold 2009, S. 126). Die Gründe für den dennoch eher geringen Einfluss in der Hochschulpolitik könnten sowohl innerhalb der Disziplin als auch an den von außen an die Universitäten gestellten Erwartungen liegen.

1.1 Bildung durch Wissenschaft

In Abgrenzung zur „Erziehung" ist „Bildung" das, was an den Universitäten geschehen soll. Wilhelm von Humboldt sah als wesentliche Merkmal der Universitäten, „dass sie die Wissenschaft immer als ein noch nicht ganz aufgelöstes Problem behandeln und daher immer im Forschen bleiben, da die Schule es nur mit fertigen und abgemachten Kenntnissen zu thun hat und lernt." (Humboldt 2010, S. 229f.). Die 1809/10 anlässlich der Berliner Universitätsgründung formulierten Gedanken erlebten erst im 20. Jahrhundert eine breite Rezeption, die womöglich im Zusammenhang mit den diversen normativen Vereinnahmungsversuchen stand. Der zeitlich begrenzte Hochschulbesuch diente so dem Erlernen des wissenschaftlichen Arbeitens als Grundlage lebenslanger Bildungsprozesse. Notwendigerweise bleiben diese permanente Suchprozesse, in welchen sich das Subjekt in immer widersprüchlichen Selbst- und Weltverhältnissen zu erfahren sucht (Pongratz et al. 2004, S. 9). Die einmal gelernte Technik des Prüfens und Fragens einer spezifischen Wissenschaftsdisziplin ermöglicht einen Schlüssel umfassender Weltwahrnehmung. Eine Voraussetzung für diesen ergebnisoffenen Lernprozess sah Humboldt im Verhältnis zwischen Lehrer und Schüler: „Der erstere ist nicht für die letzteren, Beide sind für die Wissenschaft da; sein Geschäft hängt mit an ihrer Gegenwart und würde, ohne sie, nicht gleich glücklich von statten gehen; er würde, wenn sie sich nicht von selbst um ihn versammelten, sie aufsuchen, um seinem Ziele näher zu kommen durch die Verbindung der geübten, aber eben darum auch leichter einseitigen und schon weniger lebhaften Kraft mit der schwächeren und noch parteiloser nach allen Richtungen muthig hinstrebenden." (Humboldt 2010, S. 230). Die deutsche Forschungsuniversität sollte diesen Ermöglichungsrahmen für ‚Bildung durch Wissenschaft' bieten. Das vorhandene Machtgefälle und die normative Zielsetzung sollten zu diesem Zweck bewusst aufgehoben werden. „Nur unter dem Vorschuss der fingierten Mündigkeit" sah Jürgen Habermas die Möglichkeit zur Entfaltung der bildenden Kraft der Wissenschaft (Habermas 1968, S. 121f.).

1.2 Universitätsmanagement

Der traditionelle Ort des Erlernens der Wissenschaften ist die Universität. Als staatliche oder private Institution organisiert sie sich in irgendeiner Form hierarchisch. Verschiedenste Akteure nehmen Einfluss auf die Hochschulpolitik. Die unmittelbaren Hochschulpolitiker der der ‚klassischen Universität' in Deutschland bis in die 1960er Jahre waren der durch ein Kuratorium vertretene staatliche Träger sowie die aus der Professorenselbstverwaltung gewählten Vertreter. Demokratisierungsforderungen brachten die Mitsprache von Mittelbau und Studierenden innerhalb der Hochschulen. Seit den 1990er Jahren wurden, in Anlehnung an die Unternehmensstruktur amerikanischer Privathochschulen, die Rolle des Präsidenten gestärkt und Hochschulräte eingeführt. Seit den 2000er Jahren trat auch das Bundesbildungsministerium verstärkt in Form von Exzellenzinitiativen und anderen Wettbewerben in Erscheinung. Hinzu kommt die an die Deutsche Forschungsgemeinschaft und außeruniversitäre Grundlagenforschung delegierte Gestaltungsmacht der Wissenschaftslandschaft. Eine Vielzahl an Akteuren sprechen also bei der Hochschule mit, wenngleich die Bereitstellung von Ressourcen und die Delegierung von Entscheidungsmacht mehrheitlich vom staatlichen Träger erfolgt.

Wissenschaft und Politik stehen als legitimierende und ermöglichende Ressourcen füreinander in einem Wechselverhältnis (vgl. Ash 2002). Soziale Durchlässigkeit, Gleichberechtigung der Geschlechter, Wettbewerb, Exzellenz, Studiengebühren: Die Forderungen der verschiedenen Akteure im Hochschulbereich spiegeln politische Motive wider, die entlang des politischen Spektrums auch in anderen Bereichen erhoben werden. Die aus exogenen Einflüssen und eigenen Begründungen entstehende Dynamik der Bildungspolitik ist analytisch noch schwer zu fassen (vgl. Link et al. 2003). Die Herausforderung des Managements einer Universität besteht im Zusammenbringen verschiedenster impliziter und expliziter Ansprüche. Die Unverträglichkeit der zweckrationalen Organisation einer Hochschule mit der ergebnisoffenen Forschung verschiedener Disziplinen ist oftmals thematisiert worden. Der Philosoph Dirk Rustemeyer konstruierte aus der Anerkennung dieser Unmöglichkeit die Forderung nach einer „Homologisierung der heterogenen Struktur von Wissen, Kultur und Universität" (Rustemeyer 2005, S. 71f.). Das ‚professionelle Management' der heutigen Hochschulleitungen kontrastiert sich mit der im 19. Jahrhundert noch bekannten Existenzbegründung aus der Wissenschaftslogik selbst. Während der öffentlich gehaltenen Rektorenreden wurde der Sinn der Universität aus der ganz spezifischen Fachforschung des Redners zu begründet (vgl. Langewiesche 2008, S. 68ff.). Tatsächlich scheinen Präsidenten oder Rektoren der Hochschulen heute diese Fachprägung in ihrem Amt bewusst zu verlassen. So stellt die Frage nach den herrschenden Paradigmen des Hochschulmanagements.

2. Gibt es eine Leitwissenschaft der Hochschulplanung?

Andere Disziplinen scheinen in der Hochschulplanung tonangebend. Sowohl konzeptionell als auch organisatorisch drängt sich dabei wieder das ökonomische Paradigma entlang der politischen Prioritäten auf. Die Vermutung des Ursprungs einer Vielzahl der hochschulpolitischen Maßnahmen in einem „herrschenden neoliberalen Paradigma" ist nachvollziehbar (vgl. Matuschek 2011). In den vergangenen zwanzig Jahren sind Anzahl und Tempo dieser vielen Maßnahmen sprunghaft gestiegen, deren intendierte und tatsächliche Wirkung auch auf den gewollten Wettbewerb und eine ‚optimalere' Ressourcenverteilung kontrovers diskutiert werden kann (vgl. Liessmann 2006, S. 104ff.). Allzu einfach wirkt aber die Erzählung des herrschenden Wettbewerbs-Gedankens, womöglich als extremer Pendelumschwung der sozial konstruierenden Bildungsexpansion bis Ende der 1970er Jahre. Soziologen versus Ökonomen also? Da die beiden Antipoden aus den Sozialwissenschaften stammen, könnte man den gesamten Kampf um die Hochschulen also innerhalb dieser Disziplin verorten. Ganz so einfach scheint es aber nicht zu sein: Die innovative Zukunftsfähigkeit wird gemeinhin den Ingenieurs- und Naturwissenschaften zugesprochen, was deren Vertretern eine führende Rolle in Ressourcenverteilung und Öffentlichkeitswirkung zuweist. Die aktuell erprobten Hochschulkonstrukte weisen auch den Juristen eine wesentliche Rolle zu. Die Hochschulpolitik erscheint zwar heterogener als bei einem ersten Blick angenommen, doch gerade angesichts der Vielzahl kluger Äußerungen und Bücher zum Thema wird eine Lücke deutlich: Wo machen die Geisteswissenschaften ihren Einfluss geltend? Und vor allem: Wo taucht die Erziehungswissenschaft – dieses geisteswissenschaftliche Synthesefach mit unmittelbarer Bezugnahme auf die Sozialforschung, das sich doch den Bildungsprozess des Menschen zum Gegenstand gemacht hat – als hochschulpolitischer Akteur auf? Wären nicht gerade die Erziehungswissenschaftler besonders berufen, den Bildungsprozess der Hochschulen zu konstruieren und zu begleiten? Zwei Gründe für die erstaunlich geringe Präsenz könnten in der disziplinären Verfassung der Erziehungswissenschaft selbst liegen.

2.1 Anwendungsorientierung als Problem

Das „genuin erziehungswissenschaftliche Nachdenken über Bildung" besteht im „Versuch, auf theoretisch klug gestellte ‚Wie'-Fragen Forschung zu organisieren und technologisch orientierte Antworten zu geben" (Tenorth 2003, S. 429). Tenorth bezeichnete es allerdings eher als Ausnahme, wenn „bildungstheoretische Reflexion und praxisbezogene Analyse in einen distinkten Zusammenhang gebracht worden sind" (ebd.). Die mag am spezifischen Verhältnis zwischen Praxis der Erziehung und Theorie der Erziehungswissenschaft liegen: Durch empirischer Erkundung der Praxis wirken erworbene Kenntnisse auf die Praxis zurück. „Die Praxis bildet zunächst die Erkenntnisbasis, die Grundlage der Theorie, wird aber durch die Theorie zu einer bewusst angeleiteten Praxis" (Schmied-Kowarzik 2008, 14). Diese unabdingbare Verknüpftheit von Praxis und Theorie unterscheidet die Erziehungswissenschaft von allen anderen hermeneutischen und erkenntnisorientierten Wissenschaften. Die begriffliche Unbestimmtheit ist geradezu das Spezifikum der Disziplin. Auch anderen jüngeren Disziplinen wie der Soziologie oder der Psychologie gelänge es über eindeutige Fachbezeichnungen weitaus besser, „im Hochschulsystem identifizierbar zu bleiben und sich eine disziplinuniverselle Ausbildung zu erhalten" (Grunert 2012, S. 44). Die Existenzberechtigung des Faches leitet sich aus der praxisorientierten Ausbildung ab. Als ein Indikator dafür kann die „Reduktion allgemeiner und forschungsmethodischer Inhalte zugunsten berufsfeldbezogener und teildisziplinspezifischer Studienanteile" gesehen werden (ebd.). Mit wissenschaftsimmanenten Begründungen wird in einer aktuellen Debatte die Leistungsbilanz der Erziehungswissenschaft angezweifelt. Gemessen an den Indikatoren des Theorieexports in andere Wissenschaftsbereiche und außerwissenschaftliche Direktorenstellen erscheint ihr Einfluss gering (vgl. Kaube 2013b). Dagegen stehen die hohen impliziten Erwartungen der Gesellschaft an die Erziehungswissenschaft. Die gesellschaftliche Verortung der „dienenden" Erziehungswissenschaft mache sie in einem höheren Maße abhängig von den anderen bildungspolitischen Akteuren. Gerade in einer Überbrückung der „offensichtlichen Widersprüche der Gesellschaft" sieht Hermann Josef Abs die moderierende Aufgabe der zu diesem Zweck ausdrücklich „schwachen Disziplin" (Abs 2013).

2.2 Epistemische Lücken

Reinmann sah die Kritik „am mangelnden praktischen Nutzen sowohl hermeneutischer als auch empirischer Verfahren und deren Ergebnisse" vor allem im Vergangenheitsbezug beider Techniken. Den Realisierungsbezug der etablierten Techniken der Bildungsforschung sieht sie erst durch eine „deutliche und eigene

Perspektive auf Gestaltung der Zukunft" gegeben (Reinmann 2011). In der 2006 gegründeten Gesellschaft für Hochschulforschung taten sich Planer, Mitarbeiter und Didaktiker an Hochschulen zusammen. Ebenso wie die Erziehungswissenschaft möchte die Hochschulforschung grundlagenorientiertes „Vorratswissen" schaffen, „auf dessen Grundlage sich dann konkretes Handlungswissen erzeugen lässt." (Pasternack 2006, S. 111). Das Forschungsfeld der Hochschulforschung möchte sich eher als „fortwährendes interdisziplinäres Kopplungsmanöver" (Pasternack 2006, S. 108) denn als Disziplin verortet sehen. Interdisziplinär empfängt die Hochschulforschung ihre wesentlichen methodischen und theoretischen Anregungen aus der Soziologie, der Politikwissenschaft und eben auch aus der Erziehungswissenschaft. So sieht Pasternack die Hochschulforschung „systematisch zwischen den strukturell ähnlich verfassten wie z. T. inhaltlich überlappenden Forschungsfeldern Bildungsforschung und Wissenschaftsforschung angesiedelt" (ebd.). Mit den Schnittstellen „insbesondere zur Verwaltungs-, Rechts- und neuerdings verstärkt zur Wirtschaftswissenschaft" (ebd.) geht die Hochschulforschung aber über die Disziplinen hinaus. Angesichts der von praktischen Anforderungen diktierten Sachzwänge der meist mit konkreten Problemlösungen beauftragten Auftragsforschung fehlt aber oft der konsequente Blick aus der Bildungsperspektive des Individuums. Selbst der als Neuerung beschworene „Shift from Teaching to Learning" wird zumeist nur innerhalb der Hochschuldidaktik formuliert. Um sich sichtbarer in das Forschungsfeld einzubringen, könnte die Disziplin der Erziehungswissenschaft bereits selbst die Wirkung von äußeren Einflüssen auf den Prozess der Hochschulbildung in Augenschein nehmen.

3. Neue Erwartungen an die universitäre Lehre als Chance

Neue Fragen richten sich an die Erziehungswissenschaft. Der universitären Lehre wird heute eine wichtigere Rolle als in der klassischen Universität zugeschrieben. Insbesondere in der Studieneingangsphase kann die Wissenschaftspropädeutik der gymnasialen Oberstufe nicht mehr vorausgesetzt werden. Die seit den 1990er bemühten Schul- und Hochschulreformen wollten den Altersschnitt der im europäischen Vergleich zwei bis drei Jahre älteren deutschen Hochschulabsolventen senken. Die Rollenzuweisung an der Schnittstelle von Schule und Hochschule verlagerte sich. Etwa lässt sich vermuten, dass sich die Wissenschaftspropädeutik aus dem verkürzten G8-Gymnasium zunehmend auf die Eingangsphase der Hochschulen überträgt. In einem Zeitungskommentar benannte Jürgen Kaube die ungelöste Frage, „was man mit immer jüngeren Studierenden anfängt, die von den Gymnasien zudem oft nicht in die Nähe des wissenschaftlichen Arbeitens gebracht worden sind" (Kaube 2013a). Auch verlangen die Studienstrukturen der Bologna-Reformen nach Antworten aus der Disziplin. Die Modularisierung verlangt die klare Definition der zu erwerbenden Kompetenzen. Noch nicht eindeutig ausdefiniert ist das kompromissreiche Zusammenspiel zwischen Idealvorstellungen und Beschränkungen der Praxis (vgl. Schmidt 2008, S. 167). Drei neue Betätigungsfelder könnten zum neuen Einsatzfeld der Erziehungswissenschaft werden.

3.1 Wissenschaftsdidaktik

Die neu akzentuierte Kompetenzorientierung benötigt eine spezifische Didaktik. Die Studienmodule sollen zu einem sinnvollen ganzen Bildungsprozess verbunden sein. Diese ‚Durchbildung' verlangt eine fachspezifisch ausdifferenzierte Wissenschaftsdidaktik. Wolfgang Nieke forderte dabei eine kategoriale Unterscheidung der Wissenschaftsdidaktik „von den geläufigen, psychologisch fundierten, generalistischen Konzepten der Hochschuldidaktik", da sie „eine bildungstheoretische Fundierung braucht, die sich an den Prinzipien des eigenständigen Wissenschaftssystems in der Gesellschaft orientiert" (Nieke 2011). Die akademische Lehre zielt selbstverständlich auf die Berufsausbildung einer Profession aus. Diese Wissenschaftsdidaktik muss sich an dem offenen Ausgang des Forschungsprozesses orientieren. Erich Schäfer nennt das „Ermöglichungsdidaktik" mit dem Ziel, „Rahmenbedingungen zu schaffen, die Lernprozesse ermöglichen" (Schäfer 2002, S. 11). „Die alten Paradigmen einer mechanistischen Erzeugungsdidaktik verpflichteten Lernkultur wird den Herausforderungen der autonomen, selbstgesteuerten subjektiven Aneignungsprozesse des Lernenden nicht gerecht. Lernen ist ein aktiver Prozess, in dem subjektive Konstrukte von Welt verändert werden" (ebd.) Dieser Prozess muss durch die Bereitstellung von Informationen unterstützt werden, durch die Ermöglichung von Erfahrungen und durch das Angebot von Hilfestellungen. „Neue Inhalte dürfen nicht als fertiges System bzw. als Welt abgeschlossener Erkenntnisse präsentiert werden. Der Lernende muss vielmehr die reale Möglichkeit haben, eigene Wissenskonstruktionen durch Interpretationen vorzunehmen" (Schäfer 2002, S. 11). Ganz im Sinne der ‚Bildung durch Wissenschaft' kann der Erziehungswissenschaft bei der Entwicklung der Wissenschaftsdidaktik eine moderierende Rolle zufallen. Diese geht über die vorhandenen Erfahrungen in der Wissenschaftspropädeutik der Oberstufe hinaus, da Wissenschaftspropädeutik ergebnisoffen und fachspezifisch erfolgen muss. Das Verständnis für die Wirkmechanismen der jeweiligen Disziplin kann nur von deren Vertretern selbst kommen, soll aber erziehungswissenschaftlich reflektiert werden. In dieser Kooperation sah Wildt die Verschränkung der fachlichen und didaktischen Perspektive „zu mehr oder weniger kohärenten Handlungsmustern" (Wildt 2011, S. 30). Die Erziehungswissenschaft könnte hier als moderierender Vermittler zwischen Fachwissenschaft und Hochschulmanagement fungieren. Ein Praxisbeispiel für die Institutionalisierung dieser neuen Schlüsselfunktion ist die Beratungsstelle für Hochschulentwicklung an der Universität St. Gallen. Die vielfältigen und auch subjektiv divergierenden Lernkulturen sollen auf Studieneingangsebene berücksichtigt werden (vgl. Jenert 2011). Als zentrale Servicestelle der Universität bietet die am Institut für Wirtschaftspädagogik verankerte „Assistenzprofessorin für Hochschulentwicklung" Taiga Brahm mit ihrem Team eine Moderation zwischen den Ansprüchen der jeweiligen Fachvertreter und den (politisch gewollten und materiell möglichen) Bedingungen des Studiums. Erst durch die auf den Lernprozess gerichtete Perspektive der Erziehungswissenschaft können die Ansprüche zu einem Ganzen zusammengeführt werden.

3.2 Bildung zum Staatsbürger

In Universitätsreden haben die Topoi ‚Allgemeinbildung' oder ‚staatsbürgerliche Erziehung' meist eine normative, wenn nicht ideologische Konnotation. Im Sinne des Neohumanismus sahen auch nach 1945 manche Hochschulpolitiker eine Allgemeinbildung allein im Curriculum des humanistischen Gymnasiums ermöglicht (vgl. Jansen, S. 178f.). Totalitäre Vorstellungen wirkten auf den offen formulierten Erziehungsanspruch der DDR-Universitäten ein (vgl. Tenorth 2010, S. 15ff.). Angesichts des Versagens der deutschen akademisch gebildeten Eliten im Nationalsozialismus wurde eine staatsbürgerliche Erziehung auch an den westdeutschen Universitäten nach 1945 mehrheitlich begrüßt. Eine Antwort auf diese Forderungen war etwa die an einigen Hochschulen erprobte Internatserziehung der Erstsemester, eine andere die philosophischen Pflichtscheine des ‚Studium generale' zum Abschluss eines Ingenieurstudiums an der TU Berlin. In den 1960er Jahren aber wurden solch umfangreichen Konzepte als zunehmend problematisch empfunden: Die Selbstbildung durch das Studium sei nur möglich, wenn man die Studierenden als wissenschaftliche Partner der Professoren anstatt als pädagogische Objekte verorte (vgl. Freytag-Loringhoven 2012, S. 157ff.). ‚Bildung durch Wissenschaft' wurde als Nebenprodukt der wissenschaftlichen Tätigkeit als selbstverständlich angenommen. Mit der durch jüngere Studierende und straffere Stundenpläne zu konstatierende Verschulung muss dieser Anspruch der Universität zumindest wieder bewusst formuliert werden. In diesem Bildungsanspruch zeigt sich das Dilemma zwischen wissenschaftlichem Anspruch und Lehrorganisation. Etwa ein (fach-)historisches Grundwissen für Nichthistoriker kann nicht über ein festgelegtes Schulcurriculum erfolgen, da es eine wissenschaftsfremde Illusion festen und verbindlichen Wissens erzeugt. Andererseits mag es zu weit führen, von Nichthistorikern tatsächliche Forschung an Quellentexten zu verlangen. Mit Blick auf die im US-Hochschulsystem übliche Collegebildung der Studieneingangsphase empfiehlt Jürgen Kaube eine sinnvolle Begrenzung der Geisteswissenschaften. Die angelsächsischen ‚Humanities' etwa definieren eine geisteswissenschaftliche Ausbildung auf eine konkrete Studieneingangsphase wesentlich großzügiger und weniger exklusiv. Da die Wissenschaftler „in der Lehre eben mehr zu bieten haben als nur Wissenschaft" sollten sie vor dieser Studienstruktur keine Scheu haben (Kaube 2013a). Etwa an der ausdrücklich auf eine persönlichkeitsbildende Lehre hin orientierten Leuphana Universität Lüneburg wird ein solches College-Konzept bereits erprobt (Spoun 2012). Mit Blick auf den gesamten Bildungsprozess eines Heranwachsenden von der schulischen Sekundarstufe zum Studienabschluss bleiben erziehungswissenschaftliche Fragen: Welches sind die gesellschaftlich (also auch: politisch) wünschenswerten Kompetenzen, die durch ganz unterschiedliche Zugänge vermittelt werden sollen?

Vor allen könnte es der Erziehungswissenschaft auch Aufgabe werden, die Grenzen der normativen Vorstellungen aufzuzeigen. Die idealistisch geprägte Tradition der auf die Hochschule gerichteten Projektionen scheint auch heute ein nicht versiegender Quell von überhöhten Erwartungen zu sein.

3.3 Expertise der Hochschulprofessionellen

Die von der Politik angebrachten Begründungen einer effizienten Ressourcensteuerung oder einer wettbewerbsfähigen Clustergründung werden von einer neuen Funktionärsschicht der Hochschulprofessionellen umgesetzt (vgl. Kehm et al. 2010). Sowohl als Servicepersonal als auch als Mitglieder der akademischen Welt sollen diese Mitarbeiter „wirkungsvoll agieren" (Jenert und Brahm 2010). Anders als in der klassischen Hochschulverwaltung handelt es sich um akademisch ausgebildete und junge MitarbeiterInnen. Erziehungswissenschaftler finden sich dabei in allen der zusammengefassten Berufsgruppen (vgl. Schneijderberg und Merkator 2012). Vor allem Frauen bekleiden die Stellen als Fachbereichsreferenten, Studienberater oder Hochschuldidaktiker. Dabei stellen die erziehungswissenschaftlichen Absolventen aber keine Mehrheit gegenüber anderen geistes- und sozialwissenschaftlichen Studiengängen, noch zeigt sich ein bevorzugtes Einsatzgebiet (ebd.).

Die Ausbildung dieser neuen Hochschulprofessionellen ist in Deutschland noch ein neues Feld. Seit einigen Jahren bietet die Universität Oldenburg einen MBA-Studiengang „Bildungsmanagement und Wissenschaftsmanagement" an. Die Leiterin Anke Hanft bekleidet den pädagogischen Lehrstuhl für „Weiterbildung und Wissensmanagement", so dass durchaus von einer Professionalisierung durch die Erziehungswissenschaft gesprochen werden kann. Da es sich bei den Teilnehmern des Oldenburger Studienganges allerdings durchweg um bereits graduierte und meist schon berufstätige Absolventen aller Fachdisziplinen handelt, kann bislang eher von einem erziehungswissenschaftlichen Aufbaustudiengang gesprochen werden. Angesichts der weitreichenden Macht über Aufbau und Rahmenbedingungen des individuellen Studienprozesses ist eine erziehungswissenschaftliche Expertise der neuen Hochschulprofessionellen unerlässlich. Es ist eine Zukunftsaufgabe der Erziehungswissenschaft, diese Qualifizierung zu definieren und an geeigneter Stelle einzubringen.

4. Fazit

Die in einem Bildungssystem gesetzten Normen, deren Umsetzung und die tatsächliche Wirkung sind das Untersuchungsfeld der Erziehungswissenschaft. Mit dieser hybriden Rolle aus Hermeneutik und Empirie kann diese ‚dienende' Wissenschaft auch einen wesentlichen Beitrag zu der deutschen Hochschulplanung beitragen. In der disziplinären Auseinandersetzung mit der Hochschule gibt es nach wie vor unbearbeitete Felder. Die in der aktuellen Reformdebatte geäußerten, hohen Erwartungen an die universitäre Lehre sind auch Weckrufe zur Positionierung der Erziehungswissenschaft. Auf den drei beschriebenen Ebenen der Wissenschaftsdidaktik, einer an der Universität stattfindenden Staatsbürgerbildung sowie bei der Ausbildung der Hochschulprofessionellen bestehen konzeptionelle Lücken. Bei der Bearbeitung dieser Desiderata sollten aber auch die ‚Grenzen des Pädagogischen' beachtet werden, die in der Universität zur Ermöglichung einer ‚Bildung durch Wissenschaft' bewusst gesetzt werden müssen.

Literatur

Abs, H. J. 2013. Je schwächer, desto besser. *Frankfurter Allgemeine Zeitung* 10.4.2013, N5. Frankfurt/Main: Frankfurter Allgemeine Zeitung.

Arnold, R. 2009. Die administrative Konstruktion der Bildungswissenschaften. Oder: Über die Traditionsvergessenheit opportunistischer Pädagogik, *PÄD-Forum: unterrichten erziehen* 37/28: 3, 125-126. Baltmannsweiler: Schneider Verl. Hohengehren.

Ash, M. G. 2002. Wissenschaft und Politik als Ressourcen für einander. In *Wissenschaften und Wissenschaftspolitik. Bestandsaufnahmen zu Formationen, Brüchen und Kontinuitäten im Deutschland des 20. Jahrhunderts*, hrsg. R. Bruch und B. Kaderas, 32-51. Stuttgart: Franz Steiner.

Freytag-Loringhoven, K. 2012. *Erziehung im Kollegienhaus. Reformbestrebungen an den deutschen Universitäten der amerikanischen Besatzungszone 1945-1960*. Stuttgart: Franz Steiner.

Grunert, C. 2012. Erziehungswissenschaft auf dem Rückzug? Erziehungswissenschaftliche Hauptfachstudiengänge im Bologna-Prozess, *Erziehungswissenschaft* 23: 45, 40-45. Opladen: Budrich.

Habermas, J. 1968. Vom sozialen Wandel akademischer Bildung (1963). In *Hochschulreife in Deutschland*, hrsg. H.-G. Herrlitz, 116-128. Göttingen: Vandenhoeck und Ruprecht.

Huber, L., Olbertz, J.-H., und Wildt, J. 1994. Auf dem Weg zu neuen fachübergreifenden Studien. In *Über das Fachstudium hinaus: Berichte zu Stand und Entwicklung fachübergreifender Studienangebote an Universitäten*, hrsg. L. Huber, J.-H. Olbertz, B. Rüther et al., 9-47. Weinheim: Dt. Studien-Verlag.

Humboldt, W. 2010. Über die innere und äußere Organisation der höheren wissenschaftlichen Anstalten in Berlin (1809/10). In *Gründungstexte. Johann Gottlieb Fichte. Friedrich Daniel Ernst Schleiermacher, Wilhelm von Humboldt. Mit einer editorischen Notiz von Rüdiger vom Bruch. Festgabe zum 200-jährigen Jubiläum der Humboldt-Universität zu Berlin*, hrsg. Präsident der Humboldt-Universität zu Berlin, 229-242. Berlin: Humboldt-Universität.

Jansen, C. 1996. Mehr pragmatisch denn liberal. Politische Initiativen und Argumentationsmuster von Walter Jellineck, Gustav Radbruch und Willy Hellpach im Kontext der Wiedereröffnung der Universität Heidelberg. In *Heidelberg 1945*, hrsg. J. Heß, 173-196. Stuttgart: Franz Steiner.

Jastrzebski, A. 2012. Anforderungen an hochschuldidaktische Kompetenzen. In *Kompetenz. Fragen an eine (berufs-)pädagogische Kategorie*, hrsg. K. Barre und C. Hahn, 51-70. Hamburg: Univ.-Bibliothek der Helmut-Schmidt-Universität.

Jenert, T. 2011. *Studienprogramme als didaktische Gestaltungs- und Untersuchungseinheit: Theoretische Grundlegung und empirische Analyse*, Dissertation. St. Gallen: Universität St. Gallen.

Jenert, T., und Brahm, T. 2010. Blended Professionals als Akteure einer institutionsweiten Hochschulentwicklung. *Zeitschrift für Hochschulentwicklung* 5: 4, 124-145. Wien: ÖGHD.

Kaube, J. 2013a. Hochschulpolitik. Die dritte Funktion der Universität. *Frankfurter Allgemeine Zeitung*, 7.3.2013, N5. Frankfurt am Main: Frankfurter Allgemeine Zeitung.

Kaube, J. 2013b. Ein Fach ohne Außenwirkung. *Frankfurter Allgemeine Zeitung*. 27.3.2013, N5. Frankfurt am Main: Frankfurter Allgemeine Zeitung.

Kehm, B. M., Merkator, N., und Schneijderberg, C. 2010. Hochschulprofessionelle?! Die unbekannten Wesen. *Zeitschrift für Hochschulentwicklung*. 4, 5, 23-39. Wien: ÖGHD.

Kiper, H. 2009. Bildungswissenschaften – Begriff – Profile – Perspektiven. *PÄD-Forum: unterrichten erziehen* 37/28: 3, 127-131. Baltmannsweiler: Schneider Verl. Hohengehren.

Langewiesche, D. 2008. Rektoratsreden, Schlüsselquellen der Universitäts- und Bildungsgeschichte. *Akademie Aktuell. Zeitschrift der Bayerischen Akademie der Wissenschaften* 2.

Liessmann, K. P. 2006. *Theorie der Unbildung. Die Irrtümer der Wissensgesellschaft*. Wien Paul Zsolnay Verlag.

Link, J.-W., Nath, A., und Tenorth, H.-E. 2003 Bildungssystem im Wandel. Zwischen Eigendynamik, Politik und Pädagogik. *Zeitschrift für Pädagogik* 49: 1, 1-7. Weinheim: Beltz Juventa.

Matuschek, S. 2011. Zerreißprobe. Zur gegenwärtigen Hochschulreform. In *Einsamkeit und Freiheit*, hrsg. C. Jamme und A. Schröder, 125-138. München: Wilhelm Fink.

Müller, U. 2010. Kann man Bildung managen? In *Wert und Werte im Bildungsmanagement. Nachhaltigkeit – Ethik – Bildungscontrolling*, hrsg. G. Schweizer, U. Müller und T. Adam, 13-26. Bielefeld: Bertelsmann.
Nieke, W. 2008. Was ist exzellente Lehre? Die Antwort der Erziehungswissenschaft: Wissenschaftsdidaktik statt Hochschuldidaktik, 18.11., http://www.fb12.uni-dortmund.de/dyn/ewft/index.php?module=Pagesetter&type=file&func=get&tid=7&fid=file&pid=211. Zugegriffen: 15.4.2013.
Nieke, W. 2011. Wissenschaftsdidaktik zwischen Kompetenzaufbau und Bildungsauftrag für die Übernahme von Verantwortung in der Gesellschaft. In *Ökonomisierung der Wissensgesellschaft. Wie viel Ökonomie braucht und wie viel Ökonomie verträgt die Wissensgesellschaft?*, hrsg. D. Ralf und U. Heilemann, 87-91. Berlin: Duncker und Humblot.
Pasternack, P. 2006. Was ist Hochschulforschung? Eine Erörterung anlässlich der Gründung der Gesellschaft für Hochschulforschung. HSW, Das Hochschulwesen 54, 3: 105-112. Bielefeld: Webler.
Pongratz, L. A., Nieke, W., und Masschelein, J. 2004. *Kritik der Pädagogik – Pädagogik als Kritik*. Opladen: Leske + Budrich.
Rauschenbach, T., Tippelt, R., Weishaupt, H. et al. 2005. Erziehungswissenschaft im Fächervergleich. In *Hochschullandschaft im Wandel*, Zeitschrift für Pädagogik, Beiheft 50, hrsg. U. Teichler und R. Tippelt, 136-155. Weinheim u. a.: Beltz.
Rath, M. 2007. „Bildung machen!" – Möglichkeiten und Grenzen in einer Wissensgesellschaft. In *Lernen am Unterschied. Bildungsprozesse gestalten – Innovationen vorantreiben*, hrsg. G. Schweizer, U. Iberer und H. Keller, 19-35. Bielefeld: Bertelsmann.
Reinmann, G., und Sesink, W. 2011. *Entwicklungsorientierte Bildungsforschung*, Diskussionspapier, Herbsttagung 2011 der Sektion Medienpädagogik am 3./4. November 2011 an der Universität Leipzig. http://gabi-reinmann.de/wp-content/uploads/2011/11/Sesink-Reinmann_Entwicklungsforschung_v05_20_11_2011.pdf. Zugegriffen: 12.4.2013.
Rustemeyer, D. 2005. Universitäre Wissenskulturen. In *Hochschullandschaft im Wandel*, Zeitschrift für Pädagogik, Beiheft 50, hrsg. U. Teichler und R. Tippelt, 62-75. Weinheim u. a.: Beltz.
Schäfer, E. 2002. Aspekte einer Bildungs- und Lernkultur der Hochschule in der Wissensgesellschaft. In *Hochschule als Raum lebensumspannender Bildung. Auf dem Weg zu einer neuen Lernkultur. Festschrift für Ernst Prokop*, hrsg. M. Cordes, J. Dikau und E. Schäfer, 3-30. Regensburg: AUE.
Schmidt, B. 2008. Qualität der Lehre an Hochschulen. In *Qualitätssicherung im Bildungswesen*, Zeitschrift für Pädagogik, Beiheft 53, hrsg. E. Klieme und R. Tippelt, 156-170. Weinheim u. a.: Beltz.
Schmied-Kowarzik, W. 2008. *Das dialektische Verhältnis von Theorie und Praxis in der Pädagogik*. Kassel: Kassel Univ. Press.
Schneijderberg, C., und Merkator, N. 2012. New Higher Education Professionals, In *The Academic Profession in Europe. New Tasks and New Challenges*, hrsg. B. Kehm und U. Teichler, 53-92. Dordrecht u. a.: Springer.
Schriewer, J., und Harny, K. 1987. On ‚systems' of education and their comparability: methodological comments and theoretical alternatives. In *The rise of the modern educational system: Structural change and social reproduction 1870–1920*, hrsg. D. K. Müller, F. Ringer und B. Simon, 197-209. Cambridge: Cambridge University Press.
Spoun, S. 2012. Perspektiven für universitäre Bildung. Persönlichkeitsbildung als Ausgangspunkt und Ziel der Universitäts- und Studienreform der Leuphana Universität Lüneburg. In *Universitäre Bildung – Fachidiot oder Persönlichkeit*, hrsg. R. Oerter, D. Frey, H. Mandl et al., 126-145. München: Hampp.

Steedman, H. 1987. Defining institutions: the endowed grammar schools and the systematisation of English secondary education. In *The rise of the modern educational system: Structural change and social reproduction 1870–1920*, hrsg. D. K. Müller, F. Ringer und B. Simon, 111-134. Cambridge: Cambridge University Press.

Tenorth, H.-E. 2003. „Wie ist Bildung möglich?". Einige Antworten – und die Perspektive der Erziehungswissenschaft, *Zeitschrift für Pädagogik* 49, 3, 422-430. Weinheim: Beltz Juventa.

Tenorth, H.-E. 2010. Selbstbehauptung einer Vision. Zur Einleitung In *Geschichte der Universität Unter den Linden 1810–2010*, Band 6, hrsg. H.-E. Tenorth, 9-46. Berlin: Akademie-Verlag.

Wildt, J. 2011. Ein Blick zurück – Fachübergreifende und/oder fachbezogene Hochschuldidaktik: (K)eine Alternative? In *Fachbezogene und fachübergreifende Hochschuldidaktik*, hrsg. I. Jahnke und J. Wildt, 19-34. Bielefeld: Bertelsmann.

Autorinnen und Autoren

Constanze Berndt, Dr.in, ist wissenschaftliche Mitarbeiterin am Institut für Schulpädagogik und Bildungsforschung der Universität Rostock. Arbeits- und Forschungsschwerpunkte: Interkulturelle Pädagogik, Globales Lernen, Reflexivität in der Lehrer_innenbildung und Gewaltfreie Kommunikation.

Karin Bock, Dr.in habil., ist Professorin am Institut für Sozialpädagogik, Sozialarbeit und Wohlfahrtswissenschaften der Technischen Universität Dresden. Arbeits- und Forschungsschwerpunkte: Generationen- und Familienforschung, Kindheits- und Jugendforschung, Qualitative Methoden der Sozialforschung, Theorien zu Sozialisations-, Lern- und Bildungsprozessen, Theorien Sozialer Arbeit, Kinder- und Jugendhilfeforschung.

Karin Böllert, Dr.in habil., ist Professorin für Erziehungswissenschaft mit dem Schwerpunkt Sozialpädagogik am Institut für Erziehungswissenschaft der Westfälischen Wilhelms-Universität Münster. Arbeits- und Forschungsschwerpunkte: Theorien der Sozialen Arbeit, Soziale Arbeit/Sozialpolitik und sozialer Wandel, Soziale Arbeit als Wohlfahrtsproduktion, Kinder- und Jugendhilfe, Disziplin- und Professionspolitik.

Georg Cleppien, Dr. habil., ist Vertretungsprofessor für Sozialmanagement am Institut für Erziehungswissenschaft der Friedrich Schiller-Universität Jena. Arbeits- und Forschungsschwerpunkte: Theorie der Sozialpädagogik, Bildungstheorie.

Eckhard Festerling, Dr., war bis 2009 wissenschaftlicher Mitarbeiter am Institut für Allgemeine Pädagogik und Sozialpädagogik der Universität Rostock. Er ist Lehrbeauftragter und Mitglied des Prüfungsausschusses des Fernstudienganges „Umwelt und Bildung" des Zentrums für Qualitätsentwicklung der Universität Rostock. Arbeits- und Forschungsschwerpunkte: Projekt- und Qualitätsentwicklung an Lernorten ländlicher Räume, Konzepte der Bildung für eine nachhaltige Entwicklung.

Konstantin von Freytag-Loringhoven, Dr., ist wissenschaftlicher Mitarbeiter im Projekt KOSMOS an der Universität Rostock. Arbeits- und Forschungsschwerpunkte: historische Bildungsforschung, universitäre Bildung in Hinblick auf den Bildungsauftrag einer offenen Hochschule.

Sabrina Göbel, Dipl. Päd.in, ist wissenschaftliche Mitarbeiterin im vom BMBF geförderten Verbundprojekt „Wissen in Kitas" an der Universität Kassel. Arbeits- und Forschungsschwerpunkte: Pädagogik der frühen Kindheit, Organisations- und Kulturtheorien sowie sozial- und erziehungswissenschaftliche Semiotik.

Ingrid Gogolin, Dr.in Dr.in h.c. habil., ist Professorin für International Vergleichende und Interkulturelle Bildungsforschung an der Fakultät für Erziehungswissenschaft, Psychologie und Bewegungswissenschaft der Universität Hamburg. Arbeits- und Forschungsschwerpunkte: Mehrsprachigkeit in Deutschland und anderen europäischen Staaten; erziehungswissenschaftliche Migrationsforschung, historische pädagogische Forschung über das Entstehen des deutschen Nationkonzeptes sowie der Rolle und Funktion von Nationalsprachen.

Toni Hansel, Dr. habil., ist emeritierter Professor für Schulpädagogik am Institut für Schulpädagogik und Bildungsforschung der Universität Rostock. Arbeits- und Forschungsschwerpunkte: Schulpädagogik und Allgemeine Didaktik.

Heiner Hastedt, Dr. habil., ist Professor für Praktische Philosophie am Institut für Philosophie der Universität Rostock. Arbeits- und Forschungsschwerpunkte: Sozialphilosophie und Anthropologie.

Wolfgang Hörner, Dr. habil., ist emeritierter Professor für Vergleichende Pädagogik an der Erziehungswissenschaftlichen Fakultät der Universität Leipzig. Arbeits- und Forschungsschwerpunkte: Methodologie des Vergleichs und Vergleich von Bildungssystemen.

Andreas Keller, Dr., ist Mitglied des Geschäftsführenden Vorstands der Gewerkschaft Erziehung und Wissenschaft und leitet dort den Bereich Hochschule und Forschung.

Marianne Krüger-Potratz, Dr.in habil., ist emeritierte Professorin für Interkulturelle Pädagogik an der Westfälischen Wilhelms-Universität Münster. Arbeits- und Forschungsschwerpunkte: Geschichte von Migration und Bildung, Migration und Bildungspolitik, interkulturelles Lernen in der Grundschule im deutsch-französischen Austausch.

Sigrid Luchtenberg, Dr.in habil., war bis 2011 Professorin an der Fakultät für Bildungswissenschaften der Universität Duisburg-Essen. Arbeits- und Forschungsschwerpunkte: Interkulturelle Bildung und Didaktik sowie Interkulturelle Kommunikation, Citizenship Education, Menschenrechtsbildung, Europäische Dimension, Demokratie, Educational and social aspects of Flexicurity Capitalism, Social Capitalism.

Björn Milbradt, M.A., ist wissenschaftlicher Mitarbeiter im BMBF-geförderten Drittmittelprojekt „Wissensbasierte Deutungs- und Handlungskompetenzen von pädagogischen MitarbeiterInnen in Kindertageseinrichtungen" an der Universität Kassel. Arbeits- und Forschungsschwerpunkte: kritische und poststrukturalistische Theorien, Vorurteils- und Autoritarismusforschung, Methodologien und Methoden der empirischen Sozialforschung.

Franziska Schäfer, Dipl. Päd.in, ist Stipendiatin der Technischen Universität Dresden. Arbeits- und Forschungsschwerpunkte: Biographieforschung, Kindheitsforschung, Qualitative Methoden der Sozialforschung, Frühe Kindheit.

Kathrin Schramm, Dr.in, ist wissenschaftliche Mitarbeiterin am Institut für Sozialpädagogik, Sozialarbeit und Wohlfahrtswissenschaften der Technischen Universität Dresden. Arbeits- und Forschungsschwerpunkte: Sozialpädagogik des Erwachsenenalters, Biographieforschung, Pädagogische Professionalität.

Werner Thole, Dr. habil., ist Professor für Erziehungswissenschaft mit dem Schwerpunkt Soziale Arbeit und außerschulische Bildung am Fachbereich Humanwissenschaften der Universität Kassel. Arbeits- und Forschungsschwerpunkte: Jugend und Kindheit, Kinder- und Jugendhilfe, Professionalisierungs-, Kindheits- und Jugendforschung, Theorie und Praxis der Sozialpädagogik.

Wolf Völker, Dr. habil. war bis 2013 Professor am Institut für Allgemeine Pädagogik und Sozialpädagogik der Universität Rostock. Arbeits- und Forschungsschwerpunkte: Geschichte der Pädagogik, Schulgeschichte Mecklenburg-Vorpommerns und Medienpädagogik.

Maik Walm, Dipl. Päd., ist wissenschaftlicher Mitarbeiter im Bereich Bildungsforschung am Zentrum für Lehrerbildung und Bildungsforschung der Universität Rostock. Arbeits- und Forschungsschwerpunkte: Pädagogische Professionalisierung und Entwicklung von Schule und Unterricht im Kontext von Inklusion.

The manufacturer's authorised representative in the EU is Springer Nature Customer Service Centre GmbH, Europaplatz 3, 69115 Heidelberg, Germany. If you have any concerns regarding our products, please contact ProductSafety@springernature.com

Printed and bound by CPI Group (UK) Ltd, Croydon, CR0 4YY
23/03/2026
02076680-0002